电动汽车充电设施优化规划与运行

周云　冯冬涵　李恒杰　方陈　著

U0360608

清华大学出版社

北京

内 容 简 介

本书通过总结充电设施优化规划与运行方面多年来取得的研究成果，特别是基于国家自然科学基金项目、上海市科委科技计划项目和多项国家电网公司科技项目的研究成果编写而成。

本书共分为 7 章，包括概述、电动汽车充电负荷建模与预测、电动汽车充电设施优化规划、电动汽车充电设施运行优化、电动汽车充电引导与路径规划、电动汽车参与电网调节互动和电动汽车参与电力市场模式与机制等内容。

本书理论联系实际，可作为高等院校电气工程相关专业的教材和广大师生的学习参考用书，也可作为电力监管部门、电力企业、充电运营商等专业技术人员的学习用书。

图书在版编目(CIP)数据

电动汽车充电设施优化规划与运行/周云等著. —北京：清华大学出版社，2024.1
ISBN 978-7-302-64524-5

Ⅰ. ①电… Ⅱ. ①周… Ⅲ. ①电动汽车—充电—服务设施 Ⅳ. ①U469.72

中国国家版本馆 CIP 数据核字(2023)第 159955 号

责任编辑：梁媛媛
装帧设计：李 坤
责任校对：周剑云
责任印制：宋 林

出版发行：清华大学出版社
    网　　　址：https://www.tup.com.cn, https://www.wqxuetang.com
    地　　　址：北京清华大学学研大厦 A 座　　　邮　　编：100084
    社 总 机：010-83470000　　　　　　　　邮　　购：010-62786544
    投稿与读者服务：010-62776969, c-service@tup.tsinghua.edu.cn
    质量反馈：010-62772015, zhiliang@tup.tsinghua.edu.cn
    课件下载：https://www.tup.com.cn, 010-62791865
印 装 者：三河市龙大印装有限公司
经　　销：全国新华书店
开　　本：185mm×260mm　　　印　张：15.75　　　字　数：374 千字
版　　次：2024 年 1 月第 1 版　　　　　　　　印　次：2024 年 1 月第 1 次印刷
定　　价：98.00 元

产品编号：101378-01

充电基础设施是促进新能源汽车产业健康发展的重要保障，也是服务和改善民生的重要领域，其优化规划与运行对促进我国能源、交通领域清洁低碳转型具有重要意义。

2022年度，我国电动汽车的充电量超过了400亿千瓦时，同比增长85％以上。从电能使用角度，电动汽车充电设施的规划和运行属于用电能效管理领域，是电力需求侧管理的热点研究方向之一。目前，我国已建成世界上数量最多、分布最广的充电基础设施网络。充电基础设施的后续发展需要进一步提升综合利用效率，提高有序充放电智能化水平，降低充电设施建设和运营成本，推动电动汽车及充电设施以新模式、新业态融入新型电力系统中。

《电动汽车充电设施优化规划与运行》一书由上海交通大学、兰州理工大学和国网上海市电力公司等单位联合编写，系统地介绍了电动汽车充电负荷建模与预测、充电设施优化规划、充电设施运行优化等核心内容，也对电动汽车充电引导与路径规划、电网互动调节应用、电力市场参与模式等前沿问题进行了探讨。

2014年以来，本书的编写团队先后承担了多项电动汽车及充电设施领域的国家自然科学基金、上海市科委科技计划项目和国家电网公司科技项目。相关成果获得了上海市科学技术奖、中国电力科学技术进步奖、国家电网有限公司科学技术进步奖等多项奖励。本书是团队对电动汽车及充电设施方面多年来研究成果的总结，具有内容新、理论价值高、实用性强等特点。

本书可以作为高等院校电气工程及相关专业的教材，也可作为相关领域专业技术人员的科研参考用书。

严　正

上海交通大学电气工程系教授

2023年6月

　　随着国家节能减排、能源安全战略的推进，近年来我国新能源汽车的数量呈现爆发式增长。作为新能源汽车推广的重要配套设施，充电桩的需求也必将随之扩大。然而，目前充电桩产业发展滞后于电动汽车的发展，充电桩建设存在布局不平衡、利用率不高、充电设施维护不及时、里程和安全焦虑等问题，成为新能源汽车发展的重大挑战。

　　不同类型充电设施的建设安装要求、投资运营主体、充电服务能力、设施利用率等具有显著差异。除了进一步降低车桩比指标外，如何结合用户充电场景、电网接纳能力、城市功能分区特点等，适度超前且有序地建设充电基础设施，并实现电动汽车充电设施的优化规划，以促进新能源汽车产业的持续高速发展，是我们需要解决的问题。

　　充电桩不仅是充电设施，还是使信息数据实现互联互通的平台和载体。因此，除了优化完善充电设施规划布局外，还需要加速推进充电基础设施建设运营向更高质量发展，包括加快充电设施技术研发应用、鼓励充电服务商业模式创新、完善充电服务行业的运营管理等方面。以上海市为例，2022 年 4 月发布的《上海市能源发展"十四五"规划》中明确指出，上海市将开展新型充电基础设施创新试点，实现网、桩、车融合发展。电动汽车充电设施的优化运行、电网互动调节应用、电力市场参与模式等都已成为该领域的热点研究课题。

　　由上海交通大学、兰州理工大学和国网上海市电力公司等单位联合编写的《电动汽车充电设施优化规划与运行》一书较为全面地介绍了电动汽车充电设施规划和运行方面的理论基础与先进技术，系统地总结了多项国家、省部级纵向课题和国家电网公司科技项目的研究成果，不仅具有理论高度，而且具有实际应用价值，也为相关领域的专业技术人员提供了有益参考。

李乃湖

正泰集团技术研究院院长、东南大学兼职教授

2023 年 6 月

前　言

近年来，电动汽车及充电设施在中国发展得非常迅速。截至 2021 年年底，我国电动汽车充电设施规模达 261.7 万台，服务近 800 万辆电动汽车。2022 年，根据中国电动汽车充电基础设施促进联盟公布的最新数据，电动汽车及充电设施继续呈爆发式增长，1—12 月充电设施增量为 259.3 万台，电动汽车销量达 688.7 万辆，桩车增量比达 1∶2.7。在充电设施快速发展的同时，仍有许多突出问题不容忽视，包括：充电设施建设整体滞后于电动汽车市场规模的增长，缺乏对电动汽车中长期发展规模及充电设施建设需求规模的科学预测；充电设施发展不均衡、布局不合理，充电潮汐效应明显；充电设施运营效率低、盈利能力弱，城市公共充电站冷热不均；充电引导与路径规划功能不完善，用户找桩难、找桩慢，充电便捷性仍需提升；电动汽车参与电网调节互动商业模式不够清晰，参与电力市场的实施路径及交易机制尚不完善。通过电动汽车充电设施的优化规划与运行，可以推动解决充电基础设施规划、建设和运行中存在的问题，助力新能源汽车行业高质量发展。

充电设施是电动汽车用户绿色出行的重要保障，是促进电动汽车产业发展，推进新型电力系统建设，助力双碳目标实现的重要支撑。2022 年 1 月，《国家发展改革委等部门关于进一步提升电动汽车充电基础设施服务保障能力的实施意见》(发改能源规〔2022〕53 号)，提出了省级和市级充电基础设施布局规划编制要求，明确了城市公共、县城和乡镇、高速公路、单位和园区内部等各类充电基础设施的建设要求，为"十四五"时期加快形成适度超前、布局均衡、智能高效的充电基础设施体系提供了目标指引。2023 年 1 月，工业和信息化部、交通运输部会同国家发展改革委等八部门联合发布《关于组织开展公共领域车辆全面电动化先行区试点工作的通知》(工信部联通装函〔2023〕23 号)。电动汽车充电基础设施建设方面，该通知要求建成适度超前、布局均衡、智能高效的充换电基础设施体系，新增公共充电桩(标准桩)与公共领域新能源汽车推广数量(标准车)比例力争达到 1∶1。当前，我国已建成全球最大规模的充电设施网络。

为了概括和总结电动汽车充电设施优化规划与运行方面多年来取得的研究成果，特别是基于国家自然科学基金项目(项目编号：51477097，52077139，52167014)、上海市科委科技计划项目(项目编号：19YF1423800，21YF1408600，21DZ2204800，23XD1422000，23DZ2200600，23QB1400500)和多项国家电网公司科技项目的研究成果，上海交通大学、兰州理工大学和国网上海市电力公司等单位联合编写了本书。本书共分为7章，包括概述、电动汽车充电负荷建模与预测、电动汽车充电设施优化规划、电动汽车充电设施运行优化、电动汽车充电引导与路径规划、电动汽车参与电网调节互动和电动汽车参与电力市场模式与机制等内容。

本书第1章编写人员为周云、刘依环、余苏敏、刘泽宇、冯琪；第2章编写人员为冯冬涵、史一炜、刘泽宇、朱江皓、宋玉茹；第3章编写人员为周云、余苏敏、夏宇轩、桂强、伊尹；第4章编写人员为周云、李一璞、余苏敏、吴凡、李汶龙；第5章编写人员为李恒杰、夏宇轩、夏强强、安妮、陈兴旺；第6章编写人员为方陈、赵小瑾、赵诣、田子豪、杨蕴祺；第7章编写人员为冯冬涵、冯源昊、计亚宁、刘泽宇、刘骐源。其中，周云对本书的总体构架、各章节的内容安排和知识结构进行了统筹，并负责本书的统稿与修正工作；冯冬涵审阅了全书的内容，对本书的结构安排和主要论点进行了完善；李恒杰参与了本书的总体设计，方陈对全书进行了修改和校核；王皓靖、张开宇和占书河也参与了本书的修改和校核工作。

本书理论联系实际，可作为高等院校电气工程及相关专业的教材和广大师生的学习参考用书，也可作为电力监管部门、电力企业、充电运营商等专业技术人员的学习用书。同时，本书引用了大量参考文献，在此对相关作者表示衷心感谢。限于编者水平有限，书中难免存在疏漏之处，恳请广大读者批评指正。

编　者

目　录

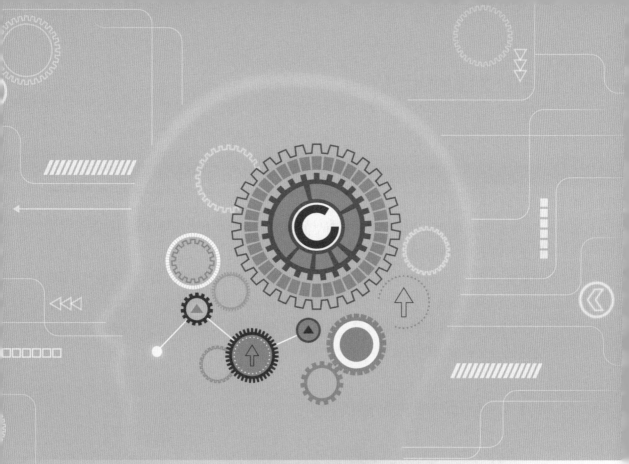

第1章

概　述

1.1　电动汽车及其发展历程

能源与环境是新世纪人类文明面临的两大挑战，随着能源价格的不断高企和环境保护舆论的不断高涨，节能与减排已成为迫在眉睫的现实问题。汽车是石油消费的重要领域之一，传统能源汽车尾气排放对环境造成了严重污染。伴随着"双碳"战略目标的提出及"新型电力系统"建设的持续推进，电动汽车(Electric Vehicle，EV)作为新能源汽车的主要形式，以低排放和高能效等特点，成为汽车产业升级、交通低碳化和能源电力转型的重要突破口。

1.1.1　电动汽车的发展历程

电动汽车的发展历史比内燃机汽车还长，最早可以追溯到19世纪。电动汽车的发展可以划分为以下3个阶段。

第一阶段，1834年，托马斯·达文波特(Thomas Davenport)于美国制造出世界上第一辆干电池驱动的电动三轮车，为后来的有轨电车电气化开辟了道路。1832—1839年，罗伯特·安德森(Robert Anderson)发明了第一辆电池驱动的马车，比卡尔·弗里德里希·本茨(Karl Friedrich Benz)在1886年发明的世界上第一辆内燃机汽车要早半个世纪。随着蓄电池技术的发展，1881年法国人古斯塔夫·特鲁夫(Gustave Trouvé)使用铅酸蓄电池和直流电机设计出了第一辆可充电的电动汽车。电动汽车因其运行和维护简单、无污染且无噪声的特点备受欢迎。19世纪末至20世纪初，电动汽车日益兴起。

第二阶段，1920年后，随着石油资源的进一步开采和内燃机技术的提高，电动汽车逐渐失去了优势。车辆市场逐步被内燃机驱动的汽车占据，只有少数城市保留着很少的有轨电车和无轨电车及使用领域有限的电瓶车。电动汽车的发展从此停滞了大半个世纪。相应地，与电动汽车有关的技术包括电驱动、电池材料、动力电池组、电池管理等也未能得到进一步的发展和运用。

第三阶段，20世纪90年代至今，随着电池储能技术的发展，面对石油资源日益减少、油价不断升高及大气污染等问题，人们开始重新关注电动汽车，世界各国陆续开展了电动汽车的新一轮研发。1990年9月，美国加州政府通过的法律规定了"零排放车辆"(Zero Emission Vehicle，ZEV)的销售比例，随后各州效仿立法,这些措施推动了美国及世界范围内电动汽车的迅速发展。特别是2000年后,各国相继推出了大量的相关规定和补贴政策,以促进电动汽车的发展。

如图1-1所示,自20世纪90年代起,中国的电动汽车产业分别经历了研发布局阶段(1991—2005年)、产业化准备阶段(2006—2010年)、示范推广阶段(2011—2015年)和产业化发展阶段(2016年至今)。其中,研发布局阶段主要着重于电动汽车相关领域的各项研究,产业化准备阶段,国家开展了电动汽车小规模示范应用,包括"十城千辆"工程及启动私人购买电动汽车补贴试点工作等。示范推广阶段,国务院发布了《节能与新能源汽车产业发展规划(2012—2020年)》(国发〔2012〕22号),确定了新能源汽车产业化目标。自2015年起,中国新能源汽车产销量连续7年位居世界第一。自2016年起,新能源汽车产业进入产业化发展阶段,这一时期颁布的多项政策和发展规划,将电动汽车确立为汽车强国战略突破口,极大地推动了电动汽车产业的加速规模化生产和应用,加快了充电桩等相关基础设施和服务体系建设,确立了未来中国电动汽车产业高质量发展的基调。

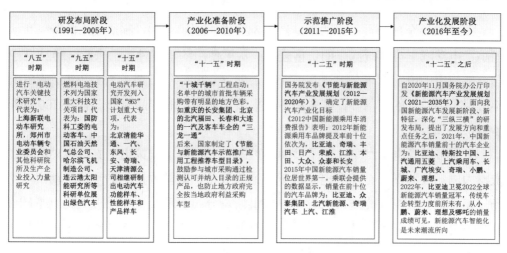

图1-1　中国电动汽车产业发展典型阶段

1.1.2　电动汽车的发展现状

全球新能源汽车产业市场日趋成熟,新能源汽车产业呈爆发式增长,各国关于新能源汽车和相应的充电桩基础设施、服务体系和规章制度建设也在同步高速发展。根据国际能源总署(International Energy Agency，IEA)2017—2022年每年度发布的《Global EV Outlook》统计数据，2017—2021 年全球主要国家和地区电动汽车销量情况如图 1-2 所示。其中，2021 年全球电动汽车销量为 660 万台，2021 年每周电动汽车销量均超过 2012 年全年电动汽车销量。中国电动汽车销量在 2021 年增长了近两倍，达到 330 万辆，约占全球销量的一半。

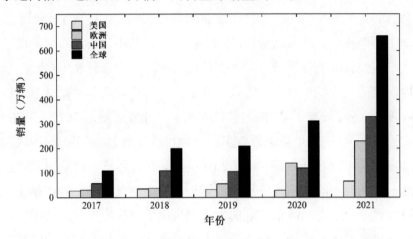

图 1-2　2017—2021 年全球主要国家和地区电动汽车销量情况

2021 年，全球超过一半的电动汽车都是在中国组装的，制造成本的降低大大缩小了电动汽车与传统汽车的价格差距。从可使用的车型种类上来看，2021 年全球可供使用的电动汽车车型达到了 450 余种，较 2020 年增加了 15% 以上，是 2018 年可用车型数量的两倍多。其中，中国提供了最广泛的产品组合，有近 300 种车型可供选择，欧洲有 184 种，美国有近 65 种。

中国市场为电动汽车提供了早期的扩张机会，国家政策也在支持电动汽车制造能力的拓展和部署。随着电动汽车的销售数量、车型数量的攀升，电动汽车市场规模逐渐扩大，其充电需求也在与日俱增。分布合理及使用经济的充电基础设施是当前电动汽车销售量持续增长的重要保障。2022 年，中国电动汽车的销量达到 688.7 万辆，充电桩增量为 259.3 万台，车桩增量比达到 2.7∶1。目前，充电基础设施的建设基本能满足电动汽车的快速发展。

预计到 2035 年，电动汽车将成为新销售汽车的主流。当前，电动汽车虽然发展迅速，但在技术层面仍有较大的发展空间，相关的充电基础设施和相应服务体系建设还有待进一步提高与完善。为了实现 2030 年"碳达峰"、2060 年"碳中和"的目标，我国必须要在电动汽车领域进行长足的研究，除了提升电动汽车自身性能所需的技术水平外，还要同时兼顾相关的配套基础设施、服务体系建设，以促进电动汽车更好的发展。

1.1.3　电动汽车对电网的影响与挑战

能源生产和利用的低碳转型是实现可持续发展目标的必要途径。可再生能源，特别是风电和光伏发电技术，具有供电不稳定、难以准确预测等固有特性，给电网调度带来了新的挑战。通过电动汽车的有序充电、电量反送、退役电池梯次利用等方式，大量电动汽车作为分布式储能为电力系统提供可观的灵活性资源，可有效提升电力系统对间歇性可再生能源的消纳能力。电动汽车参与电网调节，促进可再生能源消纳的主要途径包括以下几种。

(1) 有序充电：在家用等应用场景下，电动汽车停车驻留时间长，在满足电动汽车充电需求的前提下，运用实际有效的经济或技术措施引导、控制和改变电动汽车的充电时间，可以实现充电负荷在时间跨度的转移，对电网负荷曲线进行削峰填谷。

(2) 电量反送：随着电动汽车 V2G(Vehicle to Grid)技术的发展，电动汽车能够实现给电网供电，成为电网重要的用户侧分散式储能资源。相应地，作为电网和可再生能源的缓冲，在有序充电模式的基础上，电动汽车可以进一步为电网提供调峰、调频和备用等辅助服务。

(3) 退役电池梯次利用：电动汽车动力电池下降到一定程度后将无法满足电动汽车的使用标准，但退役电池可以梯次应用于储能系统，稳定间歇性可再生能源发电的输出功率，降低峰谷负荷，满足智能电网能源双向互动的要求。

电动汽车通过直接或间接的方式参与电网调节，可显著提升电力系统可再生能源的消纳能力，具有可观的储能潜力和经济性。但随着电动汽车规模化发展，大量电动汽车接入电网时，其对电网的影响也是不容忽视的，它给电网带来了不小的挑战，主要表现在以下几个方面。

(1) 随着电动汽车应用的规模化，电动汽车接入电网后造成的负荷增长也将增加发电、输电、配电系统的压力。这要求电力装机容量与电力输送设备也必须随之调整，以应对大量电动汽车在负荷高峰时段充电的情况。

(2) 电网运行优化控制难度的增加。电动汽车用户选取充电时间和空间的不确定性，产生具有随机性的电动汽车充电负荷，增加了电力系统的调度难度和运营成本，对电网的优化控制提出了更高的要求。

(3) 充电设施及大量电动汽车充电将改变配电网负荷结构和特性，传统的配电网规划准则可能无法适应电动汽车大规模接入的情景，对配电系统规划及运行方式提出了新的要求与挑战。

(4) 电动汽车充电过程主要完成交直流功率变换，所使用的电力电子设备将产生大量谐波，对配电网系统的电能质量产生影响，如功率损耗、电压和频率偏差等，会影响电气设备的使用寿命。

电动汽车作为近年来发展最为迅速的新兴需求侧主体之一，为电网带来新的发展机遇的同时，也给电网的本地调度运行和管理带来了不小的挑战。在未来，为促进电动汽车顺利、蓬勃的发展，传统电网在其规划、设计、运行和控制技术等方面势必需要寻求更多的研究、创新和突破。

1.2　电动汽车充电设施分类与技术发展

如前文所述，电动汽车将逐步代替传统能源汽车，成为主流的公路出行交通工具。尽管电动汽车的发展得到了很多国家和政府政策的大力支持和鼓励，其推广仍然面临着诸多问题。其中，电动汽车动力电池有限的能量密度和高成本是其发展的主要瓶颈之一。锂电池的能量密度仅约为汽油的 1/95，电动汽车必须经常进行充电补能，每次充满电都需数小时。作为电动汽车大规模推广的必要条件，完善的电动汽车的补能网络必不可少。当前，电动汽车的主流补能方式有两种：一是充电方式，即通过各类充电设施为整车直接充电的电能补给方式；二是换电方式，指用充满电的新电池组替换电量耗尽的旧电池组的电能补给方式。本节将主要介绍电动汽车的充电设施分类标准、主流充电技术，以及前沿充电技术与模式创新。

1.2.1　充电设施分类标准

随着电动汽车充电技术的不断发展和车主充电需求的差异化发展，电动汽车充电设施呈现多样化趋势。表 1-1 所示为从充电方式、服务范围、安装方式、充电接口和能量传输等维度对现有的电动汽车充电设施进行了分类。

表 1-1　充电设施分类标准

分类维度	分类内容	特　征
充电方式	交流充电桩	功率较小，无法快速充电，充电时长 5～8h
	直流充电桩	也称为"快充"，充电时长 0.5～2h
服务范围	公共充电桩	在公共场所为社会车辆提供充电服务
	专用充电桩	单位(企业)自有停车场，出租车、公交车专用停车场等
	私人充电桩	建设在个人自有车位，受众为私人用户
安装方式	落地式充电桩	安装在不靠近墙体的停车位
	挂壁式充电桩	安装在靠墙体的停车位
	移动式充电桩	移动充电机器人可在导轨上移动，实现桩找车
充电接口	一桩一充	一个充电桩只对应一辆汽车
	一桩多充	支持多台电动车充电，加快充电效率
能量传输	有线充电	通过实体电力线路传输电能
	无线充电	通过无形的磁场变化传输电能

电动汽车充电技术仍在不断发展，电动汽车充电设施的商业模式探索尝试也从未停止，未来的电动汽车充电设施种类更加多样，适应多种充电场景和充电需求。

1.2.2　主流充电技术

目前，我国公共充电领域以直流快充为主、交流慢充为辅，其他充电方式为补充。在私人充电领域还主要是交流慢充。近年来，电动汽车充电技术与标准体系都得到了补充和完善，主流充电技术运用逐步进入成熟阶段。

1. 交流充电

交流充电桩的输入端与电网相连接，充电桩内部不经过整流变换，输出也是交流电。在整个充电过程中起到了控制电源导通和断开的作用，其充电速度通常较慢。在通常情况下，电动汽车使用该充电方式进行充电时，需要 5～8h 才能完成电池的充电工作，因此，交流充电方式也称为慢充。私人充电桩通常都采用交流充电方式，目前市面上主流的交流慢充桩额定充电功率为 7kW，大部分私家电动汽车用户一般在停留时间较长的地点选择慢充。虽然交流充电速度较慢，但是对电动汽车电池的损害相对较小，建设费用较低，充电安全性较高且安装较简便，仍然是主流的充电方式之一。

2. 直流充电

直流充电输入的是交流电，通过电源模块进行交直转换后输出直流电，对电动汽车进行直流充电。快充功率通常在 30kW 以上，其充电电流是交流充电的数倍至数十倍。随着相关技术的不断深入研究，目前市场上的快充功率已经能够达到上百千瓦。在通常情况下，采用快速充电的方式能够在 0.5～2h 内将电池电量状态充至 80% 左右。对于剩下 20% 的电量，比起前半段的充电速度会相对放缓。随着电动汽车规模的不断扩大，用户已经不满足于慢充，更多的用户更加倾向于选择快充，对直流市场充电的需求日益增长。但是由于输出的电流较大，发热量也较大，所以直流充电桩的桩体体积较大，占地面积也较大，一般适用于需要快速充电的场合，解决临时充电的问题。直流充电桩的输出电流和输出功率较大，与电网连接时会对电网产生较大的冲击，因此在建设直流充电桩时需要加入一些对电网的保护措施。

3. 换电

与充电的方式相比，换电最显著的特点是便捷性。用户采用此方式进行补能时，无须等待过长时间，从拆卸电量告急电池到重新安装电量充足电池，通常只需几分钟。理论上，换电比快充更能良好地服务于电动汽车用户。受电池型号及大小必须统一的限制，目前换电方式主要适用于公交车、出租车等专有车辆。换电方式的优点在于：第一，换电过程快捷，使用半自动或者全自动换电机械装置进行换电操作，整个过程只需几分钟；第二，支持电池租赁方式，可减少初始购车成本；第三，采用分散换电、集中充电方式，便于进行灵活电能管理，换下的电池可以在夜间用电低谷期进行统一协调充电。但就现阶段发展情况来看，换电模式的应用依然面临一些问题：从宏观角度看，各大供应商、制造商、品牌方等，所生产和销售的电动汽车型号各异，其对应的电池更是多种多样。若想实现对各类型用户的电能补给需求，势必需要布设较多类型的充换电站，在该市场未标准化的前提下，需投入大量的物力、人力。

1.2.3 前沿充电技术与模式创新

近年来，除了上述主流充电技术，多种前沿的充电科技拓宽了人们对于电动汽车充电的想象，也让更方便更经济的充电方式成为可能。

1. 无线充电

图 1-3 所示为典型的电动汽车无线充电系统基本结构，包括电力电子变换器、谐振网络、发射线圈、接收线圈、整流滤波和电池负载等部分。无线充电与传统充电方式主要区别在于通过该方式对电动汽车电能补给时不需要相互接触。在停车位布设该种充电设备时，有充电需求的用户依然需要像使用传统充电方式一样在指定地点持续停留一段时间，其优势在于用户使用时的充电安全性。还有一种更为理想的充电方式是将相应的充电系统铺设在路面之下，当用户驾车行驶过该路段时就能进行充电。目前电动汽车无线充电方式还处于研究和验证阶段，随着后续技术的发展，未来无线充电将拥有较大的市场潜力。

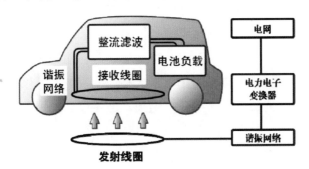

图 1-3　典型的电动汽车无线充电系统基本结构

2. 大功率直流快充

大功率直流快充，是指能满足未来长续航里程电动汽车充电时长 10～15min 的要求、充电功率超过 350kW 的直流充电技术。部分车企将其命名为超级充电技术，但充电速度的提升也伴随着安全风险的提升。大功率充电产生的高电压、大电流，容易积累大量热量，不仅会加速电缆绝缘层或护套的老化，而且会损坏充电设施，对生命和财产构成威胁。大功率充电设备价格较为昂贵，且需要较大场地进行设备配套及安装，电力增容、建设、运营和维护费用较高，满足大功率快充所需的动力电池、绝缘栅双极型晶体管(IGBT)等零部件成本较高，整车成本提升较为明显。国内部分整车和充电设备生产企业进行了大功率充电产品的研发和技术储备。高电压大电流车辆平台技术难度较高，部分核心零部件技术尚未掌握，目前乘用车测试车辆最高充电功率为 120～200kW。大功率充电设备技术难度相对较低，部分桩企已完成样品开发、生产和验证，产品输出功率普遍可达到350kW 以上。

3. 私桩共享

私桩共享是私人充电桩运营的新模式。私桩共享是指拥有私桩的车主将自有私桩在充电桩的闲置时间允许其他人付费充电的商业模式。一方面，私桩共享能够为私桩主人带来额外收益；另一方面，能显著提高充电桩利用率，减少公共桩的设置数量，节约公共资源，提升公众充电满意度。但目前私桩共享模式还存在诸多缺点和问题，包括定价机制不完善、设备损坏难以归责、频繁使用加速损耗等。据统计，当前仅有 6%左右的私人桩参与共享。

4. 充电机器人

移动充电机器人接收到充电指令后，可自主规划移动路径、配备自动开盖功能、机械臂末端的充电枪通过视觉识别系统可精准插入待充电的电动汽车充电口内，自动完成插接和充电，并在充电结束后自动返回原处，为自己补电或进入待机状态。充电机器人摆脱了传统的充电方式和线缆束缚，可以通过客户端一键智能充电。此外，充电突破了空间局限，无须基础建设，部署灵活，一台充电机器人可以为停车场内的多台电动汽车充电。移动充电机器人可以从根源上解决燃油车或未充电的汽车占用充电车位的问题，因为并不存在固定的充电车位，停车场范围内任意停车位均可实现充电。

1.3　电动汽车充电设施规划建设需求

作为电动汽车补能网络的重要组成部分，电动汽车充电设施主要包括分散式充电桩、集中式充电站和换电站等。以我国为例，"十三五"时期，我国充电基础设施实现了跨越式发展，在充电技术、设施规模、标准体系、产业生态等方面均取得显著成效。截至 2022 年年底，全国充电设施规模达到 521 万台，为我国电动汽车产业发展提供了有力支撑。

1.3.1　电动汽车充电设施的发展现状

在绝对数量和技术水平上，当前中国电动汽车充电设施发展处于国际领先水平。其发展历程主要包括以下四个时期。

1)　2010 年之前的萌芽期

2010 年之前充电桩行业还处于探索阶段，充电设施项目以示范为主要目的。2006 年，比亚迪建立了全国首个电动汽车充电站。2008 年，北京奥运会期间建设了国内首个集中式充电站，该充电站可满足 50 辆电动大巴车的充电需求。2009 年，国网上海市电力公司投资建成国内第一座具有商业运营功能的充电站。总的来说，该时期尚未开展规模化的电动汽车充电设施建设，政策方面亦无明显利好。

2)　2011—2014 年的初步发展期

2011—2014 年充电桩市场由国家主导开展规模化建设，主要参与者包括国家电网、南方电网和普天新能源，且以公共汽车或政府内部用车为主，年新增充电桩仅几千台，市场规模较小，以行业摸索为主。

3)　2015—2018 年的扩张发展期

2014 年 11 月，《关于新能源汽车充电设施建设奖励的通知》(财建〔2014〕692 号)出台，首次将新能源汽车购置环节与充电设施补贴挂钩，特来电、星星充电等民间资本加入市场。2015 年，国家发展改革委、工业和信息化部等四部委联合发布的《电动汽车充电基础设施发展指南(2015—2020 年)》(以下简称《发展指南》)(发改能源〔2015〕1454 号)提出到 2020 年建设 480 万台充电桩、车桩比达到 1∶1 的发展目标，大规模的投资建设开启，促使 2015 年和 2016 年充电桩增速分别达到 743% 和 233%。

4)　新型基础设施建设时期

2020 年 3 月，充电桩被正式纳入新型基础设施建设，政策补贴由新能源车向充电设施倾斜，行业逐渐成熟，部分企业也开始盈利，而行业的方向由建设端向质量更高的运营端转移，在技术、市场及盈利模式上将产生变革，充电基础设施发展迎来新机遇。

然而，表面的机遇之下，当前的充电设施发展也存在一定的问题与挑战。由于涉及城市规划、建设用地、建筑物及配电网改造、居住地安装条件、投资运营模式等方面，利益主体多，推进难度大。电动汽车及其充电技术的不确定性大。电动汽车产业尚处于发展初期，动力电池及充电等关键技术发展日新月异，不同技术方案对应的充电需求存在较大差异，增加了充电基础设施建设与管理的难度，加大了投资运营风险，影响了社会资本参与的积极性。

首先，充电基础设施与电动汽车发展不协调。在电动汽车产业发展的过程中，普遍存在注重车而不注重充电基础设施的问题，有车无桩、有桩无车现象并存。一方面，部分地区电动汽车增长较快，但充电基础设施建设规模不足。另一方面，用户对电动汽车接受度不高及地方保护等原因，使得电动汽车增长总体低于预期，加上部分充电基础设施建设布局不合理，以及设施通用性较差等问题，造成充电基础设施利用率较低。其次，充电基础设施建设难度较大。充电基础设施建设需要规划、用地、电力等多项前提条件，在实施过程中涉及多个主管部门和相关企业。另外，在社会停车场所建设充电基础设施，面对众多分散的利益主体，协调难度大。

在私人乘用车领域，大量停车位不固定的用户不具备安装条件。对于具备安装条件的用户，存在业主委员会不支持和物业服务企业不配合的现象。此外，充电基础设施还涉及公共电网、用户侧电力设施、道路管线等改造，也增加了建设难度。充电服务的成熟商业模式尚未形成。在部分城市的公交、出租等特定领域，通过实行燃油对价、峰谷电价、充电服务费等措施，商业模式探索取得一定进展，但仍不具备大范围推广应用的条件。在公共充电服务领域，商业模式探索处于起步阶段，电动汽车数量少、设施利用率低、价格机制不健全等原因，使充电服务企业普遍亏损。已颁布的部分技术标准未严格执行，造成不同品牌的电动汽车与不同厂商的充电基础设施不兼容。充电基础设施相关工程建设标准有待进一步完善，充电设施与充电服务平台的通信协议、结算体系等标准不统一，充电服务平台的服务能力和质量未能满足用户需求。因此，充电基础设施标准规范体系需要进一步构建，充电基础设施设备接口、通信协议等技术标准亟须完善。

1.3.2 电动汽车充电设施发展的政策导向

2014 年以前，国家出台了一系列新能源汽车推广相关政策、标准和监管要求，但在电动汽车充电基础设施领域缺乏明确的政策文件予以专门指导。为落实国务院办公厅《关于加快新能源汽车推广应用的指导意见》(国办发〔2014〕35 号)的要求，2015 年 9 月，国务院办公厅发布了《关于加快电动汽车充电基础设施建设的指导意见》(国办发〔2015〕73 号)；2015 年 10 月，国家发展改革委等四部委联合发布了《发展指南》。两份纲领性文件确立了我国充电设施行业发展的基本格局，补全了我国电动汽车产业政策长期以来"重车辆推广应用，轻充电基础设施配套"的短板，破解了充电基础设施行业发展中存在的认识不统一、配套政策不完善、协调推进难度大、标准规范不健全等难题。到 2020 年，提出基本建成适度超前、车桩相随、智能高效的充电基础设施体系，满足超过 500 万辆电动汽车的充电需求。具体地，提出到 2020 年新增集中式充换电站超过 1.2 万座，分散式充电桩超过 480 万台。

充电基础设施补贴方面，相关文件明确提出要加大对充电基础设施补贴力度，奖补资金开始由补贴电动汽车向补贴充电设施转移。2016 年 1 月，财政部等五部委联合发布《关于"十三五"新能源汽车充电基础设施奖励政策及加强新能源汽车推广应用的通知》(财建〔2016〕7 号)，首次明确中央财政对各省份按照新能源汽车推广数量给予充电基础设施建设运营奖补资金。2018 年 11 月，国家发展改革委等四部委联合发布《提升新能源汽车充电保障能力行动计划》(发改能源〔2018〕1698 号)，提出千方百计满足"一车一桩"的接电需求，并强调将地方购置补贴转向支持充电基础设施建设运营，并采用"互联网+"方式加强对受补设施的事中、事后监管。2019 年 3 月，财政部等四部委联合发布《关于进一步完善新能源汽车推广应用财政补贴政策的通知》(财建〔2019〕138 号)，进一步要求各地方政府将新能源汽车地方补贴转化为用于补贴充电基础设施建设运营，奖补资金开始由中央财政奖补逐渐转为"中央财政主导、地方财政配套"奖补。

针对不同充电场景，国家也相应地发布了各类型电动汽车充电基础设施发展的指导意见。2016 年 8 月，国家发展改革委、国家能源局等四部委联合发布《关于加快居民区电动汽车充电基础设施建设的通知》(发改能源〔2016〕1611 号)，提出对居民区专用固定停车位按"一表一车位"模式进行配套供电设施增容改造。2016 年 12 月，国家发展改革委、住房和城乡建设部等四部委联合发布的《关于统筹加快推进停车场与充电基础设施一体化建设的通知》(发改基础〔2016〕2826 号)提出，推进停车场与充电基础设施一体化建设，以有效满足电动汽车充电基本需求。2017 年 1 月，国家能源局、国务院国有资产监督管理委员会、国家机关事务管理局联合发布的《加快单位内部电动汽车充电基础设施建设》(国能电力

〔2017〕19 号)提出,到 2020 年,公共机构新建和既有停车场规划建设配备充电设施(或预留建设安装条件)比例不低于 10%。

近年来,电动汽车充电基础设施发展的战略地位逐步提升。2020 年,中央将电动汽车充电基础设施建设纳入新型基础设施建设。同年,工业和信息化部发布的《新能源汽车产业发展规划(2021—2035)》提出,积极推广智能有序慢充为主、应急快充为辅的居民区充电服务模式,加快形成适度超前、快充为主、慢充为辅的高速公路和城乡公共充电网络。2022 年 1 月,国家发展改革委等部门《关于进一步提升电动汽车充电基础设施服务保障能力的实施意见》(以下简称《实施意见》)(发改能源规〔2022〕53 号)提出,对于城市公共充电网络,要合理布局,多方兼顾。在新商业模式探索、新一轮政策指导作用下,充电基础设施发展新通道开启,迎来新机遇。

1.3.3 国内外电动汽车充电设施建设水平

1. 中国

根据中国电动汽车充电基础设施促进联盟发布的数据,截至 2021 年 12 月底,全国充电基础设施累计数量为 261.6 万台。其中,公共交流充电桩数量为 67.7 万台,公共直流充电桩数量为 46.9 万台,公共充电设施总量为 114.6 万台,较 2020年增加 34.0 万台。随车配建私人充电桩数量激增,累计保有量达 147 万台,同比增长 68.19%(见图 1-4)。公共充电场站共计 7.5 万座。

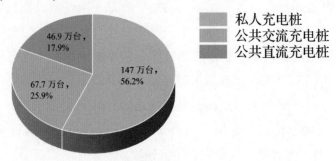

图 1-4 2021 年中国电动汽车充电基础设施保有量数据

目前,我国充电基础设施的建设基本能满足电动汽车的快速发展。2021 年,中国充电基础设施增量为 93.6 万台,新能源汽车销量为 352.1 万辆,充电基础设施与新能源汽车呈爆发式增长,车桩增量比为 3.8∶1。同时根据相关统计,2022

年，中国电动汽车的销量达到688.7万辆，充电桩增量为259.3万台，车桩增量比下降到2.7∶1。

2. 美国

根据美国能源部替代燃料数据中心记录，截至2021年年底，美国电动汽车充电桩数量已超过12万台。美国电动汽车与公共充电桩数量的比例由2015年的12.9∶1增长至2021年的18.2∶1。美国政府采用财政支持政策及相关辅助监管措施，并计划在2030年实现全美50万台电动汽车充电桩的建设目标。

运营模式方面，美国充电桩运营主体主要包括专业充电设施运营商和以特斯拉为代表的整车企业。同时，车企在配建私人充电桩时多选择与专业运营商合作。作为美国充电桩运营龙头企业，驰吉普公司(ChargePoint)在美国市场占有率超过75%。值得一提的是，驰吉普公司开创了免费充电桩建设模式。在公共桩领域，驰吉普公司以极低价格将充电桩卖给商家，通过收取服务费和盈利分成的形式获取收入，其中大部分商家为用户提供免费充电服务，从而吸引更多的顾客，增加主营业务收益。在私人领域，驰吉普公司为私人用户免费安装住宅区充电桩，用户则按月缴纳服务费，电费则由住宅物业公司收取。此外，驰吉普公司基于全美范围内的电动汽车充电位置共享信息，为用户提供充电站位置、实时充电监控、充电预约提醒、故障报警等信息，同时通过大数据挖掘提供增值服务。

3. 德国

根据相关数据统计，2017—2020年德国充电基础设施数量，如图1-5所示。截至2021年7月，德国共有充电基础设施4.57万个。其中，快充桩有(>22kW) 6600台，慢充桩有(≤22kW)3.91万台，快充桩占比约为14.4%。截至2020年年底，德国共有58.9万辆电动汽车，车桩比约为14.6∶1，平均每15辆电动汽车或插电式混合动力车共用一台充电桩。

2022—2023年，德国计划新建5万台公共充电桩，其中1.5万台由汽车制造商承担，比如宝马汽车计划至少建造4100个充电桩，其他车企也打算同样跟进。为了使电动汽车真正与日常使用兼容，并且可以便捷地在停车场、地下车库和工作场所中充电，德国政府还计划对建筑物和租赁法进行更改。虽然许多充电站正在规划或建设中，但是还需要提高速度。尽管德国的大城市及其周边的卫星城已经修建了众多充电站，但是在德国大面积的农村地带，充电桩的铺设数量仍然紧缺。

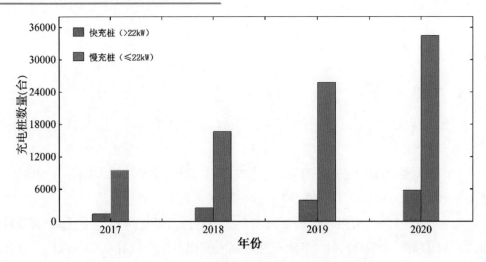

图 1-5　2017—2020 年德国充电基础设施数量

1.4　充电设施运行优化及市场化路径

随着电动汽车的大规模发展，电动汽车充电负荷将成为电网重要的负荷类型。基于有序充电、V2G 电量反送、退役电池梯次化利用等技术，作为负荷侧重要的灵活性可调节资源，通过充电设施运行优化可以提高充电设施运营经济性，降低规模化充电负荷对电网的影响，促进新能源消纳及"双碳"目标落地。同时，随着国内电力市场的进一步发展，推进充电设施商业模式创新，完善电动汽车消费及储放绿色电力的交易和调度机制，探索电动汽车参与电力市场的实施路径已成为当下的热点研究领域。

1.4.1　基于有序充电的充电设施运行优化

考虑到电动汽车具有负荷和储能的双重属性，是具有高度灵活性的移动储能单元，挖掘其参与电网调度的巨大潜力，在电价等信号的合理引导下，电动汽车充电负荷的时间分布和空间分布会随之改变，在某些需要的时段，车辆甚至可以通过 V2G 技术向电网回馈多余的电能，从而实现优化电网潮流分布、促进新能源发电消纳、维持配网节点电压水平、保障电网安全经济运行等目标，有力推动能源供给与交换智能化、互动化的发展。国内政策支持方面，工业和信息化部发布的《新能源汽车产业发展规划(2021—2035)》提出，要加强电动汽车和电网的能量双向互动，将充电和电网调度需求结合起来，推动产业融合发展。

充电设施运行优化的目标多种多样，优化主体不同，优化目标也各有差异，以下分别介绍不同优化主体的优化目标。

(1) 电网：以电网为优化主体，考虑大规模电动汽车充电负荷对配电网潮流的影响，主要目标为降低配电网网损，改善电压水平。其实现方式包括电网直控车辆、基于聚合商的需求响应等。

(2) 充电站：以充电站为优化主体进行站内能量管理，通常以充电站的综合运行成本最低为目标，运行成本主要包括分时电价下的电量电费成本和两部制电价下的需量电费成本。

(3) 充电站集群和分布式能源聚合商：对于充电设施的优化运行以促进分布式新能源发电消纳、提升聚合商运行经济性为主要目标，同时也可以参与配网需求侧响应、参与辅助服务市场等。

目前，充电设施优化运行以控制电动汽车充电功率和控制充电时间为主要途径，可以简称为有序充电。有序充电结合 V2G 技术可拓展为有序充放电，使电网具备更灵活的调节能力。除此以外，也有部分研究在探索空间层面充电负荷的可控性，通过充电引导等手段，利用车辆的可移动性实现电网的优化目标，丰富了电动汽车与电网的互动形式。

目前应用最为广泛的充电设施优化运行方法是有序充电。有序充电通常应用于停留地充电场景，比如小区共用充电桩、办公区充电桩群。这类充电场景的特点为：车辆在充电设施的停放时间一般远大于车辆充电所需要的时间，且车辆充电方式以慢充为主，可根据需要中断充电或灵活调整充电功率，实现车辆的有序充电。以图 1-6 所示的公共充电站为例，充电站有序充电流程为：每当有新的电动汽车客户接入充电站的充电设施时，充电控制系统可通过客户电动汽车上的电池管理系统获取电动汽车的电池容量及电池荷电状态。为了制定电动汽车有序充电策略，客户需要告知充电站，电动汽车预期的停留时间及客户离开时期望的目标电池荷电状态。在此基础上，控制中心以满足客户需求及充电站变压器不过载为前提制订充电计划，并将计划发布给站内充电装置进行充电。充电站通过有序充电控制，实现经济效益的优化。充电控制方式可划分为不可间断充电与可间断充电。其中，不可间断充电主要优化控制电动汽车的起始充电时间；可间断充电往往将整个可充电时段划分为不同的控制区间，优化各区间内的充电通断。

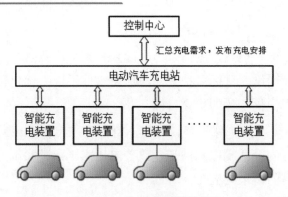

图1-6 公共充电站示意

有序充电等电动汽车充电设施优化运行手段在国内外已经有广泛的应用。美国通过开放式自动需求响应(Open Automated Demand Response，Open ADR)通信规约及相关应用自动调整用电，例如，在电网面临压力的时候延迟电动汽车的充电时间。日本大力推崇需求响应和虚拟电厂，企业用户或个人用户可通过电动汽车、屋顶光伏和储能装置向负荷聚合商供电。在欧洲，意大利开展Energy@Home技术研究，旨在通过家电、智能电表和宽带通信的合理联结实现用户和电网的双向互动，在提高能效水平的同时，降低电网的高峰负荷。爱尔兰针对家庭用户及中小型企业开展了智能计量系统测试、成本效益分析等车网互动相关技术研究，其中比较分析了按月计费、双月计费、户内显示、减负荷激励这4类用户反馈模式的效益。在中国，上海、北京、天津、广州等多地均已成功开展电动汽车与电网互动试点。

1.4.2 电动汽车和电网互动试点应用案例

针对可再生能源消纳能力不足、调峰调频压力大等城市电网运行过程中面临的问题与挑战，除了在发电侧加强发电容量建设之外，负荷侧资源的利用也是近年来获得广泛关注的技术手段之一。其中最为有效的手段是负荷侧需求响应。负荷侧需求响应利用市场化的手段更有效地对负荷侧资源进行协调优化，不仅有助于发挥负荷侧的灵活性，还可以推动电力系统向绿色、经济的方向发展。常见的需求响应可以分为基于价格的需求响应(Price-based Demand Response，PDR)和基于激励的需求响应(Incentive-based Demand Response，IDR)两种。其中，基于价格的需求响应是指根据产能成本而动态改变能源价格，目的是在用能高峰期提高价格及在用能低谷期降低价格来平滑负荷曲线；基于激励的需求响应是指通过金钱补偿激励消费者降低负荷或者直接获得消费者负荷的控制权。同时，按照调控对象的不同，负荷侧需求响应也可分为面向电网的调控、面向建筑楼宇的调控及面向综合能源系统或者微网的调控。

国内外已进行过多次负荷侧资源参与电力需求响应的探索和实践。美国是目前世界上需求响应相关政策最为完善、相关案例最为丰富的国家，美国 Open ADR 通信规约成为目前世界广泛使用的标准化协议。从 Open ADR 1.0 到 Open ADR 2.0，除了涵盖电力市场交易、可再生能源交易、电动汽车控制等更丰富的功能外，还提供更强的数据反馈能力和预测能力。泰国开展了基于 Open ADR 2.0b 协议的办公楼宇需求响应试点项目，该项目通过楼宇能量管理系统及空调控制器有效降低楼宇 53% 的空调能耗。

中国电力市场也十分注重供需互动。2021 年 5 月，上海市通过虚拟电厂聚合储能电站、商业楼宇和电动汽车充电站等多方面资源参与需求响应，削峰和填谷的最高负荷量分别为 15 万 kW 和 50 万 kW，有效促进智慧减碳和挖掘需求侧资源。为应对新能源出力的波动性，宁夏回族自治区开展了"源网荷储"互动试点，设计了基于"荷随源动"的市场交易规则，电力用户和储能按照电网下发的指令调节用电负荷，最后电力成交量为 120 万 kW·h，有效促进了新能源消纳。江苏省也实施过多次激励型需求响应，培养了一大批负荷聚合商，建设了具备毫秒级切负荷能力的"源网荷"互动系统，并提出了一系列配套的电力交易模式。

电动汽车作为近年来发展最为迅速的新兴需求侧主体之一，其在需求响应中发挥价值的方式与能力也获得了广泛的关注。为了探索将这一潜力巨大的需求侧主体纳入电网可调控资源的技术路径和商业模式，国内外还开展过多次电动汽车参与电网需求响应的实际试点项目。美国的 ADR 通信协议中指出，在电网面临压力的时候应延迟电动汽车的充电时间。美国加州电力公司 PG&E 给私人桩用户提供两种分时电价方案，即将 12:00～15:00 和 19:00～7:00 设置为低价时段，鼓励车主充电时避开用电高峰。在 iChargeForward 项目中，100 位宝马车主和梯次利用电动汽车电池的储能多次响应来自 PG&E 的削负荷信号，需要在 1h 内完成削减 90kW 以上负荷量的任务，完成者可获得奖金。该项目在节约用户充电费用的同时还可培养用户的互动意识。能源科技企业意科能源(Enel X)把私人桩用户聚合成虚拟电厂参与电力现货市场竞价，参加的用户可获得电力积分，2019 年 6—9 月，该虚拟电厂共响应 24000 桩次。

在中国，多地积极组织电动汽车参与需求响应的试点活动。2019 年端午假期，国网上海市电力公司联合蔚来等车企开展电动汽车充电"填谷"的项目，对参与的私人车主实施充电补贴，后续分别开展了针对专用桩和换电站的需求响应试点项目，探索不同充电模式所适用的需求响应场景。2020年4月，国网电动汽车公司在北京人济大厦开展了72h的V2G试点项目，该项目首次应用V2G技术参与电网实时调度和调峰辅助服务。2020年5月，华北调峰辅助服务市场首次将电动汽车充放电纳入调峰资源，实现对电动汽车及其他分布式储能资源的联合优化和市场出清结算，活动共接入2476座充电站和27621台充电桩。2020年9月，山西省推出"新能源+电动汽车"协同互动试点方案，通过车联网线上平台和电力市场交易手段，充分发挥电动汽车等负荷侧的灵活性，促进新能源消纳。广州市通过优化负荷聚合商接入环境、推广有序充电管理及建立电动汽车与虚拟电厂的互动模式来激发电动汽车参与需求响应的动力。天津市在中新天津生态城中试点建设了新型电网双向互动充电桩，支持电动汽车向电网反送电及在电网故障情况下的紧急用电。

部分电动汽车和电网互动试点应用案例如表1-2所示。

表1-2　部分电动汽车和电网互动试点应用案例

地　域	项目/公司名称	内　容
美国	iChargeForward	100位宝马汽车车主和梯次利用电动汽车电池的储能多次响应来自PG&E的负荷削减信号，需要在1h内完成削减90kW以上负荷量的任务
美国	Enel X	把私人桩用户聚合成虚拟电厂参与电力现货市场竞价，参加的用户可获得电力积分，2019年6—9月，该虚拟电厂共响应24000桩次
中国上海	国网上海市电力公司联合蔚来等车企	开展电动汽车充电"填谷"的项目，对参与的私人车主实施充电补贴，后续分别开展了针对专用桩和换电站的需求响应试点项目，探索不同充电模式所适用的需求响应场景
中国北京	国网电动汽车公司	2020年4月，国网电动汽车公司在北京人济大厦开展了72h的V2G试点项目，该项目首次应用V2G技术参与电网实时调度和调峰辅助服务
中国山西	"新能源+电动汽车"协同互动试点	2020年9月，山西省推出"新能源+电动汽车"协同互动试点方案，通过车联网线上平台和电力市场交易手段，充分发挥电动汽车等负荷侧的灵活性，促进新能源消纳
中国天津	中新天津生态城试点	天津市在中新天津生态城中试点建设了新型电网双向互动充电桩，支持电动汽车向电网反送电及在电网故障情况下的紧急用电

1.4.3　充电设施运行市场化路径与政策展望

前文所述的电动汽车参与需求响应的实际案例在车网互动的商业模式方面进行了有益的探索,验证了电动汽车参与需求响应的技术可行性,摸索了其实现手段。但与此同时,在现有的以电动汽车参与需求响应为代表的车网互动商业模式中,尚存在一些局限性。首先,目前的电动汽车需求响应试点仍然以邀约式为主,需求响应规模比较局限,需求响应开展流程的自动化程度不够高,且需求响应的补偿资金缺乏可持续机制。在未来电动汽车规模进一步扩大的情况下,必定需要更加高效化、智能化和自动化的车网互动机制及商业模式,充分挖掘电动汽车的可调度资源。

在此背景下,2022 年 1 月,《实施意见》指出,推进车网互动技术创新与试点示范。支持电网企业联合车企等产业链上、下游打造新能源汽车与智慧能源融合创新平台,开展跨行业联合创新与技术研发,加速推进车网互动试验测试与标准化体系建设。积极推进试点示范,探索新能源汽车参与电力现货市场的实施路径,研究完善新能源汽车消费及储放绿色电力的交易和调度机制。探索单位和园区内部充电设施开展"光储充放"一体化试点应用,鼓励推广智能有序充电。各地发展改革、能源部门要引导居民参与智能有序充电,加快开展智能有序充电示范小区建设,逐步提高智能有序充电桩建设比例。各地价格主管部门要抓好充电设施峰谷电价政策落实,鼓励将智能有序充电纳入充电桩和新能源汽车产品功能范围,加快形成行业统一标准。该实施意见从技术手段、标准制定、交易方式和商业模式等多方面对未来电动汽车的车网互动提出了要求和方向引导。

在交易方式层面,未来电动汽车充电设施将由按目录电价结算用电价格转变为在电力现货市场环境下进行市场化电力交易。近年来,为了实现资源有效配置的电力市场化交易,充分发挥市场作用,还原电力商品属性,我国开始了新一轮的电力市场化改革,以放开发用电计划和建设完善的电力市场并重为改革目标。电动汽车作为近年来得到快速发展,且未来在国民电力消费中占比将逐渐提升的新型负荷,其参与电力现货市场的实施路径,以及消费及储放绿色电力的交易和调度机制是亟须解决的关键技术问题。在未来的电力现货市场及配套的电力中长期市场、辅助服务市场、容量市场等市场形态中,当前普遍利用电动汽车有序充电进行的调峰将不再被视为一种辅助服务,而是由电力现货价格信号引导的需求响应，只有调频辅助服务和备用辅助服务才能在辅助服务市场中进行交易。同时，电动汽车充电的电价成本也将不再是峰平谷时段简单划分的单一电价，而是可能需要通过在电力中长期市场锁定价格、电力现货市场结算差价等多个电能量市场交易环节共同决定的电价成本。因此，对于分散式的电动汽车及充电桩，通过合理的聚合手段，形成一定规模的电动汽车群体用电主体及可调度资源，并作为一个整体参与电力中长期市场和电力现货市场的购售电、在辅助服务市场进行投标并响应调度指令是未来最可能实现的技术路线。而对于集中式的电动汽车充电基础设施，以充电站或充电站联盟为主体在电力市场中进行交易可能是最常见的方式。通过合理的电力市场交易策略，能够促进集中式电动汽车充电设施合理规划车辆充电，实现接入车辆的有序充电和辅助服务及需求响应的资源化。

在商业模式层面，电动汽车充电基础设施与电动汽车之间也可能不局限于单一价格充电的简单模式。未来，充电服务的市场化定价是可探索的方向之一。正如电力现货市场中，可以通过实时价格来反映不同时段、不同负荷水平、不同电网节点下的电力价值，充电服务的实时化、差异化定价手段也是未来进一步促进充电市场良性发展，实现资源合理配置的方式之一。此外，实现电动汽车的资源化也需要有效的商业模式来配合。电动汽车充电负荷聚合商是学术研究中未来负荷侧资源聚合的热门方式之一。一方面，通过负荷聚合商，电动汽车用户可以达到电力市场的准入门槛，并方便地参与各类市场进行获利或降低成本。但另一方面，与负荷聚合商之间的契约关系也不可避免地会让渡电动汽车用户的一部分权利，比如随时随地进行充电的权利。这一权利让渡关系的处理将会影响未来的车网互动商业模式是否能健康有序地发展。由于负荷聚合商一对多的关系，电动汽车与负荷聚合商之间的利益分成模式需要在探索中不断完善，并同时辅以适度的监管，以避免陷入初期无序竞争，以不合理的方式抢夺用户，后期形成垄断，收割用户的商业怪圈中。同时，不同电动汽车之间的公平性原则需要得到有力保证。电动汽车充电本身对电动汽车用户的日常生活有很大的影响，且电动汽车电池的高成本也造成寿命损耗的敏感性，因此"厚此薄彼"式的调用方式必须避免。由于负荷聚合过程中产生的电池损耗、响应获利缺乏可视化的直观手段，因此也可以考虑采用区块链等技术手段，实现每度电有迹可循的过程记录方法，以此建立用户与负荷聚合商之间的信任关系，促进车网互动商业模式良性发展。

1.5　小　　结

　　本章概述了电动汽车及其发展历程，介绍了电动汽车充电设施分类与技术发展现状，归纳了电动汽车充电设施规划建设需求，分析了充电设施运行优化及市场化路径，为发展电动汽车充电设施优化规划与运行研究提供了参考。

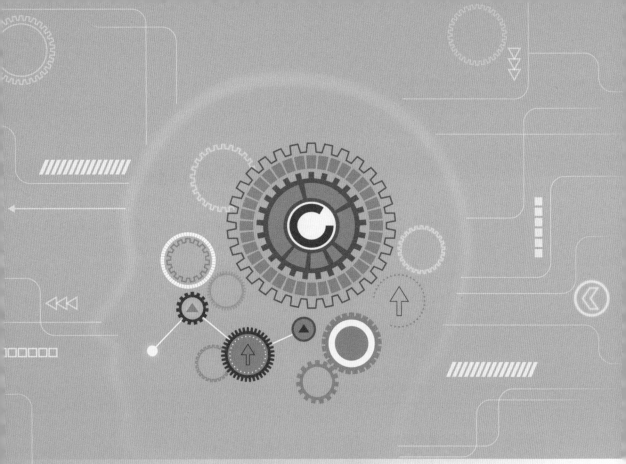

第 2 章

电动汽车充电负荷建模与预测

电动汽车是城市交通电气化的重要元素和新型电力系统的重要负荷，具备电力系统用电负荷及路网交通工具的双重属性。以上海市为例，截至 2022 年年底，上海新能源汽车保有量达 94.5 万辆，占汽车总量的 19.81%，扣除报废注销量后仍比 2021 年增加 31 万辆，增长 48.84%。电动汽车充电负荷建模与预测是电动汽车充电设施优化规划与运行的前提和基础。从空间维度，电动汽车充电负荷建模与预测可以分为电动汽车总量预测和充电负荷时空分布预测。从时间维度，电动汽车充电负荷建模与预测可以进一步分为中长期预测和短期预测。

本章根据城市电动汽车总量预测，提出城市电动汽车保有量中长期发展预测方法；根据电动汽车充电负荷时空分布预测，提出城市广域电动汽车充电负荷时空分布预测方法；根据充电站运行优化需求，提出数据驱动的电动汽车充电站超短期负荷预测方法。

2.1　城市电动汽车保有量中长期发展预测方法

电动汽车作为新产品进入市场和对传统燃油汽车的替代，从数量和总产值上都是汽车行业发展历程中前所未有的。对充电需求规模的预测是城市电网应对大规模充电挑战的必要前提，而充电需求规模的预测需要结合电动汽车数量增长、能耗水平和居民出行习惯数据等多方面因素来进行。

与居民出行习惯的相对稳定相比，考虑市场结构、政策法规的电动汽车数量预测及不确定性分析是充电需求规模预测的关键。大型城市人口密集、用电负荷密集、交通密集，也通常作为政策的重点示范区域，电动汽车规模发展受多种因素影响和制约，诸如市场容量、竞争格局、交通发展等因素，需要对电动汽车市场规模、发展速度和总量展开研究。在此背景下，本节对城市电动汽车保有量的中长期发展预测方法进行介绍，为充电需求规模预测提供基础。

2.1.1　电动汽车市场规模预测方法

传统燃油汽车的数量预测模型可以为电动汽车群体数量预测提供参考，但是政策因素和技术创新因素在电动汽车发展进程中具有更大的影响力，需要对相关模型进行改进和修正。同时，在电动汽车数量预测中必须考虑现有燃油车的占位效应和其在新增市场中的竞争效应。

电动汽车数量预测模型主要有微观模型和宏观模型两种技术路线。微观模型对影响车主购买电动汽车的因素建模，包括能源价格、电池成本、品牌宣传、社会认同等，获得单一车主的购买意愿并进一步开展多智能体模拟。有研究将上述影响因素归结为人口因素、环境因素和心理因素三类，但同时指出，微观模型需要基于细致的因子分析和详尽的数据集，否则会导致不同地区模型的形式差异明显。因此，这一方法依托大规模统计普查，常用于对一个国家范围内的电动汽车发展态势建模。宏观模型基于电动汽车市场销量和数量建立预测模型，对数据规模要求低，适用于用户特征一致性较高的地区，以避免平均效应的影响。同一个城市内，经济发展水平差异较小，各区域政策统一，在电动汽车普及中前期相关数据集不够完备的情况下，适合采用宏观模型进行数量预测。

扩散模型是描述一种新产品进入市场，或一种新技术得到应用的态势过程。常见的扩散模型包括四种，冈伯茨模型(Gompertz Model，GM)，罗吉斯蒂克模型(Logistic Model，LM)，巴斯扩散模型(Bass Diffusion Model，BDM)和洛特卡-沃尔泰拉模型(Lotka-Volterra model，LVM)，如表 2-1 所示。

表 2-1 典型技术扩散模型及其增长率

模型名称	增长率解析形式	增长率差分形式
冈伯茨模型	$Y(t)=Ke^{e^{(\alpha-\gamma t)}}$	$\dfrac{\mathrm{d}Y}{\mathrm{d}t}=\gamma\cdot Y\ln\left(\dfrac{K}{Y}\right)$
罗吉斯蒂克模型	$Y(t)=\dfrac{K}{1+e^{(\alpha-\gamma t)}}$	$\dfrac{\mathrm{d}Y}{\mathrm{d}t}=\dfrac{\gamma}{K}\cdot Y(K-Y)$
巴斯扩散模型	$Y(t)=K\dfrac{1-e^{-(p+q)t}}{1+\dfrac{q}{p}e^{-(p+q)t}}$	$\dfrac{\mathrm{d}Y}{\mathrm{d}t}=\dfrac{p}{K}(K-Y)^2+\dfrac{p+q}{K}Y(K-Y)$
洛特卡-沃尔泰拉模型	$Y(t)=Y_1(t)+Y_2(t)$	$\dfrac{\mathrm{d}Y_1}{\mathrm{d}t}=\dfrac{\gamma_1}{K}Y_1(K-Y_1-\beta_1 Y_2)$ $\dfrac{\mathrm{d}Y_2}{\mathrm{d}t}=\dfrac{\gamma_2}{K}Y_2(K-Y_2-\beta_2 Y_1)$

其中，前两种模型都属于 S 形曲线模型，建立每一状态下内外部因素对种群增长率的影响模型，可近似统一处理。巴斯扩散模型首次被提出时用于耐用消费品扩散趋势研究，效果良好。该模型形式简洁，仅涉及三个变量，包括电动汽车的市场空间 K、表征供给侧创新系数的外部因子 p 和表征需求侧模仿系数的内部因子 q。巴斯扩散模型包含了 S 形曲线族预测模型的信息，是更具有一般性的

模型。电动汽车的数量增长适合采用巴斯扩散模型预测，以便充分考虑相关技术的发展情况。

洛特卡-沃尔泰拉模型描述两个独立具有罗吉斯蒂克增长模型的种群间的竞争关系。在产品预测中，以电动汽车发展趋势预测为例，电动汽车进入市场时与传统燃油汽车存在竞争关系。

巴斯扩散模型的提出者在对模型的后续改进中，提出了广义巴斯增长模型，加入了时变的调节因子，解决了增长模型由于初始阶段的外部扰动造成的与实际数据的偏离问题。借鉴洛特卡-沃尔泰拉模型，可以将市场竞争与置换引入巴斯扩散模型，经修改其表达式为

$$\frac{dY_1}{dt} = p \cdot [K - Y_1 - \beta Y_2] + \frac{q}{K} Y_1 \cdot [K - Y_1 - \beta Y_2] \tag{2-1}$$

其中，K 为汽车市场总空间；Y_1 为电动汽车数量；Y_2 为传统燃油车数量；β 为燃油车对电动汽车的竞争系数。式(2-1)右侧第一项为创新者数量，可以认为人群中存在先锋用户，愿意接受新技术与新产品，这部分群体的数量与增长速度，主要取决于这一技术的发展情况，即参数 p；第二项为洛特卡-沃尔泰拉模型，参数 q 为内部因子，描述考虑市场空间和竞争的电动汽车跟随购买者数量。

2.1.2 考虑技术演进与竞争的预测模型

1. 技术演进与竞争在预测模型中的表现形式

对汽车保有量做中长期预测，应考虑报废情况和车辆的置换购买情况。自 2013 年起，中国政府取消了私家车的强制报废年限，转而通过年检制度引导使用与报废。私家车在购买后的前 10 年只需要检验两次，超过 10 年后，这一频率增加到每年一次，超过 15 年后调整为半年一次。2022 年政策进一步优化，10 年以上车龄的汽车检验频率均改为一年一次。在巴斯扩散模型中，Y 描述某类型汽车在第 t 年的实际保有量，SS 为同年车辆报废数，其表达式为

$$Y(t) = Y(t-1) + \left. \frac{dY}{dt} \right|_{Y(t-1)} - SS(t) \tag{2-2}$$

以上海市为例，小汽车平均使用寿命为 14.05 年。面向较长时间尺度，还应考虑再次更换车时的选择情况。韦布尔概率密度函数（Weibull Probability Density Function，WPDF）是一种随机变量分布，体现了产品在自然衰减情况下的磨损剩

余，可用于车辆报废量预测。对于车龄 t 年的汽车报废率可采用韦布尔累计概率分布描述，其表达式为

$$SS(t) = 1 - e^{-\left(\frac{t}{T}\right)^b}$$

(2-3)

其中，T 为时间参数；b 为形状参数。第 t 年报废汽车数量 $SQ(t)$ 为此前各年度增长汽车数与至本年度报废率的乘积的和，最终巴斯扩散模型修正后的表达式为

$$\frac{dY_1}{dt} = a\left[K + (SQ_1 + \beta SQ_2) - (Y_1 + \beta Y_2)\right] + \frac{b}{K}(Y_1 - SQ_1) \cdot \left[K + (SQ_1 + \beta SQ_2) - (Y_1 + \beta Y_2)\right]$$

(2-4)

经典的罗吉斯蒂克模型与巴斯扩散模型都是三参数模型，其中环境最大容量(市场空间)K 是固定值，其与现有种群的差值可用于描述环境压力。这一定义来自巴斯扩散模型最初的建模基础，即两个种群共用同一个生长环境空间，而该空间容量固定且与外部不存在交换。用于新产品中长期进入市场建模时，应对市场空间参数进行修正，汽车保有量预测中应考虑人口与经济发展因素，即对于某市场区域电动汽车增长态势建模时，汽车市场总量的表达式为

汽车市场总量=人口数×目标人均汽车保有量

(2-5)

世界范围内，核心都市区始终对人口呈现正向吸引作用，考虑到城市面积和市政服务水平，人口数量主要受政策调控影响，这一点在中国更加显著。人均汽车保有量受收入水平、能源结构、工业化水平和消费理念等因素的影响，根据统计数据，目前在人口超过 1000 万的国家里，人均汽车保有量最多的是美国，2017年其人均汽车保有辆达到了 1.88 辆。对于中国城镇人口，2019 年人均汽车保有辆为 0.432 辆。对于后发国家，可采用领先国家的历史数据进行类比。

2. 城市电动汽车保有量中长期预测结果——以中国上海市为例

上海市是电动汽车推广的示范城市，正努力打造具有全球影响力的新能源汽车发展高地，电动汽车保有量和新增速度持续领跑全国。以上海市为例，可以使用中长期发展预测方法对城市电动汽车保有量进行预测和验证，并为今后的城市发展规划提供参考。

上海市政府积极响应国家的政策指引，出台了一系列举措鼓励电动汽车发展。其主要包含以下几点。一是购车补贴政策。自 2012 年起，在上海市购买一辆插电混合新能源汽车可获 3 万元补助，而购买纯电动汽车则能获得高达 4 万元的补助。二是牌照政策。上海作为超一线城市，自 2003 年起，出于交通容量限制考虑，实

行车牌拍卖制度，限额发放机动车牌照，以拍卖方式交易，拍卖价格在8万~20万元不等。因此，沪牌是稀有资源，除需要耗费额外不菲的金钱外，也需要耗费时间和精力才能够获得。而购买新能源汽车可以免费上专用牌照，这对于意向购车者具有极大的吸引力。

在上述举措的影响下，截至2021年年底，上海市新能源汽车保有量达到54万辆，新能源汽车已占本市汽车总量的9.56%，远远领先于全国2.6%的新能源汽车渗透率。同时，数据增长表现得更为明显，2021年度新增新能源汽车占比达到年度新增汽车总量的68%。其中，纯电动汽车保有量达28万辆，占新能源汽车总量的51.85%。

按车辆用途来看，随着上海新能源汽车市场车型的不断丰富，私人车主的选择也逐渐丰富，私人电动汽车比例逐年提高，累计占比达到71%；新能源出租车数量增长显著，纯电动出租车约1.6万辆，较2020年增长了102%；新能源地面公交车约1.4万辆。

在上海，电动汽车2010年前后进入私家车应用领域，可采用2010—2020年的数据建模。在改进的巴斯扩散模型中，利用电动汽车年增量的历史数据和市场空间修正系数，确定外部因子p为0.06，内部因子q为0.72。

进一步拓展预测中，应考虑上海的城市规划、经济社会发展与汽车牌照政策。在2020—2050年的中长期预测中，可进行以下分阶段分析。

(1) 21世纪初是市场发展的起步期，在此前，电动汽车在私家车领域的销售依赖于技术创新和政策支持，竞争力较弱。

(2) 2020—2035年，是电动汽车发展的爬坡期，电动汽车市场空间拓展的驱动力从居民人口增长和经济发展转变为人均汽车保有量的上升，表现为人口增长减速，但人均GDP保持快速增长，电动汽车的市场竞争力超过燃油汽车。

(3) 2035年以后，电动汽车发展进入成熟期。随着人均GDP达到一定水平，私人汽车保有量会出现饱和情况，在居民人口相对稳定的情况下，电动汽车数量也将进入相对恒定的阶段，燃油汽车将退出市场。汽车报废与重复购买成为新增销售的主要动力。

图2-1所示为2020—2050年上海市私家电动汽车规模预测结果，其中2020年前为历史数据。考虑与燃油车的技术竞争和车辆报废及重新购买，2020年以后，电动汽车规模呈快速增长趋势。在2030年前后，电动汽车有望取代燃油汽车成为私家车保有量中的多数。从预测结果来看，电动汽车届时将在新销售汽车市场中

占据主导地位，而燃油汽车预计将逐步退出私家车舞台。至 2040 年，经过约 20 年的年复合增长率为 17.7%的快速增长，私家电动汽车规模将达到 899 万辆。2040 年以后，随着城市进入常住人口与市政建设趋于稳定的高度发展阶段，电动汽车规模也将进入稳定期。

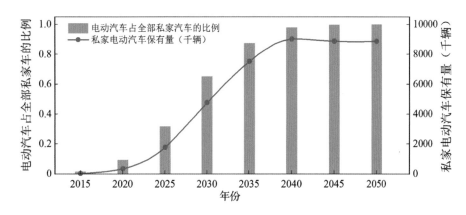

图 2-1　2020—2050 年上海市私家电动汽车规模预测结果

尽管上海有一些区域性特点，例如，对常住人口规模和新增燃油汽车数量的行政性调控，但是这一模型或部分阶段的预测结果也可以作为其他城市相似研究与规划的参照基准。随着 21 世纪中叶全球环境目标的临近，全电气化的城市交通模式有望重构城市电力—交通—社会系统的全景。对于私家车领域全面电动化后的后增长时代，饱和点之后的市场格局和新兴技术的影响需要进一步挖掘，更长期的预测需要在考虑上述因素的基础上构建新模型。

2.1.3　城市电动汽车保有量预测模型的不确定性分析方法

1. 影响因素分析

对于上海市私家电动汽车保有量的中长期预测，基于积极稳健的推广政策作为基础，并考虑了电动汽车牌照政策和燃油汽车的销售禁令。在预测模型中，电动汽车数量增长的影响因素可以归纳为环境因素(客观因素)和政策因素(主观因素)，如表 2-2 所示。

对于环境因素，表现为模型中的参数及取值。通过改变内部、外部因子 q 和 p 的取值，可以设定电动汽车数量按照不同速率增长，q 或 p 数值越大，增长速率越快。电动汽车对于燃油汽车的技术竞争水平决定了新增汽车群体的占比和相对增长速度。对于巴斯扩散模型，当产品数量少而市场空间大时，增长率较高。在固定市场空间 K 场景中，为了调节模型中前期增长阶段的速率，往往限制参数因子的取值，导致模型后期增长落后于实际数据。经典巴斯扩散模型的提出者在后续研究中曾指出这一问题，并提出加入调节因子的解决方案，在本模型中表示为可变的市场空间参数。

表 2-2　预测模型中电动汽车数量增长的影响因素

类　　型	因　　子	对应参数
环境因素	①技术扩散水平 ②技术竞争水平 ③市场空间	①p、q ②β ③K
政策因素	①牌照数量配额政策 ②燃油汽车禁售政策	①按比例分配的牌照政策或电动汽车优先的牌照政策 ②积极、中性、保守的禁售政策

政策因素，或称主观因素方面，包括汽车牌照数量配额政策和燃油汽车禁售政策。国际能源机构预计 2040 年可能会出现全球范围内的石油供应短缺，再加上交通部门碳排量削减的要求，可能会在政策层面上促进电动汽车的销售和对燃油汽车的生产销售进行限制。丹麦、斯里兰卡、英国、法国、以色列和瑞典等国家制定了禁售燃油汽车的路线图，我国也在制定相关规划。对于核心都市区，车辆的增加主要来自私家车的快速普及，其增长速度也受到了交通系统承载力和环保指标的限制。世界上各大城市正在纷纷采取各种措施规范汽车总量的无序增长，包括购买限制、牌照政策、特定时间和区域内的交通限制等手段。私家车领域的燃油汽车销售禁令被视为推广电动汽车的最彻底的措施，多国政府已经宣布了相应的时间表。根据时间、力度等条件分类，可归类为积极、中性、保守政策。

2. 城市电动汽车保有量预测不确定性分析——以中国上海市为例

尽管城市管理者可以动用政策工具箱来调节增长，但是环境因素仍然会给电动汽车规模预测带来不确定性。如图 2-2 所示，三种环境因素的影响如图 2-2(a)～图 2-2(c)中所示，分别对应技术扩散水平、技术竞争水平和市场空间参数的影响，并可以分析其演变趋势。将图 2-1 中所示情况和影响因子取值作为标准数值，定义影响因子的不确定性的表征范围为标准数值上下浮动 20%，而其他设置则保持为标准数值。

每个时间点的数值用四分位数区间表示，中部的范围框代表模拟结果中间

50%的情况。随着 p 值和 q 值的增大，电动汽车数量的增长会加快，而较小的燃油汽车竞争系数 β 也会加速这一过程。图 2-2(c)显示，更大的 K 值允许稍快的增长，而它主要决定了更大的终期数量。

在图 2-2(d)中，对图 2-2(a)～(c)的参数进行了叠加，不确定域上界对应的情况中，三个影响因素均变化了 20%，说明在更大的市场预测空间下，扩散速度更快，竞争力更强的电动汽车推广场景会导致数量规模的超预期增长。不确定域下界对应的情况中，K 值与标准数值相同，但其他参数变化了 20%。与电动汽车技术发展相比，环境承载力有更清晰的增长前景，因为它主要取决于城市系统的建设。相比之下，蓝线显示 K 值较小，而其他参数作为不确定域的下限保持不变。如图 2-2 所示，曲线保持增长趋势。这一结果验证了具有不确定性的模型的有效性，并表明可能根据实际市场发展情况对参数进行修正。

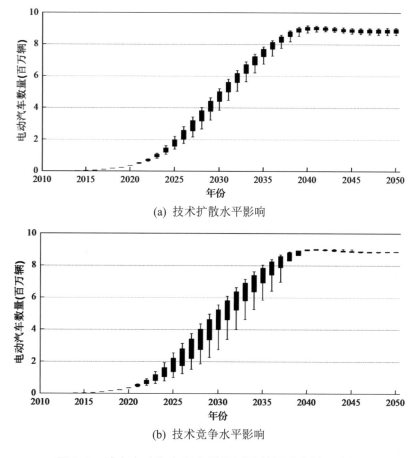

(a) 技术扩散水平影响

(b) 技术竞争水平影响

图 2-2　城市电动汽车保有量预测及其不确定性示意图

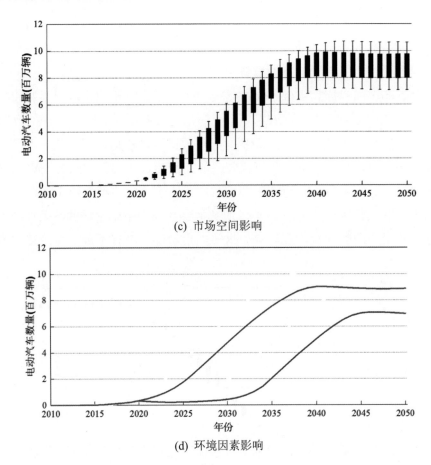

(c) 市场空间影响

(d) 环境因素影响

图 2-2　城市电动汽车保有量预测及其不确定性示意图(续)

从政策因素的不确定性分析,当燃油汽车的数量低于现存所有私家车总数的0.1%时,可以认为燃油汽车退出了私家车领域。在标准情景下,这个时间点大致在销售禁令实施后的第 13 年。上海市的执行时间预计在 2027—2033 年,预计将在不晚于 2046 年实现私家车领域的全部电气化。牌照政策方面,在规定的私家车年增长量上限政策下,根据是否优先鼓励电动汽车上牌,电动汽车总保有量预计在 2028—2031 年超过燃油汽车。

综上所述,通过研究城市电动汽车市场规模和保有量分析模型,并以中国的示范城市作为研究案例,梳理上海市电动汽车充电设施的历史发展情况和政策影响因素,展现相关预测结果和不确定性分析,为相应的城市电动汽车充电设施规划框架研究等提供基础。

2.2　城市广域范围内电动汽车充电负荷时空分布预测方法

在 2.1 节中，对城市电动汽车保有量中长期发展预测方法进行了分析和介绍。本节将介绍城市广域范围内电动汽车充电负荷时空分布的预测方法。

随着电动汽车产业的发展，电动汽车在居民家用汽车、乘用车等各类车辆中的渗透率显著提升，随之带来的电网冲击等问题也得到了学术界和工业界越来越广泛的关注。在这一背景下，城市范围内的电动汽车充电负荷时空分布的预测方法主要有以下几个方面的研究意义。

(1) 为城市范围内电动汽车充电基础设施的建设提供参考。其有助于通过与充电设施的分布及容量配置相对照，分析充电设施建设的薄弱环节，并为下一阶段的充电设施建设提供方向。

(2) 为电力系统调度提供参考。其有助于分析电动汽车充电负荷的功率规模、充电负荷热点出现的时间与地点，为电力系统调度方案的制订和应急处理提供参考；有助于发挥电动汽车的移动式储能特性，为提供电动汽车有序充电或者是对 V2G 场景下的功率调整和调度潜力评估依据。

(3) 为城市配电网建设规划提供参考。其有助于分析在电动汽车渗透率逐渐提升的背景下，充电负荷导致的电网负荷增长趋势，并判断城市配电网的薄弱之处，为配电网的扩容改造提供参考依据。

鉴于以上的重要意义，本节拟为读者提供一种具有较好的可移植性的城市广域电动汽车充电负荷时空分布预测方法，并使之具有更高的应用参考价值。

2.2.1　出行链理论

在现代城市场景中，电动汽车的使用可以分为几种类型，包括家用电动汽车、载客电动汽车、货运电动汽车和其他特殊用途的电动汽车，如邮递用途和旅游用途。在这些电动汽车中，载客电动汽车(如公交车)和载货电动汽车可能在专门的客运站或货运站进行充电；其他特殊用途的电动汽车可能在相应的充电设施充电。然而，相当比例的家用电动汽车或部分载客电动汽车(如电动出租车、电动网约车等)不具有在私有充电站进行充电的条件。此外，由于家用及部分载客的电动汽车不像其他电动汽车那样具有周期性行驶的特点，因此，有可能在行驶过程中需要紧急充电。此类电动汽车是城市快速充电站的主要客户，因此可以认为它们具有较为相似的出行目的和特性。

由于城市快速充电站的充电负荷主要与家用电动汽车有关，因此需要对家用电动汽车行为进行研究。家用电动汽车的用途与家用内燃机汽车相类似，可以自然地假设家用电动汽车的出行特性与内燃机汽车相似。每个家庭电动汽车出行的目的地可以分为5类，家(home，H)，工作(work，W)，购物及外出办事(shopping and errands，SE)，社交与娱乐(social and recreation，SR)及其他(other，O)。此外，对于家用电动汽车，车主的家是电动汽车定期到达的地方。因此，每辆电动汽车的行程可以被人为地以电动汽车回到家中为节点而分开。因此，家用电动汽车的行程形成封闭链，其中包括车主的家，因此这类出行链被称为基于家庭(home based，HB)的出行链。HB 出行链按包含的行程数和中途站点可分为若干类，其中包含 3 次或更少行程的出行链是主要的考虑对象。这是因为，一天内包含 4 次或 4 次以上行程的出行链通常包含了行程之内的中途停留，例如，车主把孩子送到学校时在学校门口的短暂停留。在类似的中途停留过程中不太可能给电动汽车充电。包含 3 次或更少行程的出行链可以根据行程数分为简单链(2 次行程)和复杂链(3 次行程)，并通过中途停留地点的类别进一步划分为几种类型。出行链的类型如图 2-3 所示。

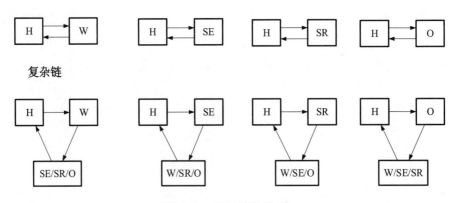

图 2-3　出行链的类型

根据 16 种出行链类型，电动汽车的出行模式可以分为 16 种出行模式。这些出行模式可以用出行链中的地点符号来标记，如 H-W-H 表示从家出发至工作地点，再由工作地点回到家的出行模式。在每一类出行模式下，车辆的出行过程都由 2～3 段行程组成，其中每一段行程都具有出发时刻、结束时刻、持续时长、行驶距离、平均速度等多项行程参数，通过这些参数即可描述电动汽车的行为特性。

需要注意的是，由于车主的需求及路况和天气等客观因素，每次出行链的行程参数并不总是相同的，即电动汽车的行为特性具有较强的不确定性。因此，需要对城市电动汽车的行为特性进行不确定性建模。

2.2.2 出行特性统计特征分析方法

对城市电动汽车行为特性的不确定性建模需要建立在大量统计数据的基础之上。对目标研究区域内的电动汽车进行出行统计得到的数据能够最大限度地反映电动汽车的行为特性。然而，所研究目标地区的发展水平、统计部门职责各不相同，且电动汽车尚处于发展阶段，单独对电动汽车开展的出行调查有一定的难度，调查所获得的数据集也可能因为公司策略或部门权限等问题不便对外公开。

由于以上种种限制因素的存在，在很多情况下，开展研究时无法获取完全符合需求的统计数据集。在此类情况下，选取一个调查规模较大、调查内容较为丰富、信息来源较为权威的典型数据集是较为合理的做法。例如，国内尚未出现对公众出行的大规模统计，因此部分研究采用了全美家庭出行调查(National Household Travel Survey，NHTS)统计数据进行分析。NHTS 是由美国联邦公路管理局执行的公众出行数据统计，一般被认为是美国公众出行行为数据的最权威来源，其中 2017 年执行的统计(NHTS 2017)是最新的统计数据。在 NHTS 2017 的统计数据中，公众出行数据库包含 923500 条家庭出行记录，记录了每次出行的详细信息。本研究使用的主要信息包括家庭和车辆的 ID、出行日期、出发时间、结束时间、持续时间、行程的长度、目的地及是否基于家庭。

以下以 NHTS 2017 统计数据集为例，说明对于一般的统计数据集可采用的出行特性统计特征分析方法。

对于统计数据集，可遵循以下几个步骤分析家庭电动汽车的出行链特征。

步骤 1：读取当前出行记录的数据。

步骤 2：当闭合出行链的所有必要数据都被记录下来时，将其添加到对应的出行链类型的数据集中。

步骤 3：将数据集中各类出行链的每次行程的数据进行累加，使用核密度估计方法进行概率密度函数拟合。

NHTS 数据分析流程如图 2-4 所示。

通过上述数据处理过程，可以获得以下与电动汽车出行链相关的概率统计结果。

(1) 每一类型的出行链中的各段行程的开始时间和结束时间的概率分布、出行时间的概率分布、出行距离的概率分布、平均速度的概率分布。

(2) 每一类型的出行链在每一个地点的中途停留时间的概率分布。

(3) 每一种出行链的比例。

由此，从 NHTS 2017 统计数据中提取了家用汽车的出行特性，得到了城市电动汽车多模式行为特性下的不确定性模型。接下来以两个特性为例，说明该模型的基本特点及该模型的合理性。

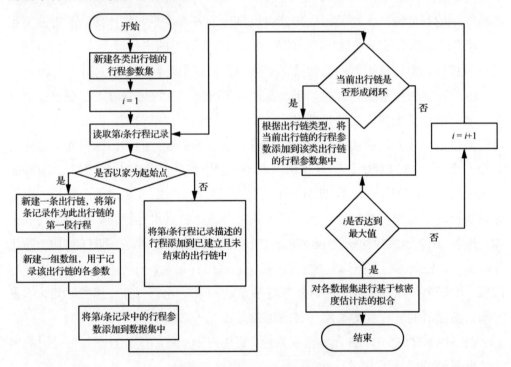

图 2-4   NHTS 数据分析流程

图 2-5 显示了 H-W-H 出行链中行程 1(H-W)结束时间直方图及拟合分布的概率密度函数。从直方图中可以看出，行程 1 的结束时间在上午 8 点左右达到了概率最大值，说明 NHTS 2017 的统计结果是符合生活经验的。但从直方图中，并不能明显地判断出行程 1 的结束时刻是否服从某个典型分布，如正态分布或韦布尔分布等。

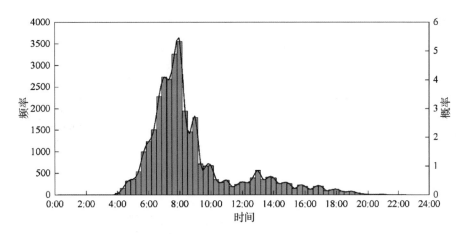

图 2-5　H-W-H 第一段行程结束时间直方图及拟合分布

为了解决这一问题，在数据拟合中可以采用核密度估计方法。核密度估计是一种非参数检验方法，它无须预设分布形式，而是能够完全根据数据本身的性质对数据进行拟合，因此能够最大限度地保留原始数据的分布特征，这也是该方法被广泛应用于数据分析的原因。核密度估计方法的定义如下。

设 $(x_1, x_2, \cdots, x_n)$ 为从单变量分布中抽取的独立分布样本，给定点 x 有未知的概率密度函数 f，若想要求将函数 f 的形状，可以对 x 服从的分布的概率密度函数进行估计，其表达式为

$$\widehat{f}_h(x) = \frac{1}{n}\sum_{i=1}^{n} K_h(x - x_i) = \frac{1}{nh}\sum_{i=1}^{n} K\left(\frac{x - x_i}{h}\right) \tag{2-6}$$

其中，K 是非负的核函数；带宽 h 为平滑参数，一般取大于 0 的值。带下角标 h 的核称为缩放核，定义为 $K_h(x) = \frac{1}{h} \cdot K(x/h)$。

常用的核函数有：均匀核(uniform)、三角核(triangular)、双权核(biweight)、三权核(triweight)和正态核(normal)等。正态核的数学特性良好，在使用核密度估计方法拟合数据时经常使用，即 $K(x) = \phi(x)$，其中 $\phi(x)$ 是标准正态密度函数。

如图 2-5 所示，曲线是根据直方图中的数值进行核密度估计拟合得到的概率密度函数。从图中的结果可以看出，核密度估计在数据拟合中能够很好地反映数据本身的统计特征，而并未呈现某种典型分布的函数曲线形状。

四类简单链的第一段行程结束时间和中途点停留时长的分布如图 2-6 所示。从图 2-6(a)的分布可以看出，H-W-H 出行链中电动汽车到达 W 点的概率在 6:00—9:00 明显更高；而 H-SE-H、H-SR-H、H-O-H 到达概率的峰值大约在 11:00、18:00和 8:00 出现。

　　四类简单链的中途点停留时长分布如图 2-6(b)所示。图中的结果显示，H-W-H 链在 W 点停留时长集中分布在 8～10h，而其他三类链的中途停留时长相对较短，通常不超过 4h。

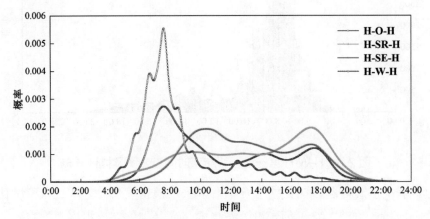

(a) 四类简单链的第一段行程结束时间分布

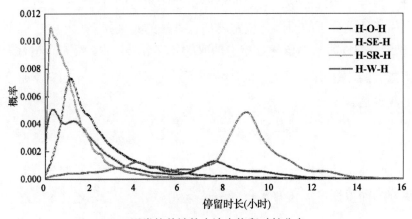

(b) 四类简单链的中途点停留时长分布

图 2-6　四类简单链的第一段行程结束时间和中途点停留时长的分布

　　这两类参数的统计学特征结果表明，每次行程的结束时间和停留时长与出行链的类型之间具有明显的相关性。与此类似，其他的行程参数也与出行链类型，即行为模式之间具有明显的相关性，这也说明了引入出行链理论来分析电动汽车行为模式的合理性和必要性。

2.2.3　基于电动汽车行为模型的广域范围充电需求建模

　　在电动汽车行为模型的基础上，可以采用蒙特卡罗(monte carlo)模拟方法，结合实际地理信息,对城市广域范围的电动汽车充电负荷进行建模分析。蒙特卡罗方法是一种统计模拟方法,是指使用随机数来解决计算问题的方法。在一些科学问题的研究中,所求解的问题本身具有内在的随机性,人们能够掌握这个问题的基本规律,但难以求解最终产生结果的具体形式。所幸,随着计算机软件技术和硬件水平的飞速发展,借助计算机强大的运算能力,人们可以直接模拟这种随机过程,来探究随机过程产生结果的特征。例如,在核物理研究中,分析中子在反应堆中的传输过程。中子与原子核作用受到量子力学规律的制约,人们只能获得它们相互作用发生的概率,却无法准确获得中子与原子核作用时的位置及裂变产生的新中子的行进速度和方向。科学家依据其概率进行随机抽样得到裂变位置、速度和方向,这样模拟大量中子的行为后,经过统计就能获得中子传输的范围,作为反应堆设计的依据。在此类问题的研究中,蒙特卡罗方法得到了广泛应用,其有效性和可行性得到了大量研究的支撑。

大规模电动汽车的行驶所产生的充电需求的分布这一问题符合上述特点:大规模电动汽车的行驶行为具有随机性,服从一定的统计学规律,而其导致的充电负荷分布情况难以直接分析。因此,此问题非常适合利用蒙特卡罗方法进行分析。在电动汽车行为不确定性模型的基础上,可以通过随机抽样的方式实现大规模电动汽车行为参数的模拟,若同时掌握研究对象区域内的地理信息,便可以在随机生成行程参数的同时,随机生成这些行驶行为发生的地点,进而对研究对象区域内所有电动汽车的行驶行为进行大规模模拟,从而得到广域范围内的电动汽车充电需求分布特征。

其中,对于实际地理信息,可以采取兴趣点(point of interest,POI)分析的方法。POI 是电子地图上的某个地标、景点,用以标示出该地所代表的政府部门、各行各业之商业机构(加油站、百货公司、超市、餐厅、酒店、便利商店、医院等)、旅游景点(公园、名胜古迹)、交通设施(各式车站、停车场)等地点。一般而言,POI 信息包含名称、类别、经度、纬度、海拔等地理信息。近年来,随着移动互联网的蓬勃发展,数字地图服务在人们的生活中扮演着越来越重要的角色。在国际上,谷歌、苹果等互联网科技企业所开发的数字地图服务成为应用最为广泛的地图 App 之一。在国内,高德地图、百度地图等地图导航类 App 也积累了庞大的用户群体。并且,这些数字地图服务提供者保持着地理信息的及时更新和一定程度的数据开放,这使得我们可以借助数字地图服务提供者来对 POI 信息进行收集。常见的技术手段是通过数字地图服务商提供的应用程序接口(Application

Programming Interface，API)来自动化地完成目标区域内所有 POI 信息的获取与整理。

结合 POI 信息，对城市广域范围内的负荷建模可通过蒙特卡罗模拟仿真实现，具体描述为以下的流程。

步骤 1：筛选 POI 信息中的住宅点，为各个住宅点分配模拟的电动汽车的数量。根据电动汽车车主调查统计数据，得到拥有私有充电桩的车主比例。

步骤 2：对于每辆模拟的电动汽车，按照统计数据中各类出行链的比例，随机抽取本次出行的出行链类型(出行目的)。如果用户拥有私有充电桩，则初始电池荷电状态(State of Charge，SOC)设置为 1；如果用户没有私有充电桩，则在 [0.5，1]范围内设置一个随机值。

步骤 3：按照对应的出行链类型，通过抽样来获取此出行链的第一段行程的结束时间。

步骤 4：根据电动汽车出行统计特征中当前出行链类型的第一段行程的路程长度和平均速度的随机分布，抽样获取该电动汽车的第一段行程的路程长度和平均速度。据此得到第一段行程的耗时。

步骤 5：根据步骤 4 中得到的第一段行程的路程长度，在地理信息列表中选取目标点(出行链中的第一个到达地点)。其特征在于，在所有可能的目标点中，从电动汽车所在的住宅点行驶到所选取的目标点最接近抽样得到的第一段行程的路程长度。如果所选目标点表示的是工作地点，则在该电动汽车以后的模拟中保持工作地点不变。

步骤 6：根据当前的出行链类型，抽取中途停留点的停留时长。一般认为，电动汽车的中途充电行为多发生在行程之间的中途停留点。充电的原则是保证电动汽车的使用。因此，当电动汽车到达中途停留点时，如果剩余电量不足以支撑下一段行程结束时仍有一定的安全裕量 s(下一段行程结束后剩余 20%以上的电量)，则设定为在此处需要充电。即判断在某地需要充电的条件，其表达式为

$$\text{Soc}_n - ul_n/C \leqslant s \tag{2-7}$$

其中，Soc_n 是电动汽车在出行链中到达第 n 个地点时的电池荷电状态；u 是单位里程的耗电量；l_n 是第 n 段行程的路程；C 是电池容量；s 是安全裕量，根据一般的行驶习惯，通常取 $s \in [0.05, 0.3]$。

该电动汽车在某个地点的电池 SOC 的表达式为

$$\text{Soc}_n = \text{Soc}_{n-1} - ul_{n-1}/C \tag{2-8}$$

当电动汽车在某个地点充电时，将电动汽车在充电过程中的充电功率叠加到该地点的充电负荷中。充电时间 $T_{\text{charge},n}$ 是电动汽车在此地的停留时长 T_{stay} 和充满所需充电时间之间的最小值，其表达式为

$$T_{\text{charge},n} = \min\left\{T_{\text{stay}}, (1-\text{Soc}_n)\cdot C/p\right\} \tag{2-9}$$

其中，p 是充电功率。

步骤7：如果该电动汽车的行程尚未结束，则重复步骤4至步骤6，直至该电动汽车的行程全部模拟完成。最终，将回到住宅点后的充电功率叠加到该住宅点的充电负荷曲线上。

步骤8：重复步骤2至步骤7，直至完成所有电动汽车的出行模拟，获得所有地点的全天充电负荷估测值。

以上的步骤对大规模电动汽车在城市中的时空转移和充电行为进行了蒙特卡罗模拟，可大致总结为图2-7所示的流程。

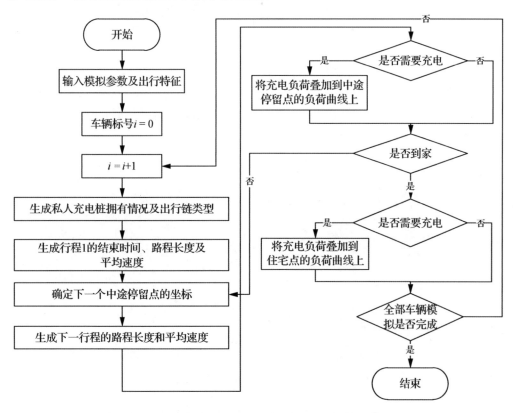

图2-7 大规模电动汽车蒙特卡罗模拟流程

基于广域范围充电负荷建模方法，可以得到城市范围内各个POI可能产生的充电负荷的大小。为了使充电负荷分析的结果更加直观，数据可视化是非常有力

的技术手段。可以采用核密度估计方法对城市范围内的电动汽车负荷预测结果进行热力分析，所得到的充电需求热力图将能够直观地反映地图范围内各处充电需求的密集程度。作为示例，使用了 ArcGIS 软件辅助进行核密度分析与热力图的绘制。

根据前文描述的蒙特卡罗模拟方法，采用 2016 年采集的上海市 POI 数据集，对 100 万辆电动汽车的行驶与充电行为进行模拟。在模拟所获得的充电需求的基础上，使用 ArcGIS 软件绘制的上海市充电需求热力图如图 2-8 所示。

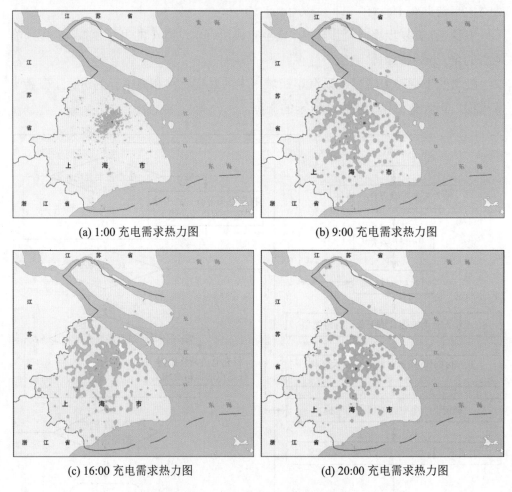

(a) 1:00 充电需求热力图 (b) 9:00 充电需求热力图

(c) 16:00 充电需求热力图 (d) 20:00 充电需求热力图

图 2-8 上海市充电需求热力图

图 2-8 所示的电动汽车充电需求分布特征分析结果所采用的是 2016 年上海市的 POI 数据集，因此其反映了 2016 年的一个典型日内，上海市内充电需求的分布特征。随着城市建设和城市变迁，POI 将产生一定的变化。随着所采用的 POI

数据集的更新，以上方法也可以适用于后续不同典型日的充电需求分析。因此，以上方法具有一定的前瞻性和可扩展性。

如图 2-8 所示，整个上海市的电动汽车充电负荷在中心城区产生了明显的聚集，以黄浦江西岸的中心城区尤为集中。除中心城区外，在嘉定区、闵行区、松江区等区(县)也有比较集聚的区域。通过与其他信息渠道获取的充电需求热点分布信息对比，可以发现在分布特征上有高度相似之处。与以上方法获得的充电需求预测结果相互印证，说明了本方法对城市广域范围内的充电需求预测的有效性。

2.3 数据驱动的电动汽车充电站超短期负荷预测方法

2.1 节和 2.2 节中阐述的电动汽车保有量中长期预测方法和城市广域范围电动汽车充电负荷时空分布预测方法对电动汽车充电造成的影响、充电设施规划和可调度潜力评估等的研究具有较大的参考价值。当研究对象具体到充电桩群或单个快速充电站时，往往需要更细的时空颗粒度和更有针对性的充电负荷预测方法，来支撑充电设施的优化运行策略等相关研究，从而使研究更好地在运营实践中发挥价值。单个充电设施的各类相关数据相对容易获取，且对于准确、可靠的负荷预测具有很高的价值，因此利用各类历史数据建立合理的数学模型，从而进行充电负荷预测是应用最为广泛的思路。

本节基于历史数据与机器学习方法，提供一种数据驱动的电动汽车充电站超短期负荷预测方法。

2.3.1 电动汽车充电站负荷预测需求

1. 充电站负荷预测需求

精确的电动汽车充电站充电负荷预测对于智能电网的可靠性运维和有效管理至关重要，是保障充电站安全、经济运行的重要措施，还能为智能电网的安全监测、成本控制、调控决策提供重要依据，同时也是充电基础设施投资新建、充电站容量扩充与规划决策的有力支撑。电力系统的负荷预测已经有 20 多年的发展历史，研究方法主要有两类，一类是基于数学预测模型的传统预测方法，包括趋向外推法、弹性系数法、时间序列法、线性回归法等，但都是基于线性关系构建的，易忽略气候、日期类型等因素对超短期充电负荷预测的影响，预测准确率较低；另一类是机器学习类算法，如决策树、神经网络、集成学习、深度学习等。

近年来，基于机器学习的电力系统负荷预测方法因其越来越高的精度，已成为负荷预测领域的热点。例如，通过条件生成对抗网络(Conditional Generative Adversarial Network，CGAN)学习复杂的非线性数据之间的联系，可以减少特征值的偏差并提高预测精度，但训练数据仅包含单一类型数据，缺少泛化能力；也可以结合降噪自编码器、奇异谱分析和长短期记忆神经网络构建综合电力预测模型，在降低噪声干扰的同时也提高了预测精度，但模型较为复杂，对应用平台的算力有较高要求。反向传播网络人工神经网络(Back Propagation-artificial Neural Network，BP-ANN)通过提取数据特征向量，卷积神经网络(Convolutional Neural Network，CNN)提取图像特征，然后再通过多层BP-ANN进行短期预测，但模型训练时间过长，难以部署。随机森林等与密度聚类组合，可以将负荷预测分解为不同分量预测的叠加，但模型构建复杂，泛化能力低。

因此，需要探究并建立一种充电站充电负荷预测精度高，预测速度快，泛化能力强的超短期负荷预测模型。

2. 充电站负荷特性

超短期时间尺度下充电站的负荷预测受到负荷数据的大体量、高时效、高计算资源要求等因素的影响，具有时空不确定性、随机性，且电动汽车配置参数存在个性化差异，这都给超短期充电站负荷的精确预测带来了挑战。绝大多数基于回归的预测方法只考虑天气、温度、湿度等因素的影响，并未进一步考虑电动汽车基础设施运行的差异性，在充电站超短期负荷预测这一问题上无法达到良好的效果。

库克距离(cook's distance)常用于最小二乘回归模型中对数据点影响的评估，也可以用于检查数据集中不同数据点的影响力。对充电站负荷数据进行库克距离分析可以显示充电负荷数据的分布特性及对于超短期预测模型构建难易程度的影响，其表达式为

$$D_i = \frac{\sum_{j=1}^{n}\left(\hat{y}_j - \hat{y}_{j(i)}\right)^2}{ps^2} \tag{2-10}$$

其中，D_i值定义为回归模型中所有变化的总和，当$D_i > 1$时，代表该点的数据在数据集中的偏差可能对模型造成影响，D_i值越大，则该点对回归模型构建的

影响越大。实际充电负荷数据的库克距离分析如图 2-9 所示。在实际充电负荷数据集中，部分数据点远超基准水平，偏差影响最大的点 D_i 值超过 1.75，数据整体波动性大。

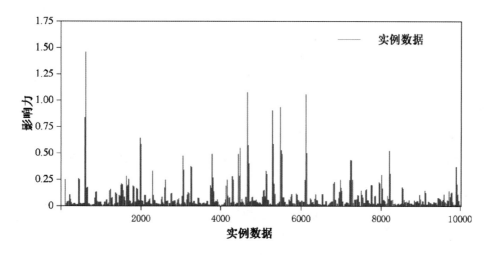

图 2-9 库克距离分析

2.3.2 超短期负荷预测框架构建策略

1. 训练数据构建

除充电负荷数据外，通常还要考虑气象影响因素(如温度、湿度、降水、风向、风速等)对充电负荷的影响。但为了充电负荷预测更精确，还需合并考虑连接时长、充电功率、车型配置、节假日等因素。实测充电负荷数据集包括连接类型、连接时长、充电功率、充电桩编号、总耗能，由充电站系统实时采集。温度、湿度、气压等气象数据采集频率为每小时 1 次，使用 1～7 代表星期一至星期日，节假日使用 0 和 1 进行二值化处理，车型分为纯电动汽车和混合动力汽车，同样使用 0 和 1 进行二值化处理，之后合并随机噪声数据后构成原始数据集。其中，70%为训练集，输入模型进行训练，剩余 30%为测试集，基础学习层与集成预测层都需使用 10K-Fold 交叉验证。

在原始权值计算前，需要对数据集进行预处理，以便模型快速提取特征进行学习。对于缺失特征使用中位数估计函数插补，对于多级别特征根据 Silhouette 标准使用 K-Means 算法进行压缩，对于插补完成的所有特征使用 Robust 缩放将特征映射到[0, 1]上进行规范化，其表达式为

$$v_i' = \frac{v_i - \text{median}}{\text{IQR}} \tag{2-11}$$

其中，总输出 v_i' 为规范化处理后的样本；v_i 为数据集中某个随机数据的值；median 为样本中位数；IQR 为数据集的四分位间距。回归模型的评价指标决定系数 R^2 比对称平均绝对百分比误差(Symmetric Mean Absolute Percentage Error，SMAPE)、均方误差(Mean Square Error，MSE)、均方根误差(Root Mean Square Error，RMSE)、平均绝对误差(Mean Absolute Error，MAE)和平均绝对百分比误差(Mean Absolute Percentage Error，MAPE)等更具信息量和真实性，并且没有 MSE、RMSE、MAE 和 MAPE 对回归模型进行性能评价时的可解释性限制。因此，本部分给予 R^2 更大的参考权重，在 R^2 接近时同时参考 MAPE、RMSE、TT 等指标，各评价指标的表达式为

$$R^2 = 1 - \left(\frac{\mathcal{L}(0)}{\mathcal{L}(\hat{\theta})} \right)^{2/n} \tag{2-12}$$

$$\text{MAPE} = \frac{100\%}{n} \sum_{i=1}^{n} \left| \frac{\hat{y}_i - y_i}{y_i} \right| \tag{2-13}$$

$$\text{RMSE} = \sqrt{\frac{1}{n} \sum_{i=1}^{m} w_i \left(y_i - \hat{y}_i \right)^2} \tag{2-14}$$

2. 基础学习层构建

基于 EEB-LGBM(Energy Ensemble Boosting-light Gradient Boosting Machine) 预测框架的超短期充电负荷预测模型主要包括数据集构建、集成模型训练和负荷预测结果，如图 2-10 所示。

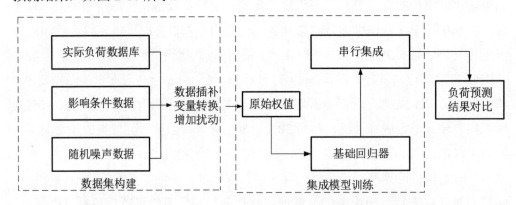

图 2-10　基于 EEB-LGBM 预测框架的超短期充电负荷预测模型

EEB-LGBM 预测框架包括两层，即基础学习层和集成决策层。基础学习层的

作用是学习数据集的特征，并生成数个具有差别的基础学习器以构成基础学习层。集成决策层的作用是对基础学习层进行串行优化，输出最终模型。EEB-LGBM 预测框架的结构如图 2-11 所示。EEB-LGBM 预测框架结构中的各个参数及其意义如表 2-3 所示。

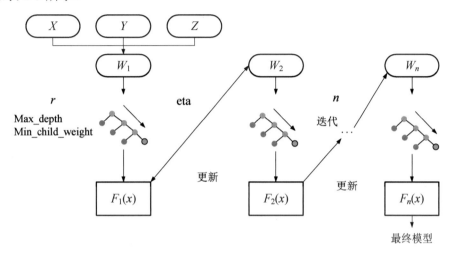

图 2-11　EEB-LGBM 预测框架的结构

表 2-3　EEB-LGBM 预测框架结构中的各个参数及其意义

参　　数	参数意义	实际意义
X	真实样本	实际负荷数据
Y	条件样本	充电负荷影响因素
Z	噪声样本	随机噪声数据
r	学习率	收敛权重
Max_depth	最大深度	树结构的深度
Min_child_weight	最小支点量	分支节点的权重
eta	收缩步长	新特征权重
n	迭代次数	自我迭代的次数

基础学习层框架的选择对于预测性能有较大影响，适用于超短期充电负荷预测问题的回归模型共有 16 种，使用相同的经过预处理构建完成的数据集训练，在相同的评价指标下进行对比。在所有框架中 LightGBM 框架在精确度上略微领先，同时在训练时间上表现出较大优势，以 R^2 最优为目标进行多次迭代和参数优化。

LightGBM 框架选取生长最大深度、叶片节点个数、缩分实例、随机部分特征、L1 正则化、L2 正则化等参数构建参数搜索空间。使用 TPE(Tree-structured

Parzen Estimator)算法根据损失函数对超参数进行排序，并使用分位数对所有超参数进行分组。分别对优化表现较好的超参数组合和优化表现较差的超参数组合进行核密度估计，经过优化效果评估后继续分组，不断迭代，最终输出经过最优表现超参数组合优化后的基础学习层。LightGBM 框架通过最佳优先规则选择损失函数最大的分支进行生长，在特征提取时使用基于梯度的单边取样(Gradient-based One-side Sampling，GOSS)策略和互斥特征捆绑(Exclusive Feature Bundling，EFB)策略。在 GOSS 过程中，引入估计方差增益 $\tilde{V}_j(d)$ 以更快地确定训练数据的分割点，其和近似误差的表达式为

$$\tilde{V}_j(d) = \frac{1}{n}\left(\frac{\left(\sum_{x_i \in A_l} g_i + \frac{1-a}{b} \sum_{x_i \in B_l} g_i \right)^2}{n_l^j(d)} \right) + \frac{1}{n}\left(\frac{\left(\sum_{x_i \in A_r} g_i + \frac{1-a}{b} \sum_{x_i \in B_r} g_i \right)^2}{n_r^j(d)} \right) \tag{2-15}$$

$$\mathcal{E}(d) \leq C_{a,b}^2 \ln 1/\delta \cdot \max\left\{ \frac{1}{n_l^j(d)}, \frac{1}{n_r^j(d)} \right\} + 2DC_{a,b}\sqrt{\frac{\ln 1/\delta}{n}} \tag{2-16}$$

其中，$\tilde{V}_j(d)$ 为估计方差增益，d 为训练数据分割点，j 为算法中选择到的特征，n 为训练数据集中特征的数量，x_i 为数据的输入空间，g_i 为梯度空间，A_l 为具有更大梯度的训练数据，B_l 为 A_l 抽样后再构建的数据部分，A_r 为 A_l 剩余部分抽样构成的数据集，B_r 为 A_r 剩余部分抽样构建的数据集，a 为 A_l 和 A_r 剩余部分中抽取的较小的部分，b 为 A_l 和 A_r 剩余部分中抽取的较大的部分，$n_l^j(d)$ 为分割点 d 上 l 部分采样后的梯度特征，$n_r^j(d)$ 为在分割点 d 上 r 部分采样后的梯度特征，$C_{a,b}$ 为规范化处理后的 g_i，具有最大梯度特征，δ 为数据点被选择的概率，D 为分割点 d 上最大的梯度值。

3. 集成预测层构建

在构建集成预测层时，要对基础学习层进行权重计算，以其中具有最大损失函数的回归器为目标增大优化权重进行迭代，以 R^2 最优为目标，以基础学习层中学习器的最优数量、基础学习器的权重缩减系数、误差函数计算方式为超参数，使用 TPE 算法进行并行化搜索，进一步优化其预测精度，构成最终的超短期充电负荷预测模型。

基础学习层易受到偏差方差权衡的影响，使用 Boosting 模式进行集成，可以在维持模型方差和偏差平衡时增加模型的预测能力，避免单一模型因过于依赖训练集而使得在测试集上测试时产生回归精度降低，结果失真等问题。在初始化构

建完成数据集的权值分布后，对每一个基础训练样本都赋予相同的权值，其表达式为

$$\begin{cases} D_1 = (w_{11}, w_{12}, \cdots, w_{1i}, \cdots, w_{1N}) \\ w_{1i} = \dfrac{1}{N} \qquad i = 1, 2, \cdots, N \end{cases} \tag{2-17}$$

基础学习器对权值更新后的训练数据集进行学习，得到原始学习器的表达式为

$$G_m(x) = \underset{G(x)}{\arg\min} \sum_{i=1}^{N} w_i^{(m)} \mathbb{I}\left[y_i \neq G(x_i) \right] \tag{2-18}$$

通过加权回归误差率 ϵ_m 可以得知原始回归器对于充电负荷的预测正确率，从而进行下一步优化，$G_m(x)$ 在训练数据集上的加权回归误差率 ϵ_m 的表达式为

$$\epsilon_m = \frac{\displaystyle\sum_{i=1}^{N} w_i^{(m)} \mathbb{I}\left[y_i \neq G_m(x_i) \right]}{\displaystyle\sum_{i=1}^{N} w_i^{(m)}} \tag{2-19}$$

每个基础学习器通过不同的权重系数 α_m 集合为最终的回归模型，$G_m(x)$ 在最终回归器中的权重系数 α_m 的表达式为

$$\alpha_m = \frac{1}{2} \ln \frac{1 - \epsilon_m}{\epsilon_m} \tag{2-20}$$

根据回归误差率更改每个基础学习器的权重系数，赋予预测表现更好的基础学习器更高的权重，之后更新训练数据集的权值分布，其表达式为

$$w_i^{(m+1)} = \frac{w_i^{(m)} e^{-y_i \alpha_m G_m(x_i)}}{Z^{(m)}} \qquad (i = 1, 2, 3, \cdots, N) \tag{2-21}$$

其中，Z^m 为规范化因子，其表达式为

$$Z^m = \sum_{i=1}^{N} w_i^{(m)} e^{-y_i \alpha_m G_m(x_i)} \tag{2-22}$$

在不断更新迭代后，根据权值集合为最终回归器 $G(x)$，其表达式为

$$G(x) = \operatorname{sign}\left[\sum_{m=1}^{M} a_m G_m(x) \right] \tag{2-23}$$

在整个集成过程中，基础学习器 $G_m(x)$ 错误回归的样本权值增大，而被正确分类样本的权值减小，以此完成自我优化和纠错，回归模型的加权优化过程如图 2-12 所示。

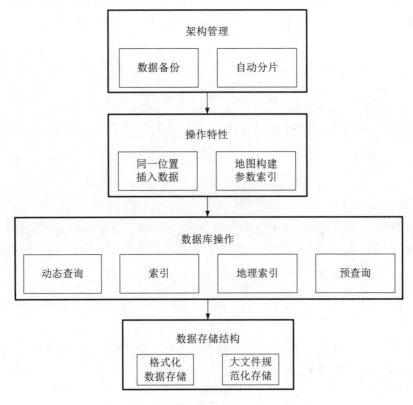

图 2-12　回归模型的加权优化过程

2.3.3　负荷预测模型仿真

1. 负荷预测模型构建

在基础学习层的构建中，共选取 16 种回归算法构建基础学习器，并在构建后的相同数据集上进行训练，使用 10K-Fold 交叉验证在相同的测试集上验证所有模型的性能，在相同指标下降序排列，其结果如表 2-4 所示。

表 2-4　16 种基础学习器性能对比

模　型	MAE	MSE	RMSD	R^2	MAPE	RMSE	TT
LightGBM	1.4835	9.9652	3.1472	0.9271	1.4090	0.1603	0.9520
Et	1.4767	10.956	3.2791	0.9166	1.1199	0.1542	19.965
Rf	1.4707	11.050	3.2915	0.9161	1.2410	0.1519	10.624
Gbr	1.7289	11.105	3.3130	0.9156	1.9650	0.1876	37.145
Dt	1.7881	16.403	3.9911	0.8900	1.4830	0.1817	1.2130

续表

模 型	MAE	MSE	RMSD	R^2	MAPE	RMSE	TT
Br	3.6100	34.206	5.8318	0.8016	7.4220	0.4518	247.27
Ridge	3.6205	34.393	5.8494	0.8005	7.3350	0.4535	1.9980
Ada	4.8668	37.446	6.0925	0.7160	11.579	0.5769	56.510
Lasso	3.5851	38.735	6.2008	0.7797	6.7480	0.4169	0.4880
Lr	4.0792	38.884	6.2222	0.7782	8.4950	0.5090	29.122
En	3.5522	39.684	6.2760	0.7750	6.2390	0.4039	0.6320
Omp	3.4045	42.683	6.5088	0.7602	4.9530	0.3717	1.5520
Llar	10.600	202.96	14.231	−0.001	26.087	0.9852	0.8980
Knr	10.752	226.00	15.023	−0.117	25.183	0.9985	9.7160
Huber	9.3039	234.11	15.282	−0.154	14.448	0.9020	10.558
Par	14.955	318.16	17.698	−0.566	20.078	1.3277	1.7940

由表 2-4 可知，LightGBM 框架表现出极大优势，训练时间较其他算法至少降低 95%，大幅增加了调控速度，更适合超短期尺度充电负荷预测问题。

在基础学习层构建后，需要使用集成方式构建集成预测层。集成方式主要有同构的 bagging 结构和 boosting 结构，以及异构的 stacking 结构和 blending 结构四种。同构集成算法统一使用 LightGBM 作为基础学习器框架进行集成；异构集成算法统一选取表 2-4 中效果前三的算法进行集成。四种集成算法正确率对比如图 2-13 所示。

在异构集成算法中，blending 结构准确率提升至 95.31%，stacking 结构产生了模型冲突，使得结果失真。在同构集成算法中，boosting 结构具有最高的准确率，达到 97.23%。在 bagging 结构中采用多个基础学习器并行投票的原则进行集成，当基础学习器对某个特征点不敏感时，会出现所有基础学习器在预测时都出现错误的情况。但在 boosting 结构中，后一个基础学习器会对前一个基础学习器不敏感的特征点加大训练权值，因此避免了 bagging 方式在预测时不断输出同一错误点的缺陷，但具有自我纠正的能力。因此，我们选择 boosting 方法对基础学习层进行集成，来构成最终的超短期充电负荷预测模型。

2. 电动汽车充电站超短期负荷预测

在构成最终的超短期充电负荷预测模型后，以中国上海市某电动汽车充电站为例，来验证模型的负荷预测效果。通过最终模型学习曲线和残差分析，可以观察分析生成的模型对数据的利用效率与预测稳定性。最终模型学习曲线将模型在训练集上的损失函数的最优值与在验证数据集上评估的损失函数作对比，验证数据集的参数是否与训练集中最优的函数参数相同，同时可以观察到对数据的利用效率。最终模型学习曲线如图 2-14 所示，可以观察到该模型对训练数据的需求量小，初始训练时收敛速度快，随着训练数据的不断增大，准确率稳步提升，在训练量数据为 6000 条时模型的整体准确率接近峰值，具有良好的泛化能力。

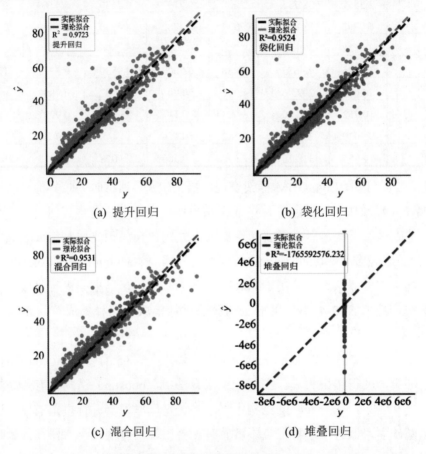

(a) 提升回归   (b) 袋化回归

(c) 混合回归   (d) 堆叠回归

图 2-13 四种集成算法正确率对比

残差分析可以验证模型的残差是否与随机误差存在一致性，体现回归模型在面对真实随机数据时预测能力的稳定性。最终模型残差分析如图 2-15 所示，该模型在面对随机分布的误差时显示出了极高的稳定性，在训练集上预测精度达 99.12%，在测试集上预测精度达 97.23%。

在横向评估 EEB-LGBM 的实际预测能力时，将其与使用 BPNN、CNN-LSTM、ARIMA 构成的充电负荷预测模型进行性能对比。各模型均使用相同的充电负荷数据集及相同的充电负荷条件影响因素数据集进行训练，输出该充电站某一天的预测值与实际充电负荷值进行对比，如图 2-16 所示。结果表明，虽然各预测方法都可以预测到充电负荷的变化趋势，但本节所提出的基于 EEB-LGBM 预测框架的超短期充电负荷预测模型与实际充电负荷曲线具有最高的拟合率。各预测模型在测试集上的 R^2、MAPE 与 TT 对比如表 2-5 所示。

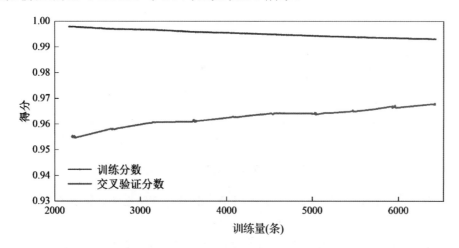

图 2-14 最终模型学习曲线

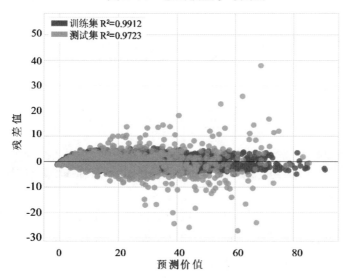

图 2-15 最终模型残差分析

由表 2-5 可知，在充电站采用基于 EEB-LGBM 预测框架的超短期充电负荷预测模型的前提下，比其他算法构建的模型准确率从 84.71%提升至 97.23%，训练时间从 334.27s 缩短到 3.92s。由此可以看出，基于 EEB-LGBM 预测框架的超短期充电负荷预测模型对充电站的负荷预测效果明显，有利于充电站之后的选址、扩容及维护等。

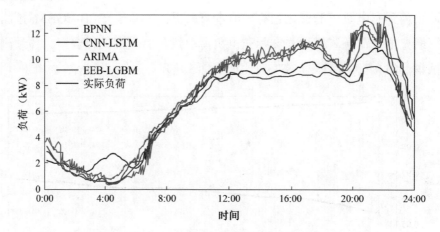

图 2-16　不同预测模型的预测结果对比

表 2-5　BPNN、CNN-LSTM、ARIMA、EEB-LGBM 在测试集上的 R^2、

MAPE 与 TT 对比

模　型	MAPE	R^2(%)	TT(s)
BPNN	6.65	88.63	29.60
CNN-LSTM	4.21	94.67	334.27
ARIMA	6.98	84.71	197.00
EEB-LGBM	1.21	97.23	3.92

2.4　小　　结

在充电设施的优化运行和充电网络规划等问题的研究中，电动汽车充电负荷的建模与预测常常作为研究基础扮演着重要的角色。本章从城市电动汽车保有量中长期发展预测方法、城市广域范围电动汽车充电负荷时空分布预测方法和数据驱动的电动汽车充电站超短期负荷预测方法三个方面，对不同时间和空间尺度下，电动汽车充电负荷的建模与预测方法进行了阐述。

在城市电动汽车保有量中长期发展预测方面，通过引入扩散模型分析电动汽车对燃油汽车的替代过程，提出了考虑技术演进与竞争的预测模型，并以上海市为例，呈现了上述方法的预测过程，给出了城市电动汽车保有量中长期预测结果；在城市广域范围电动汽车充电负荷时空分布预测方面，给出了一种通过分析典型出行数据集得到电动汽车行驶统计学规律的思路，并采用蒙特卡罗模拟方法，基于电动汽车行驶规律提出了考虑地理信息的城市广域范围充电负荷预测方法，给出了一日内时间尺度及城市级空间尺度下的充电负荷分布情况预测方法及可视化方法；数据驱动的电动汽车充电站超短期负荷预测方面，采用深度学习方法建立了基于历史数据集充电站尺度的充电负荷进行超短期预测，并给出了一个基于 EEB-LGBM 预测框架的超短期充电负荷预测模型。

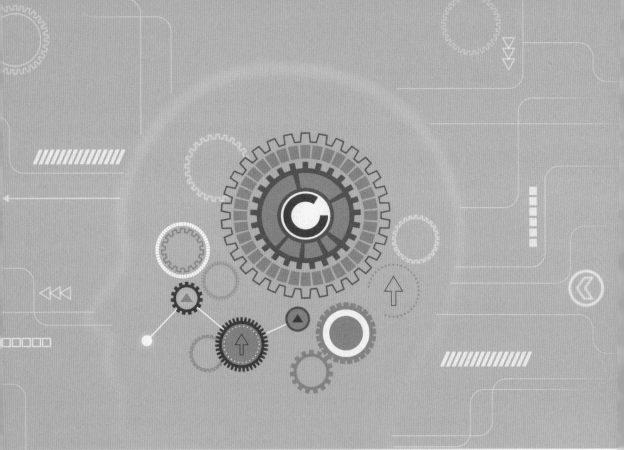

第 3 章

电动汽车充电设施优化规划

目前，我国充电基础设施建设水平位居世界前列，在充电技术、设施规模、标准体系、产业生态等方面均实现了跨越式发展。截至 2021 年年底，全国充电设施规模达到 261.7 万台，服务近 800 万辆新能源汽车。2022 年，根据中国电动汽车充电基础设施促进联盟公布的数据，电动汽车及充电设施继续爆发式增长，1—12 月充电设施增量为 259.3 万台，电动汽车销量为 688.7 万辆，桩车增量比达到 1∶2.7。然而，在快速发展的同时，仍有许多突出问题不容忽视。例如，受老旧小区车位和电力线路限制，部分存量小区电力改造施工协调难度大，无法实现固定车位建桩，造成居民小区充电设施紧缺；公共充电设施发展不均衡，城市公共充电场站冷热不均，充电需求与存量充电设施分布情况匹配程度有待提升。

针对当前充电设施发展中存在的问题，本章将分别对分散式充电桩群、城市快充站、光储充电站开展规划，以适应不同规模、不同充电场景下的充电需求。

3.1　基于城市功能分区的充电桩群规划方法

城市是由功能多样的各类功能区块组成的，比如商业区、办公区、居民区等。根据功能区类别进行分区规划，是城市基础设施规划的常用方法。目前，有少数文献将分区规划方法应用于电动汽车充电设施研究；有的研究采用地理信息系统(Geographic Information System，GIS)数据，对城市区域进行功能区聚类，运用空间马尔可夫链模型描述电动汽车动态过程，分析不同功能区规模化电动汽车充电负荷对电网的冲击和影响，但未应用于充电设施的选址与定容研究；也有的研究将分区方法应用于充电设施规划领域，但数据源仅局限于数量较少的网约车，其规划结果无法迁移适用于全体电动汽车。每种功能区的电动汽车停留行为都有各自的特点，充电桩群的分区规划要充分考虑功能区特点。

因此，本节结合各功能区的负荷特性、居民出行特性和电动汽车充电特点，分析适宜采用的充电设施种类，结合地块特征因地制宜地进行电动汽车充电设施种类和数量的规划。本节基于第 2 章 2.2 节得出的电动汽车出行行为参数的概率分布，通过蒙特卡罗抽样，建立完整的规划用电动汽车出行数据集。考虑配电网容量、停车位等物理容量限制，以年均充电设施建设运营成本和年用户充电成本最小为目标函数，建立考虑城市不同功能区特点的充电设施规划模型。

3.1.1 电动汽车充电负荷建模方法

确定区域内电动汽车数量后，假设电动汽车每日行程均满足出行链理论中的简单链、复杂链特征，可得到电动汽车到达、离开时间和行驶距离的概率分布函数。私家电动汽车出行行为的蒙特卡罗模拟仿真，具体步骤如下。

步骤 1：私家电动汽车起始分布确定。每个属性为住宅的 POI 将生成 n 辆电动汽车。

步骤 2：设定电动汽车初始 SOC。对于每辆参与模拟的电动汽车，按照统计数据中各类出行链的比例，随机抽取本次出行的出行链类型。如果用户拥有私有充电桩，则 SOC 设置为[0.8, 1]范围内的随机值；如果用户没有私有充电桩，则在[0.4, 1]范围内设置一个随机值。

步骤 3：抽取电动汽车出行数据。对于模拟仿真的每辆居民电动汽车，根据电动汽车出行统计特征中当前出行链类型的第一段行程的起始时间、路程长度和平均速度的随机分布，抽样获取该电动汽车的第一段行程的起始时间、路程长度和平均速度。据此可以得到第一段行程的耗时和开始时间。

步骤 4：确定停留点。取步骤 3 中得到的各段行程长度，在城市 POI 地理信息列表中选取目标区域。目标区域特征为从电动汽车所在的住宅区域中心行驶到目标区域中心最接近居民区到停留区的路程。类似步骤 3，根据当前出行链类型，抽样获取中间停留点的停留时长和第二段行程的路程长度和平均速度。

步骤 5：停留充电条件。当电动汽车到达中途停留点时，如果剩余电量不足以支撑下一段行程结束时仍有一定的安全裕量 s，则需要充电，判断在中途停留点需要充电的充分条件的表达式为

$$\mathrm{Soc}_i - ul / S_{\mathrm{ev}} \leqslant s \tag{3-1}$$

其中，Soc_i 是电动汽车的荷电状态；u 是电动汽车单位里程的耗电量，单位为 kW·h/km；l 是下一段行程的路程长度；S_{ev} 是电池容量；s 是安全裕量。若在停留点充电，则充电电量取电池充满或停留期间所充的电量。同时，更新电动汽车的荷电状态，其表达式为

$$P_i^{\mathrm{ev}} = \min\left\{(1 - \mathrm{Soc}_i)S_{\mathrm{ev}}, P_{\mathrm{ch}}(t_i^{\mathrm{e}} - t_i^{\mathrm{s}})\right\} \tag{3-2}$$

$$\mathrm{Soc}_i = \mathrm{Soc}_i + P_i^{\mathrm{ev}} / S_{\mathrm{ev}} \tag{3-3}$$

其中，P_i^{ev} 为电动汽车的充电需求电量；P_{ch} 为电动汽车额定充电功率；t_i^{s} 为

停留开始时间，t_i^e 为停留结束时间。

步骤 6：若出行链为复杂链，即存在两个停留点，则重复步骤 4 至步骤 5，直至该电动汽车的行程模拟完成。最终回到住宅点后，电动汽车将充电至初始电量 $\text{Soc}_i^{\text{ini}}$，电量的表达式为

$$P_i^{\text{ev}} = \min\left\{(\text{Soc}_i^{\text{ini}} - \text{Soc}_i)S_{\text{ev}}, P_{\text{ch}}(t_i^e - t_i^s)\right\} \tag{3-4}$$

其中，t_i^s 和 t_i^e 为电动汽车 i 在该区块的停留开始时间和停留结束时间。

步骤 7：重复步骤 2 至步骤 6，直至完成所有电动汽车的出行模拟，获得所有充电需求的产生地点 Lat_i、Lng_i，需求电量 P_i^{ev} 和充电地点的停留起止时间 t_i^s、t_i^e。至此，选定区域内私家电动汽车的时空行为和充电行为已经完全抽样模拟得到。

3.1.2 考虑多种充电设施的电动汽车多时空尺度充电模型

下面建立考虑出行规律和功能区的城市电动汽车充电设施配置优化模型，其基本设置如下。

(1) 将一天 24h 划分为 96 个时段，每个时段为 15min。充电桩的控制状态可以在每个时段划分点进行调整，时段区间内的充放电功率及充放电状态保持一致。

(2) 充电过程可能会涉及第二天，对于这种情况，将假设车辆每天的出行行为保持一致，将零点过后的充电负荷叠加至当天出行前的时段。

(3) 考虑现阶段充电桩的车网互动能力和车主的充电习惯，模型中电动汽车充电起始时间可调节，但充电过程需连续。

(4) 以停车位限制和变电站容量限制作为约束条件，不在分散式充电设施规划阶段进行停车位扩建和变电站扩容。

(5) 存在部分车辆的充电需求无法被满足的现象，原因在于其停留时间较短且行驶距离较长，停留充电方式无法满足其充电需求，该类车辆的充电需求将通过 3.2 节规划的城市快充站予以满足。

因此，我们需要结合电动汽车充电需求和功能区特点，建立功能区内部电动汽车充电模型。

1. 快慢充选择约束

假设产生充电需求的车辆选择在本功能区充电，那么在停留时段仅能选择快充或者慢充中的一种充电方式，其表达式为

$$\text{IF}\left(\sum_{t_i^s+1}^{t_i^e} x_{i,t}^{\text{ev,slow}} + \sum_{t_i^s+1}^{t_i^e} x_{i,t}^{\text{ev,fast}} \neq 0\right)$$

$$\text{THEN}\left(\max_{i\in[t_i^s+1,t_i^e]} x_{i,t}^{\text{ev,slow}} + \max_{i\in[t_i^s+1,t_i^e]} x_{i,t}^{\text{ev,fast}} = 1\right) \tag{3-5}$$

其中，$x_{i,t}^{\text{ev,slow}}$、$x_{i,t}^{\text{ev,fast}}$分别是时段 t 充电车辆 i 在功能区内通过慢充桩充电和通过快充桩充电的状态变量，取值 1 代表正在充电，取值 0 代表未在充电。

2. 充电功率约束

充电功率约束的表达式为

$$P_{i,t}^{\text{ch,slow}} = P_{\text{ch}}^{\text{slow}} x_{i,t}^{\text{ev,slow}} \tag{3-6}$$

$$P_{i,t}^{\text{ch,fast}} = P_{\text{ch}}^{\text{fast}} x_{i,t}^{\text{ev,fast}} \tag{3-7}$$

$$P_i^{\text{ch}} = \sum_{t_i^s+1}^{t_i^e} (P_{i,t}^{\text{ch,fast}} + P_{i,t}^{\text{ch,slow}})\Delta t \tag{3-8}$$

$$P_i^{\text{ch}} + P_i^{\text{pu}} \geqslant P_i^{\text{ev}} \tag{3-9}$$

$$P_i^{\text{pu}} \geqslant 0 \tag{3-10}$$

其中，$P_{i,t}^{\text{ch,slow}}$、$P_{i,t}^{\text{ch,fast}}$分别为时段 t 充电车辆 i 的慢充功率和快充功率；$P_{\text{ch}}^{\text{fast}}$、$P_{\text{ch}}^{\text{slow}}$分别为快充桩充电功率和慢充桩充电功率；$\Delta t$ 为时间间隔；P_i^{ch} 为充电车辆 i 的实充电量；P_i^{pu} 为充电车辆 i 未满足的充电功率。

3. 充电连续性约束

充电状态变量是离散的，为符合实际充电过程，需要限制充电过程连续，其表达式为

$$\text{IF}(x_{i,t}^{\text{ev,slow}} = 1)\text{THEN}(x_{i,t-1}^{\text{ev,slow}} = 1)\,|\,t\in(t_i^s+2, t_i^e) \tag{3-11}$$

$$\text{IF}(x_{i,t}^{\text{ev,fast}} = 1)\text{THEN}(x_{i,t-1}^{\text{ev,fast}} = 1)\,|\,t\in(t_i^s+2, t_i^e) \tag{3-12}$$

式(3-11)和式(3-12)限制车辆到达停留地点即开始充电，且充电连续。

3.1.3 基于城市功能分区的充电桩群规划模型

以下将介绍功能区充电设施规划涉及的配电容量约束、停车位物理约束，以及其模型考虑的充电桩运营商、车主双方的优化目标。

1. 配电容量约束

首先，定义编号为 n 的功能区内部电动汽车充电总功率，其表达式为

$$\sum_{i \in I_n} (P_{i,t}^{\mathrm{ch,slow}} + P_{i,t}^{\mathrm{ch,fast}}) + \sum_{i \in I_{\mathrm{pri},n}} P_{i,t}^{\mathrm{ch,pri}} = P_{n,t}^{\mathrm{ev}} \tag{3-13}$$

其中，I_n 为功能区 n 的公共充电需求集合；$I_{\mathrm{pri},n}$ 为功能区 n 的私有充电桩充电需求集合；$P_{i,t}^{\mathrm{ch,pri}}$ 为时段 t 私有充电桩充电车辆 i 的充电功率；$P_{n,t}^{\mathrm{ev}}$ 为编号为 n 的功能区的电动汽车在时刻 t 的充电总功率。

其次，建立功能区与变电站之间的耦合关系，其表达式为

$$P_{n,t}^{\mathrm{ev}} \leqslant P_{n,t}^{\mathrm{ev,max}} \tag{3-14}$$

其中，$P_{n,t}^{\mathrm{ev,max}}$ 表示配电网变压器为区域内电动汽车充电负荷预留的最大裕量。

$$P_{n,t}^{\mathrm{ev,max}} + P_{n,t}^{\mathrm{base}} = (1-\alpha)\eta S_n^{\mathrm{trans}} \tag{3-15}$$

其中，$P_{n,t}^{\mathrm{base}}$ 为功能区 n 除电动汽车充电负荷外的基础负荷曲线；α 为变压器重载系数；η 为配电网平均功率因数；S_n^{trans} 为功能区 n 的电力容量上限。

2. 停车位物理约束

停车场电动汽车充电设施需要安装在有建设安装条件的停车位上，因此停车位数量对充电设施规划构成限制。根据充电完毕后用户是否会立刻离开停车位进行划分，可以分以下两种情况。

1) 充电完毕后占用充电位

在停车场充电场景下，选择充电的车辆多数会占用充电位直至事务处理完毕再离开。为描述这种现实情形，下面建立充电状态变量与新能源车位占用状态变量间的关联约束，只要停留期间存在充电行为，则停留过程中始终占用充电位的表达式为

$$\max_{t \in (t_i^s, t_i^e]} (x_{i,t}^{\mathrm{ev,slow}}) = x_{i,t}^{\mathrm{p,slow}} \mid t \in (t_i^s, t_i^e] \tag{3-16}$$

$$\max_{t \in (t_i^s, t_i^e]} (x_{i,t}^{\mathrm{ev,fast}}) = x_{i,t}^{\mathrm{p,fast}} \mid t \in (t_i^s, t_i^e] \tag{3-17}$$

其中，$x_{i,t}^{\mathrm{p,slow}}$、$x_{i,t}^{\mathrm{p,fast}}$ 为表征时段 t 充电车辆 i 占用慢充桩和快充桩的新能源车位状态 0—1 变量。

约束建立区块内充电桩数量与充电需求间关系的表达式为

$$\sum_{i \in I_n} x_{i,t}^{\mathrm{p,slow}} \leqslant N_{\mathrm{spot}}^{\mathrm{slow}}(n) \tag{3-18}$$

$$\sum_{i \in I_n} x_{i,t}^{\mathrm{p,fast}} \leqslant N_{\mathrm{spot}}^{\mathrm{fast}}(n) \tag{3-19}$$

$$N_{\mathrm{spot}}^{\mathrm{fast}}(n) + N_{\mathrm{spot}}^{\mathrm{slow}}(n) \leqslant M_{\mathrm{park}}(n) \tag{3-20}$$

其中，$N_{\mathrm{spot}}^{\mathrm{slow}}(n)$ 和 $N_{\mathrm{spot}}^{\mathrm{fast}}(n)$ 分别为功能区 n 的慢充充电设施和快充充电设施数量，$N_{\mathrm{park}}(n)$ 为调查得到功能区 n 内能够建立充电桩的有效停车位数量。

2) 充电完毕后立刻离开充电位

停车场充电行为兼具停车与充电两个功能，在电动汽车完成充电但车主未到达预期离开时间时，若没有特殊激励或惩罚措施，车主缺乏动力驶离原停车位，造成充电桩的充电能力无法释放，充电设施利用率较低。针对该问题，部分充电服务提供商采用收取占位费的方式提升充电桩利用率。例如，特斯拉超级充电桩的占位费每分钟收费 6.4 元，超 1 小时就是 384 元。高额占位费可有效减少快充完毕电动汽车依然占用充电位的情形。占位费不仅可以有效提升充电设施利用率，也可以培养车主充电完毕尽快离开充电位的使用习惯，达到引导用户的目的。如果车辆能够充电完毕后立刻离开充电位，那么将利用充电状态变量而非停留状态变量限制充电桩数量，式(3-18)和式(3-19)将被改写为式(3-21)和式(3-22)，其表达式为

$$\sum_{i \in I_n} x_{i,t}^{\text{ev,slow}} \leqslant N_{\text{spot}}^{\text{slow}}(n) \tag{3-21}$$

$$\sum_{i \in I_n} x_{i,t}^{\text{ev,fast}} \leqslant N_{\text{spot}}^{\text{fast}}(n) \tag{3-22}$$

3. 目标函数

停车场充电设施规划模型的目标函数从充电设施运营商和充电需求满足两个角度考虑，充电设施运营商的成本包括区域内所有充电桩的建设成本和运营成本两部分。其中，充电桩建设成本包括充电、计量、监控等模块的设备成本，配电侧改造成本，建设施工成本，年平均充电桩运维成本(主要是软硬件维护成本)，其表达式为

$$\min C = C^{\text{I}} + C^{\text{O}} + C^{\text{pu}} \tag{3-23}$$

其中，C^{I} 表示年平均充电桩建设成本；C^{O} 表示年平均充电桩运维成本；C^{pu} 表示充电需求不满足造成的惩罚费用。它们的表达式分别为

$$C^{\text{I}} = \sum_{k \in K} \frac{\beta(1+\beta)^{s_k}}{(1+\beta)^{s_k}-1}(C_k^{\text{mat}} N_{\text{spot}}^k + C_k^{\text{ins}} N_{\text{spot}}^k + C_k^{\text{grid}} N_{\text{spot}}^k P_k^{\text{ch}}) \tag{3-24}$$

$$C^{\text{O}} = \sum_{k \in K} C_k^{\text{ope}} N_{\text{spot}}^k \tag{3-25}$$

$$C^{\text{pu}} = c^{\text{p}} \sum_{i \in I} P_i^{\text{pu}} \tag{3-26}$$

其中，β 为贴现率；S_k 为第 k 种充电设施的使用年限；N_{spot}^k 为该区域内第 k 种充电设施的数量；C_k^{mat}、C_k^{ins} 分别为第 k 种充电设施的单个充电桩的设备成本、建设施工成本；C_k^{grid} 为第 k 种充电设施单位充电容量的配电侧改造成本；C_k^{ope} 为第 k 种充电设施的单个充电桩的年运维费用；P_k^{ch} 为第 k 种充电设施的充电功率；

K 为充电设施的种类集合，$K = \{slow, fast\}$；c^p 为未满足的充电需求的惩罚系数；I 为所有充电需求的集合。

3.1.4 算例分析

选取上海市浦东新区某区域作为规划对象，将规划区域按照功能属性划分为居民区、工作区、商业区和其他等四类功能区。拟规划区域功能区划分结果，如图 3-1 所示，黄色为居民区，蓝色为工作区，红色为商业区，绿色为其他(如景点、公园等)。拟规划区域共被划分为 267 个功能区块，其中，居民区 147 个，工作区 96 个，商业区 14 个，其他属性区块 10 个。

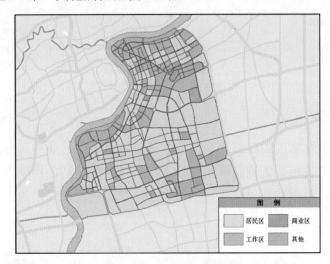

图 3-1　功能区划分结果

对数据进行去隐私化处理，变电站台区归属如图 3-2 所示，功能区色块和标注编号一致的即归属同一个变电站，一个变电站台区包含 1 个或多个功能区。调查得到，各功能区域的基础负荷叠加电动汽车充电负荷，建立充电设施与变电站的功率交互模型。

按照规划年限可以划分为近期规划(1～5 年)、中期规划(5～15 年)、远期规划(15～30 年)，本节研究的充电基础设施可适应不同年限的规划需求，算例以 2030 年为规划目标年限。规划范围内电动汽车当前总数为 5600 辆，根据 2.1 节提出的城市未来电动汽车保有量预测模型，2030 年上海市电动汽车保有量将达到 436 万辆，规划范围电动汽车保有量将达到 5.47 万辆。

根据研究机构发布的 2020 年电动汽车充电设施研究报告，当前投入使用的直流快充桩功率以 120kW 为主，平均功率为 115kW；交流慢充桩功率以 7kW 为主，平均功率稳定在 8.7kW 左右，预计 2025 年将提高到 10kW。私人桩方面，根据上海市充电联盟数据，拥有私人桩的电动汽车占电动汽车总量的 40%。

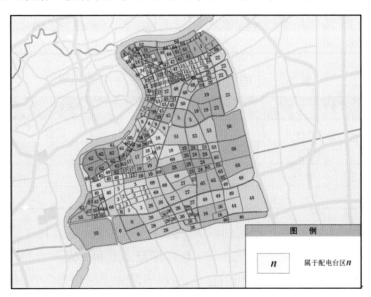

图 3-2　变电站台区归属

取电动汽车电池容量为 40kW·h，每公里耗电量为 0.35kW·h/km，电动汽车电池荷电状态的上下限分别为 0.1 和 1。居民充电行为习惯调查数据显示，多数车主在剩余电量为 20%～30%时开始充电，直至电量充至 90%。故电动汽车充电需求仿真的充电触发规则为，下一段行程行驶完成后剩余电量仍大于 30%。为提高充电设施利用率，充电运营商通常设置高额占位费以实现电动汽车充电完成后即离开充电位，该模式将引导车主不占用充电位。在本模型中，电动汽车在工作区、商业区等中间停留点到达即要求充电，充电完成后即离开充电位。

随着充电技术的提升和工艺的成熟，充电桩单桩价格将逐年降低并趋于稳定。假设快充桩建设成本为 4.8 万元/桩，慢充桩建设成本为 1.8 万元/桩，使用年限为 10 年，贴现率为 5%，土建和配电站线路扩建成本为 1000 元/桩，快充桩运维成本为 200 元/年，慢充桩运维成本为 100 元/年。

本节所建模型为混合整数线性规划问题(Mixed Integer Linear Programming, MILP)，可以在 MATLAB 平台中建立模型，并基于 YALMIP 使用 Gurobi 求解器进行求解。

拟规划区域充电设施规划问题的求解结果如表 3-1 所示。不同类型功能区的充电设施规划结果如表 3-2 所示。

表 3-1　充电设施规划问题的求解结果

充电桩总量	慢充桩数量	快充桩数量
24752(台)	24385(台)	367(台)
充电桩建设成本(万元)	充电桩运营成本(万元)	充电不满足率
6071.40	208.08	9.00%

表 3-2　不同类型功能区的充电设施规划结果

类　型	慢充桩数量(台)	快充桩数量(台)	慢快充桩比	充电不满足率(%)
居民区	20111	—	—	6.81
工作区	225	158	1.42	2.13
商业区	9	47	0.19	0.93
其他	7	23	0.30	2.99

从总量上来看,充电设施规划以居民区慢充桩为主,工作区、商业区的充电设施为辅。商业区偏好使用快充桩,工作区慢充需求和快充需求同时存在。规划结果符合中华人民共和国工业和信息化部(以下简称"工信部")发布的《新能源汽车产业发展规划(2021—2035)》中提出的公共充电设施愿景,即形成以慢充为主、应急快充为辅的充电网络。

如图 3-3 所示,区块颜色深浅表示规划所得各功能区内各类型充电桩数量,具体快充桩和慢充桩分布密度(桩数量/区块面积)如图 3-4 和图 3-5 所示。

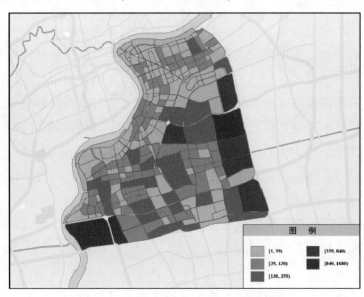

图 3-3　各功能区充电桩密度规划结果

图 3-4　各功能区慢充桩规划结果

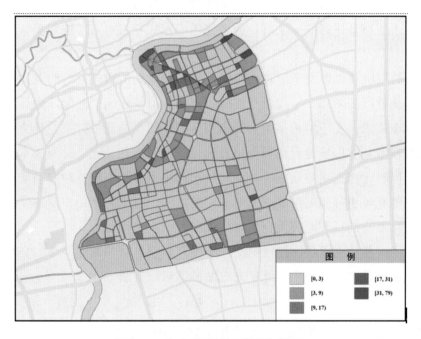

图 3-5　各功能区快充桩规划结果

3.2　城市电动汽车充电站扩容规划方法

充电站规划是伴随城市发展而需要考虑的长期性问题，电动汽车充电站作为公用充电基础设施的重要组成部分，其扩容规划旨在考虑电网容量限制的前提下，合理分配投资成本，对区域充电站进行既有站点扩容或选址新建，满足区域内不断增长的充电需求，提高用户充电满意度。

仅从充电站投资及运维成本或用户充电时间成本等角度进行充电站规划并不全面，当前研究主要聚焦于兼顾充电站成本、收益和用户充电满意度的双层扩容规划。在建模时，上层模型考虑建设的经济性和系统运行的安全性，下层模型基于路网模型通过用户到站的行驶距离、行驶时间和充电排队时间等指标对用户满意度进行量化。为降低充电站双层扩容规划模型的求解难度，一般通过在下层模型引入均衡路网模型来量化计算用户至目标充电站点的行驶电量损耗及时间成本，并引入近似或松弛条件将下层模型转换为等效的 KKT(Karush Kuhn Tucker) 条件代入上层模型进行统一求解，或者使用启发式算法对双层规划模型进行直接求解。

上层的投资规划模型一般较为明确，作为充电站扩容规划的约束条件和衡量用户充电满意度的基础。下层模型实现用户和充电站之间的匹配，进而刻画站点整体的充电需求。在下层模型中，考虑到区域路网交通流的时空差异特性，通过均衡路网模型估算用户至目标充电站点的行驶电量损耗及充电时间成本的方法误差较大。同时，在充电站规划中，面对用户充电目标站点选择冲突场景，未能有效考虑主动充电引导策略等缓解充电冲突的方法，且未能从用户侧角度降低用户至充电目标站点的行驶距离及充电时间成本。

因此，需要从更深层次挖掘电动汽车用户、充电站和交通网络的交互潜力，进而形成更加精细的城市电动汽车充电站扩容规划方法。

3.2.1　城市电动汽车充电站扩容规划模型

1. 总体建模思路

为解决城市中存量充电设施布局不合理问题，本节基于现有的充电站布局展开研究，并建立兼顾投资经济性和用户满意度的城市电动汽车充电站双层扩容规划模型。

上层为投资规划模型，以经济性成本为主要目标，考虑电网容量约束和用户充电排队时间约束，对现有充电站进行扩容和新建；下层为用户充电决策生产模拟模型，以用户充电时间成本最小为目标，调用数字地图接口实现区域路网及交通流的精确建模，基于用户侧偏好匹配策略，优化用户的充电目标站点及行驶路径。充电站扩容(新建)相关参数及变量如表 3-3 所示。

表 3-3　充电站扩容(新建)相关参数及变量

序　号	站点分类	符　号	参数及变量含义
1	已建可扩	$n_E^v(i_e)$	充电桩扩容数量变量
2	已建可扩	$\bar{n}_E^p(i_e)$	充电桩扩容数量上限参数
3	已建可扩	$c_E^p(i_e)$	单桩扩容成本参数
4	候选待建	$u_C^v(i_c)$	候选站点是否新建决策变量
5	候选待建	$n_C^p(i_c)$	候选站点充电桩数量参数
6	候选待建	$c_C^p(i_c)$	候选站点新建成本参数

2. 双层扩容规划模型

1) 上层优化模型

上层的投资规划模型的目标为最小化充电站经济性成本，包括充电站扩容成本和候选站点新建成本，其表达式分别为

$$\min \ EC_E + EC_C \tag{3-27}$$

$$EC_E = \sum_{i_e \in S_E} c_E^p(i_e) n_E^v(i_e) \tag{3-28}$$

$$EC_C = \sum_{i_c \in S_C} c_C^p(i_c) u_C^v(i_c) \tag{3-29}$$

$$S_E = \{1, 2, \cdots, N_E\} \tag{3-30}$$

$$S_C = \{1, 2, \cdots, N_C\} \tag{3-31}$$

其中，EC_E 为充电站扩容总成本，如式(3-28)所示，取决于各个已建可扩站的扩容成本 $c_E^p(i_e)$ 和扩容数量 $n_E^v(i_e)$；EC_C 为候选站点新建总成本，如式(3-29)所示，取决于各个候选站点的新建成本 $c_C^p(i_c)$ 和候选站点是否为新建的 0—1 变量 $u_C^v(i_c)$，候选站点 i_c 新建则 $u_C^v(i_c)=1$，未建成则 $u_C^v(i_c)=0$；S_E 和 S_C 分别为已建可扩站和候选待建站的集合；N_E 和 N_C 分别为已建可扩站和候选待建站的数量。上层模型包含的约束条件如下。

(1) 充电桩扩容数量约束的表达式为

$$\begin{cases} 0 \leqslant n_{\mathrm{E}}^{\mathrm{v}}(i_{\mathrm{e}}) \leqslant \overline{n}_{\mathrm{E}}^{\mathrm{p}}(i_{\mathrm{e}}) \\ n_{\mathrm{E}}^{\mathrm{v}}(i_{\mathrm{e}}) \in Z \end{cases} \quad i_{\mathrm{e}} \in S_{\mathrm{E}} \tag{3-32}$$

其中，要求充电站 i_{e} 扩容的充电桩数量 $n_{\mathrm{E}}^{\mathrm{v}}(i_{\mathrm{e}})$ 小于考虑配电网容量约束下充电站可以配置充电桩的最大数量 $\overline{n}_{\mathrm{E}}^{\mathrm{p}}(i_{\mathrm{e}})$，$Z$ 为整数集合。

(2) 充电站新建约束的表达式为

$$\begin{cases} 0 \leqslant u_{\mathrm{C}}^{\mathrm{v}}(i_{\mathrm{c}}) \leqslant 1 \\ u_{\mathrm{C}}^{\mathrm{v}}(i_{\mathrm{c}}) \in Z \end{cases} \quad i_{\mathrm{c}} \in S_{\mathrm{C}} \tag{3-33}$$

其中，限制是否新建的决策变量 $u_{\mathrm{C}}^{\mathrm{v}}(i_{\mathrm{c}})$ 取值必为 0 或 1，且认为候选站点一旦新建，其包含的充电桩数量为指定参数 $u_{\mathrm{C}}^{\mathrm{v}}(i_{\mathrm{c}})$。

(3) 充电站接入点容量约束的表达式为

$$P_{\mathrm{sum}}^{\mathrm{ch}}(i_{\mathrm{a}}) \leqslant \overline{P}(i_{\mathrm{a}}) \quad i_{\mathrm{a}} \in S_{\mathrm{E}} + S_{\mathrm{C}} \tag{3-34}$$

扩容或者新建充电站应满足容量的要求，避免出现超负荷运行。其中，$P_{\mathrm{sum}}^{\mathrm{ch}}(i_{\mathrm{a}})$ 为充电站 i_{a} 接入电网节点的总充电功率，$\overline{P}(i_{\mathrm{a}})$ 为充电站 i_{a} 所属电网节点的最大充电功率。

(4) 充电排队时间上限约束的表达式为

$$T_{\mathrm{f}}(i_{\mathrm{ev}}) \leqslant \overline{T}_{\mathrm{f}} \quad i_{\mathrm{ev}} \in S_{\mathrm{ev}} \tag{3-35}$$

$$S_{\mathrm{ev}} = \{1, 2, \cdots, N_{\mathrm{ev}}\} \tag{3-36}$$

扩容规划的目标是在降低所有用户充电排队时间的条件下，最小化投资成本，因此式(3-35)要求电动汽车 i_{ev} 到站后充电排队时间 $T_{\mathrm{f}}(i_{\mathrm{ev}})$ 不大于阈值 $\overline{T}_{\mathrm{f}}$。其中，$S_{\mathrm{ev}}$ 为目标区域内产生充电需求的电动汽车集合，N_{ev} 为电动汽车数量。

2) 下层优化模型

下层的生产模拟模型是基于上层的投资规划模型得出的规划扩容方案，车辆以最小化充电时间成本为目标，进行充电需求和充电站点匹配。确定最优充电站后，车辆将站内充电排队时间 $T_{\mathrm{f}}(i_{\mathrm{ev}})$ 反馈至上层模型。下层模型的目标函数的表达式为

$$\min \sum_{i_{\mathrm{a}} \in S_{\mathrm{A}}} \sum_{i_{\mathrm{ev}} \in S_{\mathrm{ev}}} T_{\mathrm{sum}}(i_{\mathrm{ev}}, i_{\mathrm{a}}) v_{\mathrm{ev}}^{\mathrm{v}}(i_{\mathrm{ev}}, i_{\mathrm{a}}) \tag{3-37}$$

$$T_{\mathrm{sum}}(i_{\mathrm{ev}}, i_{\mathrm{a}}) = T_{\mathrm{a}}(i_{\mathrm{ev}}, i_{\mathrm{a}}) + T_{\mathrm{f}}(i_{\mathrm{ev}}, i_{\mathrm{a}}) + T_{\mathrm{ch}}(i_{\mathrm{ev}}, i_{\mathrm{a}}) \tag{3-38}$$

其中，充电时间成本 $T_{\mathrm{sum}}(i_{\mathrm{ev}}, i_{\mathrm{a}})$ 包括数字地图计算得到的电动汽车 i_{ev} 驶向充电站 i_{a} 的通行时间 $T_{\mathrm{a}}(i_{\mathrm{ev}}, i_{\mathrm{a}})$、电动汽车到站后的充电排队时间 $T_{\mathrm{f}}(i_{\mathrm{ev}}, i_{\mathrm{a}})$ 及电动汽车充电所需时间 $T_{\mathrm{ch}}(i_{\mathrm{ev}}, i_{\mathrm{a}})$；$v_{\mathrm{ev}}^{\mathrm{v}}(i_{\mathrm{ev}}, i_{\mathrm{a}})$ 为电动汽车 i_{ev} 和充电站 i_{a} 的充电匹配逻辑变量；

S_A 为上层模型确定扩容规划方案后新的充电站集合。下层模型的约束条件的表达式为

(1) 待选充电站集合约束的表达式为

$$S_A = S_E + S_C'\qquad(3\text{-}39)$$

$$S_C' = \{i_c \,|\, u_C^v(i_c){=}1\}\qquad i_c \in S_C\qquad(3\text{-}40)$$

其中，S_A 由扩容的已建站点 S_E 和新建站点 S_C' 组成，新建站点 S_C' 由决策变量 $u_C^v(i_c)$ 取值为 1 的候选待建站组成。

(2) 充电站选择唯一性约束的表达式为

$$\begin{cases} 0 \leqslant v_{ev}^v(i_{ev}, i_a) \leqslant 1 \\ v_{ev}^v(i_{ev}, i_a) \in Z \end{cases}\qquad i_{ev} \in S_{ev}, i_a \in S_A\qquad(3\text{-}41)$$

$$\sum_{i_a \in S_A} v_{ev}^v(i_{ev}, i_a) = 1\qquad i_{ev} \in S_{ev}\qquad(3\text{-}42)$$

其中，当电动汽车 i_{ev} 与充电站 i_a 匹配成功时，用 $v_{ev}^v(i_{ev}, i_a){=}1$ 表示；匹配失败时用 $v_{ev}^v(i_{ev}, i_a){=}0$ 表示。实际上每辆电动汽车只能在一个充电站充电，因此式(3-42)要求每辆电动汽车只选择一个充电站。

(3) 最大行驶距离约束的表达式为

$$\bar{D}(i_{ev}) = C(i_{ev})\mathrm{Soc}_0(i_{ev})/\xi(i_{ev})\qquad i_{ev} \in S_{ev}\qquad(3\text{-}43)$$

$$\bar{D}(i_{ev}) > D(i_{ev}, i_a)v_{ev}^v(i_{ev}, i_a)\qquad i_{ev} \in S_{ev}, i_a \in S_A\qquad(3\text{-}44)$$

其中，$\bar{D}(i_{ev})$ 为电动汽车 i_{ev} 当前可行驶的最大距离；$C(i_{ev})$ 为电动汽车的电池容量；$\mathrm{Soc}_0(i_{ev})$ 为驶向充电站前的初始荷电状态；$\xi(i_{ev})$ 为电动汽车的单位里程电耗；$D(i_{ev}, i_a)$ 为电动汽车 i_{ev} 到充电站 i_a 的通行距离。当 $\bar{D}(i_{ev}) < D(i_{ev}, i_a)$ 时，必定有 $v_{EV}^v(i_{ev}, i_a) = 0$，即无法匹配。

3.2.2 双层扩容规划的流程与求解方法

1. 双层扩容规划的流程

在本节提出的双层扩容规划模型中，上层模型考虑电网容量、用户充电排队时间等约束，对充电站投资成本进行优化，生成规划方案传递至下层；下层模型基于上层规划方案，采用用户侧偏好匹配策略，完成充电站点匹配生产模拟，并将车辆选择充电站后的排队时间 $T_f(i_{ev})$ 反馈至上层模型。目前的研究大都将下层模型处理为均衡路网模型后代入上层模型进行统一求解，但由于下层模型中路网及交通流采用的是非解析化精准建模，且电动汽车与充电站之间的匹配会因上层

规划方案的不同而改变，因此双层扩容规划模型难以直接联立求解。若将所有可能的规划方案简单枚举，在系统规模较大时会出现计算时间呈指数增长的问题，导致模型难以实际应用。对此，借鉴贪心算法的思路，在最低投资规划下将排队时间降低至阈值的规划目标进行逐步分解，从而提出一种基于灵敏度系数的逐次规划方法，设计上下层多轮迭代算法对建立的双层扩容规划模型进行有效求解。每一轮把扩容一个现有充电站或者新建一个充电站的所有可能方案组成待选方案集，以灵敏度系数最优为依据，作出此轮扩容规划决策并更新待选方案集，再进入下一轮决策。

为了准确反映充电站扩容或者新建等投资决策对降低排队时间的影响，定义充电站 i_a 扩容规划的灵敏度系数 $I_{sen}(i_a)$ 的表达式为

$$I_{sen}(i_a) = \frac{\sum\limits_{i_{ev} \in S_{ev}}\left[T_f^{before}(i_{ev}) - T_f^{after}(i_{ev})\right]}{c_E^p(i_a)B(i_a, S_E) + c_C^p(i_a)B(i_a, S_C)} \tag{3-45}$$

$$B(i, S) = \begin{cases} 1 & i \in S \\ 0 & i \notin S \end{cases} \tag{3-46}$$

其中，$T_f^{before}(i_{ev})$ 和 $T_f^{after}(i_{ev})$ 分别为规划前和规划后电动汽车 i_{ev} 的排队时间，布尔函数 $B(i, S)$ 的定义如式(3-46)所示，因此充电站 i_a 的灵敏度系数为充电站 i_a 扩容或者新建后车辆整体排队时间的减少量与该站扩容或者新建成本的比值。这意味着灵敏度系数越高，在较少的投资下对充电排队的改善程度越明显，即该方案效果越优。此外，定义 $\left[\overline{P}(i_a) - P_{sum}^{ch}(i_a)\right]/\overline{P}(i_a)$ 为充电站 i_a 的配电裕量，其中，$P_{sum}^{ch}(i_a)$ 为已建充电桩总容量。当出现灵敏度系数相同的情况时，会优先选择配电裕量更大的充电站进行扩容规划。

充电站规划流程如图 3-6 所示。在上层的投资规划模型中，充电聚合商根据扩容成本及新建成本确定价格参数并作为灵敏度系数中的因子，另外，根据配电网容量约束、规划扩容上限约束等约束条件确定当前的待选规划方案集，并将所有的待选规划方案传递至下层。

在下层的用户充电决策生产模拟模型中，数据层生成电动汽车充电需求，然后对当前所有待选规划方案逐个进行生产模拟：调用数字地图接口获取实时路况，通过用户侧偏好匹配策略优化选择充电站点，再将车辆匹配成功后的 $T_f(i_{ev})$ 传递至上层。

上层计算灵敏度系数作为各方案的评估指标，选择本轮最优扩容规划方案并执行，再开始新一轮的规划决策直到所有车辆的充电排队时间均降至阈值 $\overline{T}_f$ 以下

或者系统不再支持扩容和新建。

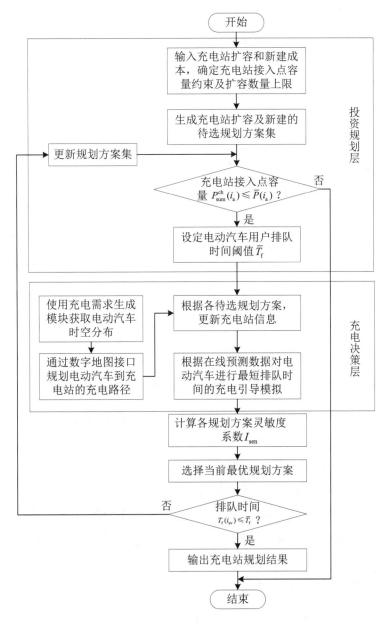

图 3-6　充电站规划流程

2. 考虑路网时空差异特性的用户侧偏好匹配策略

在下层的用户充电决策生产模拟模型中，电动汽车充电需求和充电站点间的优化匹配策略可以有效降低用户充电排队时间，缓解用户充电目标站点选择冲突，对于上层的投资规划模型十分重要。目前，很多研究采用最短路径算法或沃罗诺伊(Voronoi)图思路对充电需求进行就近充电站点匹配，忽视了电动汽车到不同充电站的行驶电量损耗和区域路网交通流的时空差异特性。事实上，在一天中的不同时段，城市道路通行状况差异明显，因此电动汽车的行驶路径选择结果也因时而异。以数字地图接口为数据支撑，经纬度坐标为(121.448429, 31.037057)的车辆A以最短通行时间为目标去往经纬度坐标为(121.437324, 31.024187)的站点B，在一天中的不同时间段，车辆A去往站点B的通行时间和通行距离的变化均较大，如图3-7所示。

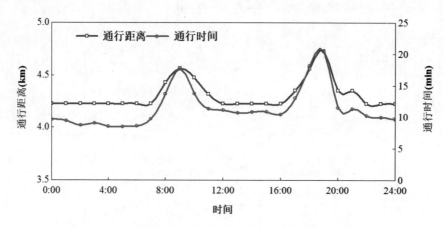

图 3-7　一天中的不同时间段的通行时间和通行距离

针对以上问题，为真实反映用户至目标充电站点的行驶电量损耗及充电时间成本，通过考虑路网交通流的时空差异特性，调用数字地图接口实现区域路网及交通流的非解析化精准建模，再进一步建立用户侧充电决策模型，该模型由充电需求生成模块和偏好匹配决策模块组成。

充电需求生成模块采用基于城市居民出行规律的蒙特卡罗方法进行充电需求生成。电动汽车电量低于阈值时产生充电需求信息，包括地理位置和充电电量等，定义充电需求参数集的表达式为

$$\Omega = [T_{\mathrm{start}}, L_{\mathrm{lon}}, L_{\mathrm{lat}}, \mathrm{Soc}_0, \mathrm{Soc}_1, P, T_{\mathrm{ch}}] \tag{3-47}$$

其中，各参数含义分别为：充电需求产生时刻、经度、纬度、初始荷电状态、期望荷电状态、充电功率和预计充电时长。考虑电动汽车在驶向充电站的电量损耗，预计充电时长的表达式为

$$T_{\mathrm{ch}}(i_{\mathrm{ev}}) = T_{\mathrm{ch}}'(i_{\mathrm{ev}}) + \frac{D(i_{\mathrm{ev}}, i_{\mathrm{a}})\xi(i_{\mathrm{ev}})}{P(i_{\mathrm{ev}})} \tag{3-48}$$

$$T_{\mathrm{ch}}'(i_{\mathrm{ev}}) = \frac{\left[\mathrm{Soc}_1(i_{\mathrm{ev}}) - \mathrm{Soc}_0(i_{\mathrm{ev}})\right]C(i_{\mathrm{ev}})}{P(i_{\mathrm{ev}})} \tag{3-49}$$

偏好匹配决策模块的目标是完成充电需求与充电站点之间的充电匹配，提升用户充电体验和充电站服务效率。在考虑充电站拥堵、充电选择冲突、用户充电时间成本的前提下，可将该匹配问题转为带有最小权重的最大匹配问题，用二部图来描述。定义二部图 $G = (S_A, S_{ev}, E)$，其中 E 为二部图的边，赋予边的权重 $\omega = (\omega_{i_{ev}, i_a}, (i_{ev}, i_a) \in E)$，$\omega_{i_{ev}, i_a}$ 包含了电动汽车驶向目标充电站的行驶时间 $T_a(i_{ev}, i_a)$、到站后的排队时间 $T_f(i_{ev}, i_a)$ 和充电时间 $T_{ch}(i_{ev}, i_a)$。建立的双边匹配模型的表达式为

$$\min \sum_{(i_{ev}, i_a) \in E} \omega_{i_{ev}, i_a} v_{ev}^v(i_{ev}, i_a) \tag{3-50}$$

$$\text{s.t.} \sum_{i_{ev} \in S_{ev}} v_{ev}^v(i_{ev}, i_a) \leqslant \bar{n}(i_a) \qquad i_a \in S_A \tag{3-51}$$

$$\omega_{i_{ev}, i_a} = T_{sum}(i_{ev}, i_a) \qquad (i_{ev}, i_a) \in E \tag{3-52}$$

其中，$\bar{n}(i_a)$ 为充电站的服务能力上限，即充电站 i_a 同时最多可接受的电动汽车数量不超过充电站的充电桩数量 $\bar{n}(i_a)$。基于数字地图接口获取的实时路网信息，偏好匹配决策模块将为电动汽车匹配最优充电站，使用户充电时间成本最低。

为了更加真实地模拟实时充电决策的场景，并未直接对生成的所有充电需求进行全局匹配，而是设置分时段决策区间，并按照电动汽车充电需求产生时刻所属的决策区间对集合 S_{ev} 进行划分，再对不同决策区间内的车辆分批次进行用户侧偏好匹配。

当一个决策区间的偏好匹配决策完成后，需更新各充电站的充电排队时间。电动汽车到站后的排队时间 T_f 取决于预估的通行时间和站点当前充电车辆的剩余充电时间，其表达式为

$$T_f(i_{ev}, i_a) = \max\{T_{p,j}(i_a) - T_a(i_{ev}, i_a), 0\} \tag{3-53}$$

其中，$T_{p,j}(i_a)$ 为充电站 i_a 中充电桩 j 当前充电车辆的剩余充电时间，$j \in \bar{n}(i_a)$。

3. 双层扩容规划的求解方法

模型求解的详细方法如下。

(1) 初始化：输入充电站参数，包括扩容成本 $c_E^p(i_e)$、新建成本 $c_C^p(i_c)$、扩容上限 $\bar{n}_E^p(i_e)$ 和新建站的充电桩数量 $n_C^p(i_c)$。

(2) 设置灵敏度系数 I_{sen} 及充电排队时间的阈值 $\bar{T}_f$，计算车辆的最大行驶距离 $\bar{D}(i_{ev})$。

(3) 根据约束条件 $P_{sum}^{ch}(i_a) \leqslant \bar{P}(i_a)$ 更新待选规划方案集并转至(4)，若当前条件不支持再扩容和新建则跳转至(8)。

(4) 针对各决策方案，依次更新充电站集合 S_A，读取数字地图接口计算的数据 $T_a(i_{ev}, i_a)$。

(5) 对电动汽车集群 S_{ev} 进行充电时间成本最小的用户侧偏好匹配决策模拟，计算优化决策后的排队时间 $T_f(i_{ev})$。

(6) 计算各扩容或新建方案的灵敏度系数，选择当前最优方案并执行。

(7) 计算并判断对任意 $i_{ev} \in S_{ev}$，是否都有排队时间低于阈值：$T_f(i_{ev}) \leqslant \overline{T}_f$。若不满足则跳转至(3)，否则跳转至(8)。

(8) 输出充电站扩容规划结果。

3.2.3 算例分析

1. 算例设置

为验证模型的实际应用效果，以位于上海市浦东新区的某区域作为测试算例，选取充电站共计 86 个，包括 65 个已建可扩站，以及 21 个候选待建站，充电站地理位置及典型时间断面充电需求分布示意图如图 3-8 所示。上层对充电站进行扩容规划时，设定每一轮决策包括：为现有任意一个站扩容一个充电桩或新建一个充电站，新建站点充电桩的数量参数 $n_C^p = 3$。参照 2021 年 4 月上海地区电动汽车用户充电满意度调查结果，排队时间阈值 $\overline{T}_f$ 设置为 20min。在下层模型中，对目标区域 24h 内产生充电需求的电动汽车进行用户侧偏好匹配决策模拟。上下层结果进行多轮迭代，直到仿真结果中电动汽车的排队时间均小于所设阈值或者系统不再支持扩容和新建，则输出规划结果。

设置典型日 24h 接入目标区域的电动汽车数量为 6683 辆，以 18:00 的时间断面为例，测试区域充电需求分布如图 3-8 所示。

2. 规划结果

采用本节的方法对算例中测试区域充电站进行扩容规划，其结果如表 3-4 所示。

规划前，电动汽车最大排队时间达到 106.65min，平均排队时间达到 14.83min。通过实施充电站扩容规划方案后，电动汽车的最大排队时间下降至 19.73min，平均排队时间下降至 1.05min。

图 3-9 显示了扩容规划前后浦东新区某测试区域充电高峰时段(19:00—19:30)电动汽车匹配结果和充电站拥挤程度。可以看出，通过对测试区域充电站扩容规划和用户侧偏好主动匹配决策，在电动汽车充电排队时间显著下降的同时，区域内充电站的拥挤程度明显改善。

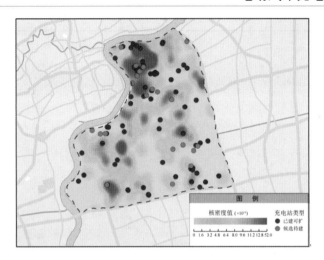

图 3-8　浦东测试区域充电站地理位置及典型时间断面充电需求分布

表 3-4　浦东新区某测试区域充电站规划结果

规划结果/站号(扩容数量)	2(5), 3(4), 10(4), 23(4), 27(3), 29(3),32(4), 33(5), 50(4), 54(3), 67(3), 69(3), 72(3), 77(3), 78(3), 79(3), 84(3)	
最长排队时间(分钟)	106.65(规划前)	19.73(规划后)
平均排队时间(分钟)	14.83(规划前)	1.05(规划后)

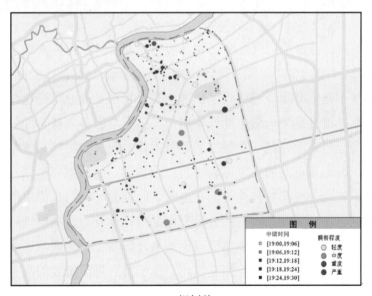

(a) 规划前

图 3-9　浦东新区某测试区域充电站扩容规划及用户侧匹配效果

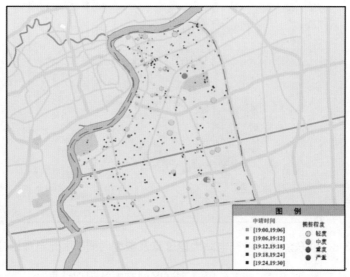

(b) 规划后

图 3-9　浦东新区某测试区域充电站扩容规划及用户侧匹配效果(续)

3.3　光储充电站案例分析及容量配置方法

全球范围内日益严重的气候变化和环境恶化问题是全世界人民面临的巨大挑战，而电动汽车有助于减少对化石燃料的依赖，是推进交通部门能源转型的关键。目前，电动汽车充电基础设施实现了快速增长，特别是商业型充电站和商务型充电站。商业型充电站是为一般电动汽车用户提供充电服务并获得经济收入的充电站。通常，商业型充电站是一个独立的利益主体，在大多数情况下禁止向外部电网反馈功率，因此从电网的角度可以视为一般负载。商务型充电站一般是指与商场、写字楼、社区、校园并列建设的充电站，既能为电动汽车提供服务，又能为周边负荷供电。在对全球范围内的大量充电站进行调查后，从电气结构上来看，并网型光储充电站大致分为四类典型应用场景，即基于公共直流母线的商业型充电站、基于公共交流母线的商业型充电站、基于公共直流母线的商务型充电站和基于公共交流母线的商务型充电站。

就光储充电站的容量优化配置而言，在现有研究中，基于雨流计数法的寿命损耗模型难以嵌入优化模型，造成以度电成本计算储能系统成本误差较大，并且考虑储能系统寿命损耗时，容量衰减情况被忽略以致储能模型不够准确。同时，储能系统的运行过程中，其运行效率也不是静态的。当前研究的储能模型未能综合考虑容量衰减、储能系统寿命损耗及动态效率特性。

基于上述研究的不足，本节综合考虑储能容量衰减特性、储能系统寿命损耗特性、储能系统运行效率特性，建立精细化的储能系统动态模型。基于该模型，建立光储充电站最优光储配置模型，并利用基于遗传算法(Genetic Algorithm，GA)的双层求解算法进行求解。

3.3.1 光储充电站案例分析

1. 基于公共直流母线的商业型光储充电站案例

光伏电池板产生的电力和电动汽车所需的电力都是直流电，因此为了减少能量损失，许多充电站被部署为直流系统，其中一个典型代表为光储充电站。图 3-10 所示为位于中国南京市的某典型商业型光储充电站的系统结构。

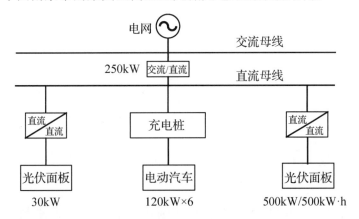

图 3-10 基于公共直流母线的商业型光储充电站的系统结构

该项目配备了直流母线，用于连接主要的站内设备，包括 30kW 的分布式光伏、500kW/500kW·h 的储能系统和 6 台直流快速充电桩，每个桩的最大功率可以达到 120kW。充电站通过 AC/DC 转换器连接到交流母线，通过它可以从外部电网购买电力。但是，充电站不允许向外部电网注入电力。从电网的角度来看，该站只是一个一般的负载。在该站中安装储能系统的主要目的是满足快速充电的需求并提供优质服务，而不会增加充电站外部电网的负载需求。如果储能系统未被部署，则在光伏功率输出为 0 的情况下，基于 AC/DC 并网转换器的容量，充电站的功率上限为 250kW，而在储能系统的帮助下，充电站可以满足高达 750kW

的充电需求。

2. 基于公共交流母线的商业型光储充电站案例

光伏发电和电动汽车负荷的分布具有波动特性，集中在充电站的大功率快速充电将形成负载尖峰，从而导致额外的变压器投资及高需求充电，储能系统能够通过平滑等效负载的输出或削减峰值来消除电压尖峰。

图 3-11 所示为位于中国上海的某典型商业型光储充电站的系统结构。整个站由 292 个光伏组件组成，占用面积为 530m²。光伏组件的总装机容量为 82kW，储能系统的容量为 150kW/150kW·h。电动汽车充电设施方面，有 4 台额定功率为 3.5kW 的交流充电桩和 4 台额定功率为 30kW 的 V2G 充电桩。以上组件均通过交流母线连接到电网，交流母线上的功率流是双向的，如果有多余的光伏功率，则可以将其反馈到外部电网。其中，光伏用于提供低碳电力，储能系统用于在谷底时段吸收电能，在高峰时段支持快速充电负荷，有效降低负荷峰谷差，缓解快速充电对电网的影响，提高系统运行效率。

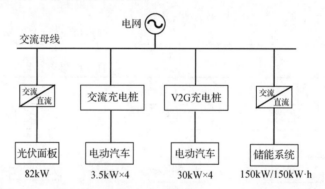

图 3-11　基于公共交流母线的商业型光储充电站的系统结构

3. 基于公共直流母线的商务型光储充电站案例

图 3-12 所示为位于中国北京的某典型商务型光储充电站的系统结构。与上述两种情况不同，该项目存在本地交流负载，光伏装机容量相对较大。交流负载表示现实世界中充电站附近的购物中心，这种情况下的充电站被允许提供电力以满足本地负载的需求，成为一个消费者，而不仅仅是一个负载。该项目配备直流母线来连接主要的站内设备，包括 4MW 光伏、10MW/40MW·h 储能系统和 47 套直流快速充电桩。每个桩都是具有双充电点位的集成设备，其最大功率可以达到 150kW。充电站通过 AC/DC 变换器连接到交流母线，并通过它从外部电网购买电

力或向附近的购物中心提供电力。

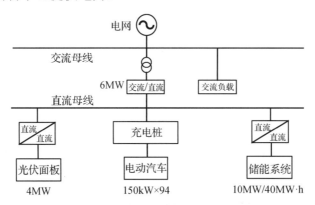

图 3-12 基于公共直流母线的商务型光储充电站的系统结构

作为电网的客户，该充电站根据每个计费周期的分时电价(Time of Use，TOU)向电网支付电费。一方面，光伏发电完全消耗在交流/直流母线上，不允许向上游电网反馈。另一方面，它也是独立于电网和最终用户的商业化服务提供商。特别是在储能系统的帮助下，充电站可以以低价购买电力，并将其出售给价格高的用户进行套利。可以看出，储能系统的运行是使充电站的利益最大化的关键。基于不同的工作条件，储能系统具有以下三种运行模式：①等效负载跟踪；②TOU 价格套利；③需求响应。

4. 基于公共交流母线的商务型光储充电站案例

2009 年，美国田纳西州的橡树岭国家实验室通过能源部获得了《2009 美国复苏与再投资法案》的资助，合作建造了多个光储充电站。该项目包括研究电动汽车所有者与设备之间的相互作用，使用可再生能源和本地储能来减少电动汽车充电的负荷，以及分析其对电网的影响。通过以上研究不仅能促进电动汽车充电基础设施的建设，还将推广充电桩在市场上的广泛使用。

示范光储充电站分为 15 个站点，每个站点中都包含许多独立网格绑定的充电桩、光伏阵列和储能系统，充电桩的额定功率为 2kW。单个商务型光储充电站的系统结构如图 3-13 所示。

橡树岭站点共有 25 台充电桩、一个 47kW 的太阳能光伏阵列和一个 60kW•h 的储能系统，储能系统和电网之间通过 5kW 逆变器/充电器建立了双向连接。

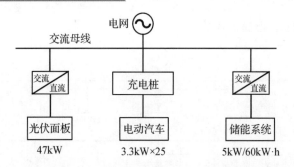

图 3-13　基于公共交流母线的商务型光储充电站的系统结构

3.3.2　光储充电站光储容量优化配置方法

随着新能源汽车规模的快速增长，充电负荷对电网的冲击愈来愈严重。为缓解电网压力，工信部发布的《新能源汽车产业发展规划(2021—2035)》提出，推动新能源汽车与能源融合发展，促进新能源汽车与可再生能源高效协同，鼓励"光储充放"多功能综合一体站建设。针对光储容量配置，本节根据储能容量衰减特性、储能系统寿命损耗特性、储能系统运行效率特性，建立精细化的储能系统动态模型，并基于该模型，建立光储充电站最优光储配置混合整数非线性规划(Mixed Integer Non-linear Programming，MINLP)模型，通过将此问题转化为双层规划模型，并利用 GA 求解。

1. 光储充电站精细化储能模型

1) 容量衰减模型

根据容量衰减和内阻增长情况，本节提出两种储能电池的储能系统动态健康状态(State of Health，SOH)模型，其表达式为

$$\begin{cases} \mathrm{Soh_C} = \dfrac{S_{\mathrm{present}}}{S_{\mathrm{rated}}} \times 100\% \\[2mm] \mathrm{Soh_R} = \dfrac{2R_{\mathrm{ini}} - R_{\mathrm{present}}}{R_{\mathrm{ini}}} \times 100\% \end{cases} \tag{3-54}$$

其中，$\mathrm{Soh_C}$ 为以可用容量为参考的储能电池健康状态；S_{present} 为储能电池当前的可用容量；S_{rated} 为储能电池的额定容量；$\mathrm{Soh_R}$ 表示以内阻作为参考的储能电池健康状态；R_{ini} 为储能电池初始内阻；R_{present} 为储能电池当前内阻。当 $\mathrm{Soh_C}$ 为80%或 $\mathrm{Soh_R}$ 为 0 时，储能电池寿命终止。本节使用 $\mathrm{Soh_C}$ 作为储能电池 SOH 的评估标准。

储能容量衰减速率与充放电循环次数、充放电深度(Depth of Discharge，DOD)、温度及充放电功率紧密相关。储能电池的运行温度一般认为是可控的，储能功率设置出力范围内对寿命的影响可认为是静态的，因而可忽略温度及充放电功率对容量衰减的影响。

2) 寿命损耗模型

基于电池储能系统(Battery Energy Storage System，BESS)充放电循环次数与DOD 实验曲线，建立 BESS 寿命损耗模型，其表达式为

$$L_{\text{loss}}(t) = \left| F\big[\text{Soc}(t)\big] - F\big[\text{Soc}(t-1)\big] \right| \tag{3-55}$$

$$F\big[\text{Soc}(t)\big] = \frac{1}{2}\left\{ \frac{1}{N_{\text{life}}(1)} - \frac{1}{N_{\text{life}}\big[1-\text{Soc}(t)\big]} \right\} \tag{3-56}$$

$$f(\text{Soc}, \Lambda) = \sum_{\lambda=1}^{\Lambda} \varphi_{\text{Soc},\lambda} \Delta_{\text{Soc},\lambda} \tag{3-57}$$

$$\varphi_{\text{Soc},\lambda} = \frac{F(\lambda\overline{\Delta}_{\text{Soc},\lambda}) - F[(\lambda-1)\overline{\Delta}_{\text{Soc},\lambda}]}{\overline{\Delta}_{\text{Soc},\lambda}} \tag{3-58}$$

$$\overline{\Delta}_{\text{Soc},\lambda} = 1/\Lambda \tag{3-59}$$

$$\sum_{\lambda=1}^{\Lambda} \Delta_{\text{Soc},\lambda} = \text{Soc} \tag{3-60}$$

$$\Delta_{\text{Soc},\lambda} - \overline{\Delta}_{\text{Soc},\lambda} + (1+\chi_{\lambda+1})M + \varepsilon^+ \geqslant 0 \qquad \forall \lambda = 1,2,\cdots,\Lambda-1 \tag{3-61}$$

$$0 \leqslant \Delta_{\text{Soc},\lambda} \leqslant (1-x_\lambda)M + \overline{\Delta}_{\text{Soc},\lambda} \qquad \forall \lambda = 1,2,\cdots,\Lambda \tag{3-62}$$

$$0 \leqslant \Delta_{\text{Soc},\lambda} \leqslant x_\lambda M \qquad \forall \lambda = 1,2,\cdots,\Lambda \tag{3-63}$$

储能电池在第 t 时段的寿命损耗 $L_{\text{loss}}(t)$ 可由式(3-55)和式(3-56)确定。其中，$N_{\text{life}}(\cdot)$ 为 BESS 的循环次数与 DOD 关系的拟合函数，$\text{Soc}(t)$ 为电池的荷电状态。式(3-57)～式(3-63)为式(3-56)的自趋优分段线性化模型，$f(\text{Soc}, \Lambda)$ 为式(3-56)的分段线性化(Piece-wise Linear，PWL)函数，其中，$\varphi_{\text{Soc},\lambda}$ 为函数的第 λ 段的斜率，可由式(3-58)确定，$\Delta_{\text{Soc},\lambda}$ 为变量 $\text{Soc}(t)$ 在第 λ 段的取值，Λ 为分段数；式(3-59)计算 $\Delta_{\text{Soc},\lambda}$ 的最大取值 $\overline{\Delta}_{\text{Soc}}$ 为 $1/\Lambda$；式(3-59)计算储能电池总电量为 Soc；约束式(3-61)～式(3-63)只有保证 $\Delta_{\text{Soc},\lambda}$ 达到最大值，$\Delta_{\text{Soc},\lambda+1}$ 才能取值，x_λ 为0—1状态变量，当 x_λ 取 1 时，$\Delta_{\text{Soc},\lambda}$ 允许取值，当 x_λ 取 0 时，$\Delta_{\text{Soc},\lambda}$ 取0，M 为一个极大的正数，ε^+ 为一个逼近 0 的极小正数。当 $x_{\lambda+1}$ 取 1 时，$\Delta_{\text{Soc},\lambda}$ 的取值必须高于 $\overline{\Delta}_{\text{Soc}} - \varepsilon^+$，而 $x_{\lambda+1}$ 又必须小于等于 $\overline{\Delta}_{\text{Soc}}$，则 $\Delta_{\text{Soc},\lambda}$ 取最大值，误差为 ε^+；当 $x_{\lambda+1}$ 取 0 时，式(3-61)对 $\Delta_{\text{Soc},\lambda}$ 无约束。

3) 动态效率模型

由于储能电池内阻的存在，储能充放电效率不是静态的，而是随着充放电功率动态变化的。本节基于储能电池的充放电倍率与充放电时间关系的实验，提出储能电池的动态效率模型。图 3-14 所示为某铅酸电池的放电时间与放电电流的关系，一般用式(3-64)的 Peukert 方程拟合放电时间随着放电电流的变化关系，其中，T 为放电时间，I 为放电电流，C_{peu} 与 μ 为拟合系数。由于不同电流的放电电压变化较小，因此可以忽略电压变化的影响，认为电流与功率一一对应。在式(3-64)两端同时乘以 UI，得到式(3-65)，其中，P_{dis} 为放电功率，$S_{out}(P_{dis})$ 为放电过程释放的能量，S_{peu} 为固定系数。

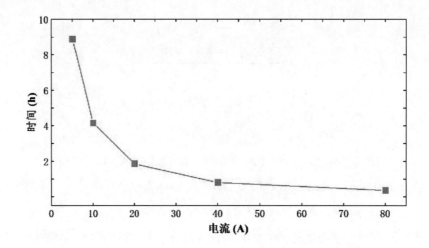

图 3-14 放电时间与放电电流的关系

放电时间与充放电电流关系的表达式为

$$T = \frac{C_{peu}}{I^{\mu}} \tag{3-64}$$

$$S_{out}(P_{dis}) = S_{peu} P_{dis}^{1-\mu} \tag{3-65}$$

储能电池效率的表达式为

$$\eta_{peu}^{dis} = \frac{S_{out}(P_{dis})}{S_{inner}} \tag{3-66}$$

$$S_{inner} = \frac{S_{rated}}{\eta_{rated}} \tag{3-67}$$

其中，η_{peu}^{dis} 为放电效率，S_{inner} 为储能电池内部最大可用容量，并可用式(3-67)确定，η_{rated} 为储能电池额定效率。

2. 光储充电站光储容量优化配置模型

1) 目标函数

光储充电站光储容量优化配置的目标函数为储能电池全寿命周期内年均成本最小，其表达式为

$$\min f = \frac{C_{\text{grid}} + C_{\text{WLC}} + C_{\text{pile}} + C_{\text{PV}} - C_{\text{ev}} - C_{\text{del}}}{N} \tag{3-68}$$

其中，C_{grid} 为充电站向电网支付的购电成本；C_{WLC} 为储能电池的全寿命周期成本；C_{pile} 为充电桩购置成本；C_{PV} 为光伏的配置成本；C_{ev} 为电动汽车提供的充电收益；C_{del} 为延迟电网升级的收益；N 为储能电池的可使用年限。

2) 约束条件

光储优化配置模型的约束条件的表达式为

$$0 \leqslant N \leqslant N_{\max} \tag{3-69}$$

$$P_{\text{grid}}^{\min} \leqslant P_{\text{grid}} \leqslant P_{\text{grid}}^{\max} \tag{3-70}$$

$$P_{\text{rated}} \leqslant \delta S_{\text{rated}} \tag{3-71}$$

$$P_{s,\text{grid}}(t) + P_{s,\text{dis}}(t) + P_{s,\text{PV}}(t) = P_{s,\text{load}}(t) + P_{s,\text{ch}}(t) \tag{3-72}$$

$$0 \leqslant P_{s,\text{ch}}(t) \leqslant v_{s,\text{ch}}(t) P_{\text{rated}} \tag{3-73}$$

$$0 \leqslant P_{s,\text{dis}}(t) \leqslant v_{s,\text{dis}}(t) P_{\text{rated}} \tag{3-74}$$

$$v_{s,\text{ch}}(t) + v_{s,\text{dis}}(t) \leqslant 1 \tag{3-75}$$

$$\text{Soc}^{\min} \leqslant \text{Soc}_s(t) \leqslant \text{Soc}^{\max} \tag{3-76}$$

$$\text{Soc}_s(t) - \text{Soc}_s(t-1) = \sum_{i=1}^{m} \left(\frac{\eta_{\text{ch},i} P_{\text{ch},i}(t)}{\text{Soh}_s(t) S_{\text{rated}}} - \frac{P_{\text{dis},i}(t)/\eta_{\text{dis},i}}{\text{Soh}_s(t) S_{\text{rated}}} \right) \Delta t \tag{3-77}$$

$$\sum_{s=1}^{Y} \rho_s \sum_{t=1}^{T'} L_{s,\text{loss}}(t) \leqslant 1/(365N) \tag{3-78}$$

式(3-69)为储能电池使用年限约束，$N_{\max}$ 为最大使用年限；式(3-70)为充电站与电网交换功率约束，$P_{\text{grid}}^{\min}$ 和 $P_{\text{grid}}^{\max}$ 分别为最小电网交换功率和最大电网交换功率；式(3-71)为储能电池在单位时间内的充放电容量约束，S_{rated} 和 P_{rated} 分别为储能额定容量和额定功率，δ 为储能实际容量系数；式(3-72)为功率平衡约束，$P_{s,\text{grid}}$、$P_{s,\text{dis}}$、$P_{s,\text{PV}}$、$P_{s,\text{load}}$ 和 $P_{s,\text{ch}}$ 分别为第 s 个场景下的购电功率、储能放电功率、光伏出力、电动汽车充电负荷及储能充电功率；式(3-73)和式(3-74)为储能电池充放电功率约束，$v_{s,\text{ch}}(t)$、$v_{s,\text{dis}}(t)$ 分别为储能电池在第 t 个时段充电、放电状态的 0—1 变量；式(3-75)约束储能电池不能同时进行充放电；式(3-76)保证储能电池运行在允许的 SOC 区间，Soc_s 为第 s 个场景下的储能 SOC，$\text{Soc}^{\min}$、$\text{Soc}^{\max}$ 为最小、最大允许

SOC；式(3-77)约束储能电池 SOC 时序变化，$\eta_{\text{ch},i}$、$\eta_{\text{dis},i}$ 为储能电池第 i 段的充电、放电效率，$P_{\text{ch},i}(t)$、$P_{\text{dis},i}(t)$ 为第 t 个时段第 i 分段的充电、放电功率，$\text{Soh}_s(t)$ 为第 t 个时段场景 s 下的健康状态；式(3-78)限制储能电池寿命损耗，保证储能电池使用年限，ρ_s 为各场景出现的概率，Y 为场景总数，T' 为时段总数，$L_{s,\text{loss}}(t)$ 为储能电池在第 t 个时段各场景下的寿命损耗。

3. 基于 GA 的双层求解算法

基于 GA 的双层模型求解流程如图 3-15 所示。光储充电站光储优化配置模型为 MINLP 模型，本节提出双层优化求解思路，如式(3-79)所示。首先提取部分变量作为外层变量，并将其作为参数传入内层，外层通过全局寻优的 GA 求解，内层为混合整数线性模型，利用成熟的商业求解软件求解。

$$\min_{(x,y)} h(x,y) \Leftrightarrow \min_{x} \ \min_{y} h(x,y) \tag{3-79}$$

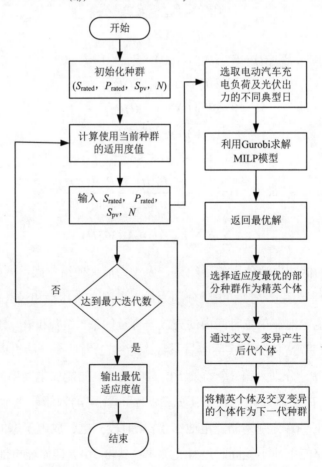

图 3-15　基于 GA 的双层模型求解流程

P_{rated}、S_{rated} 及 N 作为外层变量，并作为参数传递给内层求解。由于 $\text{Soh}(t)$ 的存在，内层可通过等效处理，转为 MILP 模型求解。约束式(3-59)、式(3-76)和式(3-77)分别转化为式(3-80)至式(3-82)，其表达式为

$$\overline{\Delta}_{\text{Soc}} = \text{Soh}(t)/\Lambda \tag{3-80}$$

$$\text{Soh}(t)\text{Soc}^{\min} \leqslant \text{Soc}_s(t) \leqslant \text{Soh}(t)\text{Soc}^{\max} \tag{3-81}$$

$$\text{Soc}_s(t) - \text{Soc}_s(t-1) = \sum_{i=1}^{m}\left[\frac{\eta_{\text{ch},i}P_{\text{ch},i}(t)}{S_{\text{rated}}} - \frac{P_{\text{dis},i}(t)/\eta_{\text{dis},i}}{S_{\text{rated}}}\right]\Delta t \tag{3-82}$$

3.3.3 算例分析

1. 参数设置

以上海市某光储充电站为例，验证本节提出的光储充电站光储优化配置模型及基于 GA 的双层求解算法。储能电池基本参数及储能电池 SOH 分段参数如表 3-5 和表 3-6 所示，储能寿命循环次数与 SOC 函数关系的表达式为

$$N_{\text{life}} = 21870e^{-1.957(1-\text{Soc})} \tag{3-83}$$

表 3-5　储能电池基本参数

参　数	数　值	参　数	数　值
$k_{\text{O\&M}}$	97	k_{rec}	0.09
k_{P}	1351	k_{s}	1500
$\text{Soc}^{\min}$	0.1	$\text{Soc}^{\max}$	0.9
m	3	μ	1.062

表 3-6　储能电池 SOH 分段参数

j	$L_{\text{total, loss},j}$	$\text{Soh}_j(0)$	∂_j
1	0.6	0.99	0.05
2	0.8	0.95	0.20
3	0.9	0.91	0.46
4	1	0.84	0.84

以配置 4MW 光伏为例，不同典型日光储充电站光伏出力如图 3-16 所示。光储充电站购电电价参考上海市一般工商业的分时电价，不同典型日下电动汽车充电负荷如图 3-17 所示，充电服务费设置为 0.5 元/(kW·h)。同时，GA 参数设置

如下：种群规模为 40，交叉率为 0.8，变异率为 0.2，精英数为 2，最大迭代数为 50。如图 3-16 和图 3-17 所示，通过 K-means 聚类方法，图 3-16 和图 3-17 中典型日 1 至典型日 5 的概率依次为：0.154、0.308、0.215、0.154 和 0.169。并且将储能电池全寿命分为 4 个阶段，确定 20 个场景。算例的其他仿真参数如表 3-7 所示。

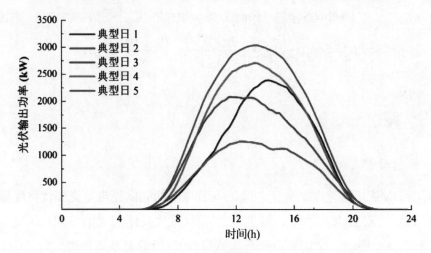

图 3-16　光储充电站光伏出力

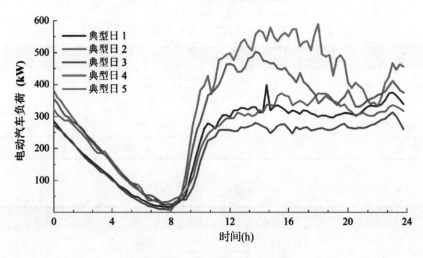

图 3-17　电动汽车充电负荷

2. 算例结果

本节提出的光储优化配置模型在 MATLAB 平台进行仿真，并使用 Gurobi 进行求解。GA 求解迭代过程如图 3-18 所示，至第 30 次迭代结果逐步趋于稳定，解收敛至 8.87×10^5 元。最终仿真结果如表 3-8 所示，光储电站的最优光伏装机容量为 529.93kW，储能额定容量为 1008.88kW·h，储能额定功率为 619.84kW，服务年限为 14 年。

表 3-7 其他仿真参数

参 数	数 值	参 数	数 值
$P_{\text{grid}}^{\min}$ (kW)	0	$P_{\text{grid}}^{\max}$ (kW)	750
C_{pile} (元)	7×10^5	Λ	5
ε	1×10^{-6}	M	1×10^5
θ	0.03	$N_{\max}$ (年)	25
T'	24	Δ_t (h)	1

不同典型日的储能电池寿命损耗成本如图 3-19 所示，在储能电池的不同容量衰减阶段，由于光伏出力较低且充电负荷需求较高，典型日 2 和典型日 4 的储能电池寿命损耗成本最高。相对而言，典型日 3 的充电负荷最小，对应的储能电池寿命损耗最少。

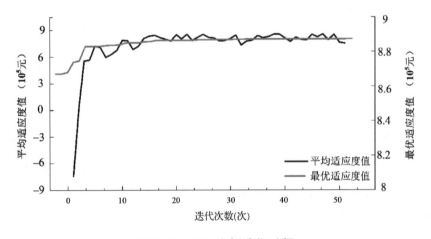

图 3-18 GA 求解迭代过程

表 3-8 仿真结果

光储配置参数	数 值	光储配置参数	数 值
年均收益(元)	8.87×10^5	储能电池全寿命周期成本(元)	2.28×10^6
储能电池服务年限(年)	14	储能电池年均损耗成本(元)	1.63×10^5
储能电池额定容量(kW·h)	1008.88	储能电池年均运维费用(元)	4.29×10^4
储能电池额定功率(kW)	619.84	光伏组件年均损耗成本(元)	3.03×10^5
光伏装机容量(kW)	529.93	充电站年收益率(%)	8.62

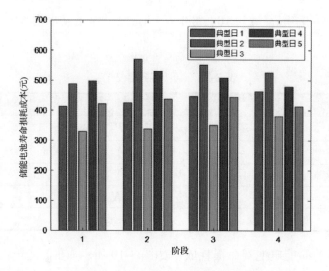

图 3-19　储能电池寿命损耗成本

3.4　小　　结

本章给出了不同类型电动汽车充电设施的优化规划方法，覆盖城市功能区内的分散充电桩群、快速充电站和光储充电站，提出了较为完备的充电设施规划体系。

基于城市功能分区的充电桩群规划方法，可以结合各功能区的负荷特性、居民出行特性和电动汽车充电特点，分析适宜采用的充电设施种类，考虑地块特征因地制宜地进行电动汽车充电设施种类和数量的规划。规划结果能够较好适应各功能分区电动汽车的充电特性，满足各类型充电需求。

城市电动汽车充电站扩容规划方法，能够基于用户侧偏好匹配策略，考虑路网时空差异特性，调用数字地图接口对区域路网及交通流的非解析化精准建模，通过用户侧偏好匹配决策模型达成电动汽车与充电站之间的互动目的。基于灵敏度系数的逐次规划方法，设计上下层多轮迭代算法可以对双层扩容规划模型进行有效求解。

光储充电站案例分析及容量配置方法，首先对光储充电站的实际案例进行介绍，然后根据储能容量衰减特性、储能系统寿命损耗特性和储能系统运行效率特性分别建立了储能系统动态健康状态模型、寿命损耗模型和动态效率模型，在此基础上建立了光储充电站光储容量优化配置模型，并利用基于 GA 的双层求解算法进行求解。

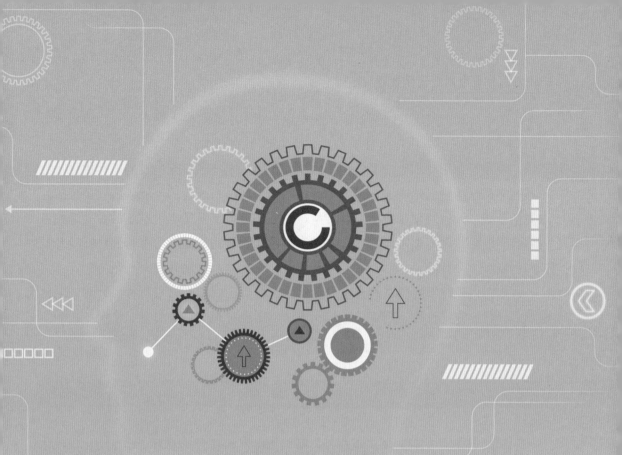

第4章

电动汽车充电设施运行优化

在电动汽车高速发展背景下，规模化大功率电动汽车无序充电行为将成为影响电力系统安全与稳定运行的隐患。电动汽车的充电行为，以电动汽车为连接点，反映社会活动和电力系统运行的相互作用。电动汽车充电设施运行优化是指通过多类型运行优化方法，促进电网甚至整个城市系统向清洁低碳、安全可控、灵活高效、开放互动、智能友好转型，这是构建城市新型电力系统的重要途径。伴随网联化、智能化发展趋势，电动汽车巨大的移动储能潜力将得到进一步开发和创新。

本章将针对不同形态的充电设施，结合城市区域和电力负荷特点针对性地提出多样化的充电设施运行优化架构和方法，实现对充电负荷的有序管理。

4.1 居住区充电设施运行优化方法

2022 年 1 月发布的《实施意见》明确指出，私家车是未来交通电动化规模化发展的重要领域。2021 年 12 月，我国新能源乘用车领域的市场渗透率达 20.6%，居住区充电需求日益凸显，需要推进城市居住社区充电设施的建设安装。一方面，作为居住区快速增加的负荷类型之一，大规模电动汽车无序充电给居住区的能量管理带来了新的挑战。另一方面，英国居住区充电桩充电统计数据显示，私用电动汽车在居住区的平均停留时间达 10 小时 36 分钟。同时，居住区电动汽车的平均充电时间为 3 小时 6 分钟。富余的停留时间使得居住区充电负荷具有充分的可调度潜力。随着智能建设桩标准的发布及建设推广，电动汽车已具备通过有序充电、电量反送(Vehicle to Grid，V2G)等形式参与居住区能源优化的有效条件。

本节围绕居住区充电设施运行优化，分析了考虑充电负荷的居住区能量优化需求，介绍了居住区能量管理架构、居住区充电设施"统建统营"模式和当前居住区能量管理难题。在此基础上，考虑居住区能量优化实时性需求，基于滚动优化框架提出了考虑充电负荷的居住区能量两阶段实时优化运行方法。在每个滚动优化周期内，通过第一阶段的经济调度模型和第二阶段的负荷峰谷差优化模型能有效提高居住区电能使用的经济性。同时，通过调度居住区充电负荷的调节能力，有效提高了居住区电能使用的安全性。最后，基于上海市浦东实际居住区算例验证了方法的有效性。

4.1.1 考虑充电负荷的居住区能量优化需求

1. 居住区能量管理架构

城市居住区(以下简称居住区)是城市配电网的重要负荷终端和有机组成单元,其内部能量架构如图 4-1 所示。居住区的能耗主要包括传统非电动汽车居民负荷和电动汽车负荷两部分。对于居住区的电力供应,除了来自上级配电网外,分布式电源(屋顶光伏)和 V2G 运行模式的电动汽车群也将是其未来几年不可忽视的重要电力来源。

图 4-1 城市居住区内部能量架构

2. 居住区充电设施"统建统营"模式

2022 年 1 月发布的《实施意见》提出,创新居住社区充电服务商业模式,开展居住社区充电设施"统建统营"。同年 2 月,上海市人民政府办公厅发布的《关于本市进一步推动充换电基础设施建设的实施意见》(沪府办规〔2022〕1 号)提出,创新小区充电设施"统建统营"商业模式,统筹考虑小区整体充电需求,按照"统建统营"模式,有偿提供充电设施规划、新建、改造、运营服务,缓解小区电力接入工程无法统一规划实施的问题。由此可见,随着居住区充电设施"统建统营"等鼓励性政策的落地,对居住区能量进行管理与优化,提高充电设施安全管理水平越发重要。为此,本节引入居住区负荷聚合商(Residential Load Aggregator,RLA)的概念,作为居住区能量管理者,RLA 从电网公司或售电公司购电,以提高居住区电能使用的经济性和安全性为目标,对居住区的电力供应和需求进行优化调度安排。

3. 当前居住区能量管理难题

近几年，电动汽车在全球范围内得到迅速发展，规模日益增大。2021 年，上海市电动汽车总数超过 65.4 万辆，根据《上海市加快新能源汽车产业发展实施计划(2021—2025 年)》(沪府办〔2021〕10 号)，到 2025 年，个人新增购置车辆中纯电动汽车占比超过 50%。庞大的电动汽车总量带来的电动汽车充电负荷也将是社会电力总负荷不容忽视的一部分。据估计，美国独立系统运营商 PJM 负责的地区的电动汽车充电负荷将从 2021 年的 2414GW·h 激增至 2032 年的 21000GW·h 左右，占社会总负荷的 2.48%。问卷统计显示，上海市大多数电动汽车车主回家时间为 16:00—23:00，到家后通常会立即对电动汽车进行充电。而居住区传统非电动汽车居民负荷峰值通常出现在 17:00—22:00，与居住区电动汽车集中充电时间段重叠，这将会导致"峰上加峰"的现象出现。一方面，高峰时间段用电量的增加使居民用电费用增加。另一方面，"峰上加峰"现象会导致配电变压器过载，进一步对居住区用电的安全稳定运行造成影响。因此，电动汽车大规模无序充电激增的充电负荷是当前居住区能量管理面临的主要难题。

4. 考虑充电负荷的居住区能量日前调度方法

作为配电网日前优化调度方法的延续，考虑充电负荷的居住区能量日前调度模型的表达式为

$$\min \sum_{t \in S_T} C_{\text{RLA}}^{\text{buy}}(t) \tag{4-1}$$

$$C_{\text{RLA}}^{\text{buy}}(t) = p_{\text{TOU}}(t) P_{\text{buy}}(t) \Delta t \qquad t \in S_T \tag{4-2}$$

$$P_{\text{buy}}(t) = P_{\text{load}}^{\text{res}}(t) + P_{\text{ev}}^{\text{ch}}(t) \qquad t \in S_T \tag{4-3}$$

$$0 \leqslant P_{\text{buy}}(t) \leqslant P_{\text{buy}}^{\text{max}} \qquad t \in S_T \tag{4-4}$$

$$S_T = \{1, 2, \cdots, T / \Delta t\} \tag{4-5}$$

如式(4-1)所示，日前优化模型目标函数为最小化居住区的总购电成本。其中，$C_{\text{RLA}}^{\text{buy}}(t)$ 表示 RLA 在时间段 t 内在电网或售电公司的购电成本；S_T 为优化周期内的离散时间段集合。式(4-2)中，$P_{\text{buy}}(t)$ 和 $p_{\text{TOU}}(t)$ 分别为时间段 t 内 RLA 的购电功率和对应的分时电价；Δt 为离散时间步长。式(4-3)和式(4-4)分别为功率平衡和运行安全约束。其中，$P_{\text{load}}^{\text{res}}(t)$ 为居住区非电动汽车居民负荷；$P_{\text{ev}}^{\text{ch}}(t)$ 为电动汽车充电负荷；$P_{\text{buy}}^{\text{max}}$ 为考虑变压器容量限制的 RLA 最大购电功率。在日前优化调度模型中，T 一般选择 24 小时，Δt 可设置为 15 分钟，相应地，S_T 包含 96 个调度时间段。

一方面，从优化模型可以看出，传统的能量日前调度方法将日前预测数据作

为输入。电动汽车的到达时间、离开时间、所需充电量等数据具有高度的不确定性，这将导致能量日前优化调度模型缺乏可靠的数据输入，从而影响最终的优化调度结果。面对日前调度方法的应用局限，建立实时优化调度模型可以有效解决上述问题。与此同时，根据上海市市场监督管理局发布的《电动汽车智能充电桩智能充电及互动响应技术要求》，自2021年起，上海地区所有新安装的电动汽车充电桩应具备调度实时响应能力，可以支撑实时优化调度模型的落地应用。

另一方面，式(4-1)～式(4-5)中的能量日前优化调度模型仅考虑了经济性优化目标函数。单一的优化目标可能导致电动汽车在电价较低的时间段集中充电。2021年5月5日—6日，充电桩运营商蔚来能源(NIO Power)基于日前调度模式在上海地区组织电动汽车参与电网填谷试点。试点活动采用的分时电价及对应电动汽车充电价格与补贴如表4-1所示。其中，3:00—6:00为电动汽车填谷测试时间段，在该时段充电的电动汽车享有一定的补贴。本次填谷试点统计的充电负荷曲线如图4-2所示，可以看出，电动汽车充电负荷集中在测试时间段3:00—6:00内。同时在价格分界线3:00时刻形成了一个新的充电负荷尖峰。对于拥有大量电动汽车的居住区，集中的电动汽车充电负荷可能会导致配电变压器过载，需要在提高用能经济性的同时考虑用能安全性，降低居住区负荷曲线峰谷差。

表4-1　分时电价及对应电动汽车充电价格与补贴

单位：元/(kW·h)

时 间 段	分时电价	补 贴	等效充电价格
Ⅰ (6:00—22:00)	0.617	—	0.617
Ⅱ (22:00—3:00)	0.307	—	0.307
Ⅲ (3:00—6:00)	0.307	0.960	−0.653

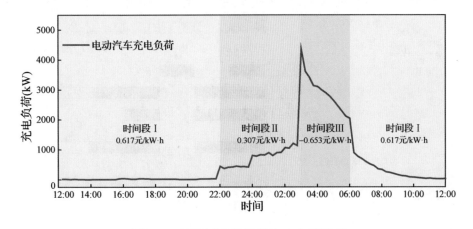

图4-2　填谷试点统计的充电负荷曲线

4.1.2　考虑充电负荷的居住区能量两阶段实时优化运行方法

1. 居住区能量两阶段实时优化调度框架

本节提出了一种考虑电动汽车负荷的居住区能量两阶段实时优化方法。图 4-3 所示为基于滚动优化方法的居住区电动汽车两阶段实时优化调度框架。在每个滚动优化周期内，RLA 收集已优化调度时间段内的优化结果和新到达或离开的电动汽车信息，同时更新负荷预测数据。在此基础上，建立和求解相应的优化调度模型，求解结果交由 RLA 进行调度实施。

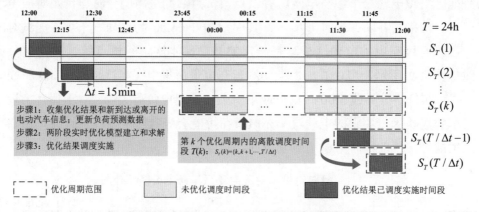

图 4-3　居住区电动汽车两阶段实时优化调度框架

随着电动汽车数量的增加，电动汽车充电负荷成为居住区主要的可调度负荷。以第 k 个滚动优化周期为例，图 4-4 所示为滚动优化周期及对应电动汽车停留时间段。如图 4-4 所示，可以将电动汽车分为 5 类，具体如表 4-2 所示。

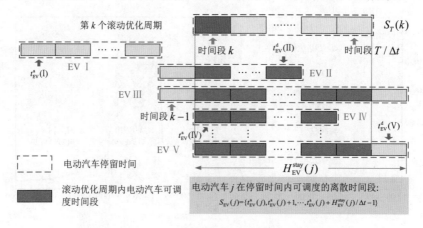

图 4-4　滚动优化周期及对应电动汽车停留时间段

表 4-2　滚动优化周期内电动汽车分类

类　别	特　征	是否包含在优化模型中
EV Ⅰ	早于本优化周期到达，在本优化周期开始前离开	否
EV Ⅱ	早于本优化周期到达，在本优化周期内离开	是
EV Ⅲ	早于本优化周期到达，本优化周期内一直停留	是
EV Ⅳ	于本优化周期内到达，在本优化周期内离开	是
EV Ⅴ	于本优化周期内到达，本优化周期内一直停留	是

如表 4-2 所示，在第 k 个滚动优化周期内，EV Ⅱ—EV Ⅳ 被包含在能量优化调度模型中，为可调度的电动汽车。用 $N_{ev}(k)$ 表示第 k 个滚动优化周期内可调度电动汽车的集合，为简化表述，引入辅助参数 $v^k(j,t)$。$v^k(j,t)=1$ 表示在第 k 个滚动优化周期，电动汽车 j 在时间段 t 内是可调度的(如图 4-4 中绿色方框所示)，其表达式为

$$v^k(j,t)=\begin{cases} 1 & t \in S_T(k) \cap S_{ev}(j) \\ 0 & 其他 \end{cases} \qquad j \in N_{ev}(k) \tag{4-6}$$

2. 两阶段实时优化模型目标函数及约束条件

1) 第一阶段：经济调度模型

第一阶段模型为经济调度模型，即在分时电价的机制背景下，考虑电动汽车 V2G 运行模式，以最小化居住区总用电成本为目标优化电动汽车充放电调度，其表达式为

$$\min \sum_{t \in S_T(k)} C_{RLA}^{buy,k}(t) + C_{RLA}^{V2G,k}(t) \tag{4-7}$$

$$C_{RLA}^{buy,k}(t)=p_{TOU}^k(t)P_{buy}^k(t)\Delta t \qquad t \in S_T(k) \tag{4-8}$$

$$C_{RLA}^{V2G,k}(t)=k_{ev}^{V2G} \sum_{j \in N_{ev}(k)} P_{ev}^{dis,k}(j,t)\Delta t \qquad t \in S_T(k) \tag{4-9}$$

以第 k 个滚动优化周期为例，第一阶段优化目标函数如式(4-7)所示。其中，$C_{RLA}^{buy,k}(t)$ 为居住区 RLA 购电成本，具体计算如式(4-8)所示，$p_{TOU}^k(t)$ 为离散时间段 t 的分时电价，$P_{buy}^k(t)$ 为购电功率；$C_{RLA}^{V2G,k}(t)$ 为电动汽车 V2G 总补贴，具体计算如式(4-9)所示；k_{ev}^{V2G} 为电动汽车 V2G 的单位补贴，$P_{ev}^{dis,k}(j,t)$ 为电动汽车 j 在时间段 t 内的放电功率。

功率平衡约束和购电功率限制约束的表达式为

$$P_{buy}^k(t)=P_{load}^{res,k}(t)+ \sum_{j \in N_{ev}(k)} [P_{ev}^{ch,k}(j,\ t) - P_{ev}^{dis,k}(j,\ t)] \qquad t \in S_T(k) \tag{4-10}$$

$$0 \leqslant P_{\text{buy}}^k(t) \leqslant P_{\text{buy}}^{\max} \qquad t \in S_T(k) \tag{4-11}$$

其中，$P_{\text{load}}^{\text{res},k}(t)$ 为第 k 个滚动优化周期内常规居民负荷的预测值，$P_{\text{ev}}^{\text{ch},k}(j,t)$ 和 $P_{\text{ev}}^{\text{dis},k}(j,t)$ 分别表示电动汽车 j 在第 k 个滚动优化周期的充电功率和放电功率。 值得说明的是，本模型参考当前已实施 V2G 示范项目(蔚来汽车公司在上海嘉定区建立的 V2G 示范项目)，不考虑电动汽车向上级电网的反向送电，电动汽车通过 V2G 模式提供的电能在居住区内部消纳。因此，将 RLA 的购电功率 $P_{\text{buy}}^k(t)$ 限制在 0 到最大购电功率 $P_{\text{buy}}^{\max}$ 之间。电动汽车充放电相关约束的表达式为

$$0 \leqslant P_{\text{ev}}^{\text{ch},k}(j,t) \leqslant P_{\text{ev}}^{\text{ch},\max}(j)v^k(j,t) \qquad j \in N_{\text{ev}}(k), t \in S_T(k) \tag{4-12}$$

$$0 \leqslant P_{\text{ev}}^{\text{dis},k}(j,t) \leqslant P_{\text{ev}}^{\text{dis},\max}(j)v^k(j,t) \qquad j \in N_{\text{ev}}(k), t \in S_T(k) \tag{4-13}$$

$$P_{\text{ev}}^{\text{ch},k}(j,t)P_{\text{ev}}^{\text{dis},k}(j,t)=0 \qquad j \in N_{\text{ev}}(k), t \in S_T(k) \tag{4-14}$$

$$\text{Soc}^k(j,t) = \text{Soc}^k(j,t-1) + \frac{\eta_{\text{ev}}^{\text{ch}}(j)P_{\text{ev}}^{\text{ch},k}(j,t)\Delta t}{E_{\text{ev}}(j)} - \frac{\eta_{\text{ev}}^{\text{dis}}(j)P_{\text{ev}}^{\text{dis},k}(j,t)\Delta t}{E_{\text{ev}}(j)} \qquad j \in N_{\text{ev}}(k), t \in S_T(k)$$

$$\tag{4-15}$$

$$\text{Soc}^{\min}(j) \leqslant \text{Soc}^k(j,t) \leqslant \text{Soc}^{\max}(j) \qquad t \in S_T(k) \tag{4-16}$$

其中，$P_{\text{ev}}^{\text{ch},\max}$ 和 $P_{\text{ev}}^{\text{dis},\max}$ 分别表示电动汽车 j 的充电功率和放电功率上限。值得说明的是，对于不可调度的电动汽车，即 $v^k(j,t)=0$，其对应的 $P_{\text{ev}}^{\text{ch},k}(j,t)$ 和 $P_{\text{ev}}^{\text{dis},k}(j,t)$ 均为 0。式(4-14)表示电动汽车不能同时进行充电和放电。式(4-15)表示电动汽车 j 在相邻时间段[$\text{Soc}^k(j,t-1)$ 和 $\text{Soc}^k(j,t)$]的电池 SOC 关系；$\eta_{\text{ev}}^{\text{ch}}(j)$ 和 $\eta_{\text{ev}}^{\text{dis}}(j)$ 为电动汽车 j 的充电效率和放电效率系数，$E_{\text{ev}}(j)$ 为电动汽车 j 的电池容量。式(4-16)中，$\text{Soc}^{\min}(j)$ 和 $\text{Soc}^{\max}(j)$ 分别为电动汽车 j 的 SOC 的下限值和上限值。

电动汽车充电满足率约束的表达式为

$$\text{Soc}^k(j,T/\Delta t) = \min\left\{\text{Soc}^{\text{Tar}}(j,T/\Delta t), \text{Soc}^k(j,k-1) + \frac{P_{\text{ev}}^{\text{ch},\max}(j)\sum\limits_{t \in S_T(k)} v^k(j,t)\Delta t}{E_{\text{ev}}(j)}\right\} \qquad j \in N_{\text{ev}}(k)$$

$$\tag{4-17}$$

其中，$\text{Soc}^{\text{Tar}}(j,T/\Delta t)$ 为电动汽车 j 的车主设定的离散时间段 $T/\Delta t$ 的 SOC 目标值。如果目标为充满电，那么 $\text{Soc}^{\text{Tar}}(j,T/\Delta t)=\text{Soc}^{\max}(j)$。$\text{Soc}^k(j,k-1)$ 为电动汽车 j 在第 k 个滚动优化周期的初始 SOC 值。对于 EV Ⅱ 和 EV Ⅲ，其初始 SOC 值可以从第 $k-1$ 个滚动优化周期的调度结果中得到。对于 EV Ⅳ 和 EV Ⅴ，其初始 SOC 值由 RLA 对电动汽车的信息收集获得。

以 EV Ⅳ 为例，若电动汽车停留时间给充电或放电预留了足够的时间，式(4-17)确保了最终电动汽车在第 k 个滚动优化周期内能达到其设定的 SOC 目标值

[$\text{Soc}^k(\text{IV},T/\Delta t)=\text{Soc}^{\text{Tar}}(\text{IV},T/\Delta t)$]。假如电动汽车停留的时间不足以使其达到设定的 SOC 目标值，那么在整个停留期间，电动汽车均以最大充电功率进行充电。

假设 EV Ⅱ 和 EV Ⅳ 将分别在时间段 $t_{\text{ev}}^{\text{d}}(\text{II})$ 和 $t_{\text{ev}}^{\text{d}}(\text{IV})$ 之后离开，根据式(4-12)~式(4-16)，在第 k 个滚动优化周期中，EV Ⅱ 和 EV Ⅳ 后续时间段内的充电功率和放电功率将被设置为 0，可以得到式(4-18)和式(4-19)。因此，式(4-17)中的充电满足率约束同样适用于 EV Ⅱ 和 EV Ⅳ。

$$\text{Soc}^k(\text{II},T/\Delta t)=\text{Soc}[\text{II},t_{\text{ev}}^{\text{d}}(\text{II})] \tag{4-18}$$

$$\text{Soc}^k(\text{IV},T/\Delta t)=\text{Soc}[\text{IV},t_{\text{ev}}^{\text{d}}(\text{IV})] \tag{4-19}$$

式(4-17)中的非线性约束可以通过成熟的线性化步骤等效转化为线性约束。同时在经济调度中，式(4-14)中的非线性约束可以松弛。因此，由式(4-7)~式(4-17)构成的第一阶段经济优化模型最终可以转化为一个不复杂的线性规划(Linear Programming，LP)问题。

2) 第二阶段：负荷峰谷差优化模型

降低居住区用电成本是第一阶段经济优化模型的主要驱动因素。如图 4-2 所示，电动汽车集中在电价低谷区进行充电，会导致新的负荷尖峰。因此，在第一阶段优化模型的基础上，建立以缩小负荷峰谷差为目标的第二阶段优化模型，其表达式为

$$\min\left(\frac{1}{|S_T(k)|}\sum_{t\in S_T(k)}(P_{\text{buy}}^k(t)-P_{\text{avg}}^k)^2\right)^{1/2} \tag{4-20}$$

$$P_{\text{avg}}^k=\frac{1}{|S_T(k)|}\sum_{t\in S_T(k)}P_{\text{buy}}^k(t) \tag{4-21}$$

第二阶段优化目标函数如式(4-20)所示。其中，P_{avg}^k 表示在第 k 个滚动优化周期内 RLA 的平均购电功率。在目前分时电价场景下，第一阶段经济性优化模型存在多个最优解。本阶段优化模型在保证第一阶段经济性的基础上对负荷曲线进行进一步优化，其表达式为

$$\sum_{t\in S_T(k)}C_{\text{RLA}}^{\text{buy},k}(t)+C_{\text{RLA}}^{\text{V2G},k}(t)\leqslant C_{\text{RLA,optim-I}}^{\text{sum},k} \tag{4-22}$$

其中，$C_{\text{RLA,optim-I}}^{\text{sum},k}$ 为第 k 个滚动优化周期第一阶段优化目标函数值。除式(4-22)外，第二阶段优化模型包含的约束条件与第一阶段优化模型一致。因此，式(4-20)，式(4-8)~式(4-17)，式(4-21)~式(4-22)构成第二阶段负荷峰谷差优化模型。该模型可以等效转化为一个标准的二次规划(Quadratic Programming，QP)问题。

3. 考虑充电负荷的居住区能量两阶段实时优化模型求解流程

基于建立的第一阶段经济调度模型和第二阶段负荷峰谷差优化模型,考虑充电负荷的居住区能量两阶段实时优化模型包括以下具体步骤。

步骤 1:在总优化调度时间段 T 内,设置 $k=1$,对应第一个滚动优化周期 $S_T(1)$。

步骤 2:对于第 k 个优化周期,收集第 $k-1$ 个离散时间段的能量调度实施结果及在该时间段内到达或离开的电动汽车的数据(电动汽车的初始 SOC 值、预计离开时间、SOC 目标值等)。同时,更新第 k 个滚动优化周期内的负荷预测数据。

步骤 3:根据收集或更新后的数据及参数,依次建立和求解第 k 个滚动优化周期内的第一阶段和第二阶段优化模型。

步骤 4:根据步骤 3 的求解结果,将相应的能量调度方案应用于第 k 个离散时间段,以实现实时优化。

步骤 5:若 $k \leqslant T/\Delta t - 1$,则设置 $k=k+1$ 并按顺序重复步骤 2 至步骤 4。否则,结束滚动优化流程。

4.1.3 算例分析

1. 参数选择与设置

算例选取上海市浦东新区一个实际居住区(测试居住区)数据。该居住区共有 1447 户居民。模型的求解基于 Matlab 平台,选用 Gurobi 作为求解工具。计算机参数为:Intel Core i5-1135G7 CPU@2.40 GHz,16 GB 内存。

测试居住区的不同季节典型日居民负荷(不含电动汽车充电负荷)曲线如图 4-5 所示。根据实地调查,测试居住区共有 771 个固定停车位(235 个地下停车位和 536 个地面停车位),210 辆电动汽车,电动汽车到达和离开时间概率分布如图 4-6 所示。算例中设定可以参与 V2G 运行模式的电动汽车比例为 30%,电动汽车 SOC 目标值均为 0.9,其余相关参数如表 4-3 所示。本算例基于 NHTS 数据集合,生成电动汽车日充电需求。总优化调度时间段 T 设置为每天上午 12:00 至次日上午 12:00,离散时间步长 Δt 为 15 分钟,采用的分时电价标准如表 4-4 所示。

2. 算例结果

基于算例数据对 4.1.2 小节提出的考虑充电负荷的居住区能量两阶段实时优化运行方法进行验证。将电动汽车无序充电(到达就开始充电,直至离开或充到目标值)作为对比算例,不同季节典型日测试居住区能量两阶段实时优化结果如

图 4-7 所示。

综合负荷即 RLA 总负荷表示常规居民用电负荷、电动汽车充电功率和电动汽车放电功率的代数和。与无序充电相比，两阶段实时优化运行方法中的电动汽车充电负荷有效从电价峰时段转移到了电价谷时段。同时，居住区负荷曲线的峰谷差明显下降，负荷曲线更为平缓。优化结果对比如表 4-5 所示。

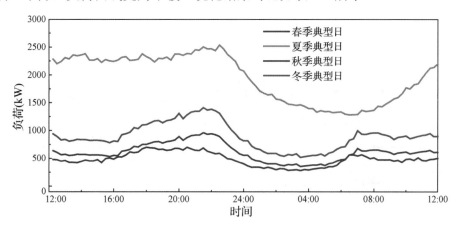

图 4-5　测试居住区的不同季节典型日居民负荷曲线

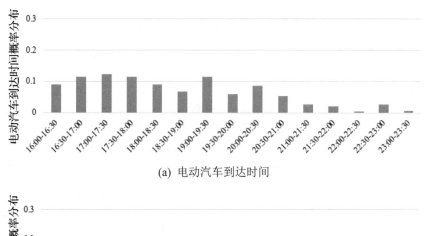

(a) 电动汽车到达时间

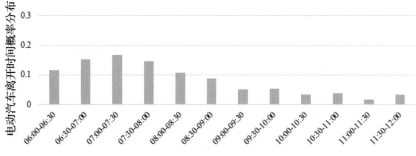

(b) 电动汽车离开时间

图 4-6　测试居住区电动汽车到达和离开时间概率分布

表 4-3　电动汽车相关参数设置

参　数	值	参　数	值
$E_{ev}(j)$	100kW·h	k_{ev}^{V2G}	0.305 元/(kW·h)
$\eta_{ev}^{ch}(j)$	0.9	$\eta_{ev}^{dis}(j)$	1.1
$Soc^{min}(j)$	0.1	$Soc^{max}(j)$	0.9
$P_{ev}^{ch,max}(j)$	7kW	$P_{ev}^{dis,max}(j)$	7kW

表 4-4　分时电价标准

时　间　段	价格[元/(kW·h)]
峰时段(6:00—22:00)	0.617
谷时段(22:00—6:00)	0.307

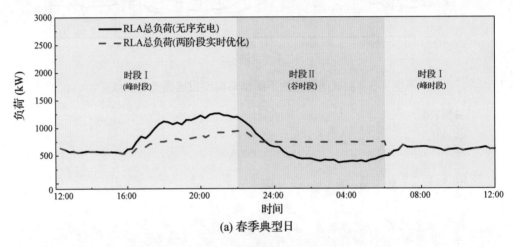

(a) 春季典型日

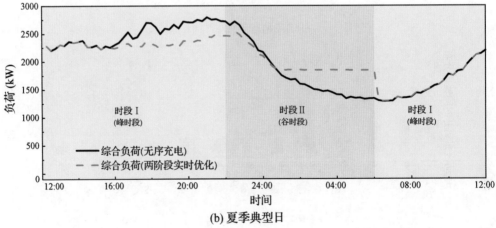

(b) 夏季典型日

图 4-7　不同季节典型日测试居住区能量两阶段实时优化结果

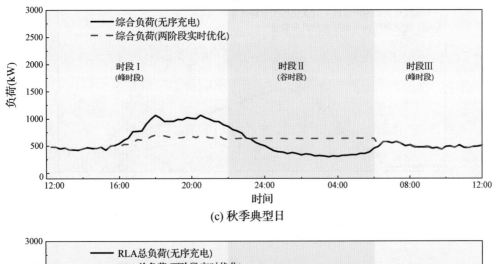

(c) 秋季典型日

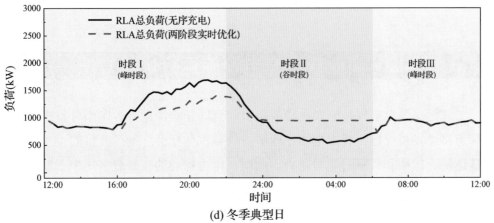

(d) 冬季典型日

图 4-7　不同典型日测试居住区能量两阶段实时优化结果(续)

表 4-5　不同季节典型日两阶段实时优化结果对比

典型日	RLA 经济指标[参见式(4-7)]			峰谷差指标[参见式(4-20)]		
	无序充电 (元)	两阶段实时优化 (元)	降低率 (%)	无序充电 (元)	两阶段实时优化 (元)	降低率 (%)
春季	9048.36	8529.19	5.74	267.3	110.52	58.66
夏季	25747.69	25228.52	2.02	506.06	343.08	32.20
秋季	7457.21	6938.04	6.96	228.60	84.09	63.22
冬季	12692.37	12173.19	4.09	339.12	159.57	52.94

以春季典型日为例，96 个滚动优化周期对应的两阶段实时优化模型的求解时间如图 4-8 所示。任一滚动优化周期两阶段实时优化模型的求解时间不超过 2s，能够满足调度实时性需求，验证了所提方法具有较高的实际应用价值。

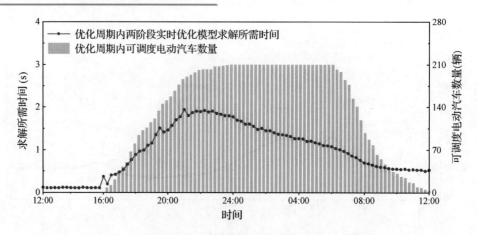

图 4-8　两阶段实时优化模型的求解时间(春季典型日)

4.2　商业楼宇充电设施运行优化方法

　　二氧化碳等温室气体的大量排放将引起全球变暖，世界各国十分重视节能减排和可持续发展议题。我国电力行业碳排放量占全社会总碳排放量的41%，是完成碳达峰、碳中和目标的绝对主力。此前，电力行业的碳研究多集中于发电侧，基于碳配额制等市场机制或碳捕集等技术手段实现电力行业减排。然而，电力需求侧同样需要以减少高碳能耗的方式建立清洁低碳社会。因此，用户侧的碳排放量评估具有实际意义。全国建筑碳排放数据分析(2000—2016 年)显示，我国建筑能耗占能源消费总量的比重为 20.6%，建筑减排潜力巨大。建筑中通常还存在其他体量不可忽略的可控负荷，如温控负荷。发展负荷侧的主动调节能力是新型电力系统的发展趋势和要求。

　　电动汽车的迅速发展也为建设低碳社会提供强大助力。电动汽车替代燃油汽车能大幅减少交通领域的碳排放量。在政策催化下，电动汽车发展迅速，但同时也为电力系统带来巨大压力。以办公场所或商业楼宇的停车场充电桩群为例，未经管控的电动汽车充电负荷的接入使得楼宇负荷大幅提升，需量电费激增，更有可能导致楼宇配电变压器负载率超过正常范围，造成配网资源寿命减损，配网升级成本激增。电动汽车作为需求侧资源，潜力不止于有序充电，其作为移动储能单元，能够通过 V2G 技术向电网送电并提供辅助服务。以 V2G 电量反送为基础，现阶段楼宇 V2B(Vehicle to Building)模式具有研究价值和应用价值。

　　因此，本节考虑在低碳楼宇背景下，楼宇管理者以最小化楼宇日运行成本为目标进行包括 V2B 智慧充电桩群和温控负荷在内的楼宇可控负荷优化调度。以楼宇为主体实现电力需求侧节能减排目标，同时削减楼宇最大需量电费，提升变压器安全裕量。

4.2.1　未来商业楼宇电能管理架构

楼宇负荷包括照明负荷、设备负荷、温控负荷和电动汽车充电负荷等，需要构建未来商业楼宇的电能管理架构。楼宇电能管理中心对所有用电设备及发电设备实时监测，对可控负荷进行集中优化调度。低碳楼宇电气结构如图 4-9 所示。

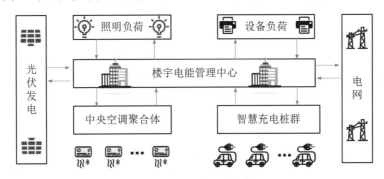

图 4-9　低碳楼宇电气结构

楼宇内温控负荷使用节能性能优异的变频空调，其承担冷负荷与热负荷调节的双重功能。楼宇通过节能宣传使住户让渡调节室内温度的权利，楼宇内温度和空调运行状态由电能管理中心统一设定和控制。

楼宇配置的电动汽车智慧充电桩支持电能双向传输。当待充电车辆接入充电桩时，监测装置记录车辆接入时间，同时屏幕显示 V2B 活动说明和激励措施，若用户选择服从楼宇调控，则用户需要上传提车时间及预期充电电量。根据车辆信息和充电需求信息，楼宇电能管理中心将对电动汽车充电过程进行优化控制。需要说明的是，V2B 充电桩支持电能双向传输，但反向送电仅供楼宇负荷管理系统所控范围内部使用。楼宇与电网只存在单向能量传输，不支持电量反送电网。

4.2.2　考虑充电设施的楼宇运行优化方法

1. 考虑 V2B 的智慧充电桩群模型

智慧柔性充电桩群可以通过延迟起始充电时间、灵活变换充电功率等方式调整充电过程，通过聚合多个充电桩，形成体量较大的可平移负荷资源，直接或与其他负荷侧的调节资源配合参与电网削峰填谷，助力建设新型电力系统。

图 4-10 所示为 EV 智慧充放电过程模型将充电过程划分为多个时间段，充电桩的控制状态可以在每个时间段进行调整，使每个控制区间内的充放电功率及充放电状态保持一致。

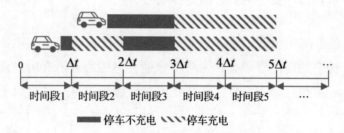

$$0 \qquad \Delta t \qquad 2\Delta t \qquad 3\Delta t \qquad 4\Delta t \qquad 5\Delta t \quad \cdots$$

时间段1　时间段2　时间段3　时间段4　时间段5　…

■■■ 停车不充电　\\\\\ 停车充电

图 4-10　EV 智慧充放电过程

以下模型适用于接受楼宇调度的电动汽车，其表达式为

$$0 \leqslant P_{i,t}^{\text{evc}} \leqslant P_{\max}^{\text{evc}} x_{i,t}^{\text{evc}} \tag{4-23}$$

$$0 \leqslant P_{i,t}^{\text{evd}} \leqslant P_{\max}^{\text{evd}} x_{i,t}^{\text{evd}} \tag{4-24}$$

$$x_{i,t}^{\text{evc}} + x_{i,t}^{\text{evd}} = 1 \tag{4-25}$$

$$x_{i,t}^{\text{evc}} = 0, x_{i,t}^{\text{evd}} = 0 (t < t_i^{\text{start}} \ \text{or} \ t < t_i^{\text{end}}) \tag{4-26}$$

其中，$P_{i,t}^{\text{evc}}$ 和 $P_{i,t}^{\text{evd}}$ 为时间段 t 第 i 辆车的充电功率和放电功率；$x_{i,t}^{\text{evc}}$ 和 $x_{i,t}^{\text{evd}}$ 为表征充电状态的 0—1 变量；$P_{\max}^{\text{evc}}$ 和 $P_{\max}^{\text{evd}}$ 为电动汽车充放电的最大功率。式(4-23)和式(4-24)限制了充放电功率的上下限，式(4-25)和式(4-26)说明了充放电状态的逻辑关系。t_i^{start} 和 t_i^{end} 为第 i 辆车到达和离开的时间。

为延长动力电池的使用寿命，式(4-27)设定 V2B 模式下电动汽车荷电状态的最低值和最高值，式(4-28)表征充放电功率与电动汽车荷电状态间的关系，具体表达式为

$$\text{Soc}_{\min}^{\text{ev}} \leqslant \text{Soc}_{i,t}^{\text{ev}} \leqslant \text{Soc}_{\max}^{\text{ev}} \tag{4-27}$$

$$\text{Soc}_{i,t}^{\text{ev}} = \text{Soc}_{i,t-1}^{\text{ev}} + (P_{i,t}^{\text{evc}} \eta^{\text{evc}} - P_{i,t}^{\text{evd}} \eta^{\text{evd}}) \Delta t \div S_{\text{ev}} \tag{4-28}$$

其中，S_{ev} 为电动汽车动力电池容量；η^{evc} 和 η^{evd} 为充放电效率；Δt 为时间分度。为保证用户的充电效果，在车辆离开时刻，车辆的荷电状态必须达到预期值。

设一天中在楼宇中充电的电动汽车总数为 n^{ev}，则电动汽车智慧充电桩群的总充放电功率 P_t^{evc} 和 P_t^{evd} 的表达式为

$$\sum_{i=1}^{n^{\mathrm{ev}}} P_{i,t}^{\mathrm{evc}} = P_t^{\mathrm{evc}} \tag{4-29}$$

$$\sum_{i=1}^{n^{\mathrm{ev}}} P_{i,t}^{\mathrm{evd}} = P_t^{\mathrm{evd}} \tag{4-30}$$

2. 温控负荷模型

变频空调是具备良好调节性能的需求侧资源。通过集中控制楼宇内的空调资源，可以实现用电合理分配、节能减排的目标。变频空调的简化热参数模型的表达式为

$$T_{t+1}^{\mathrm{in}} = T_{t+1}^{\mathrm{out}} - Q_t^{\mathrm{ac}} R_{\mathrm{b}} - (T_t^{\mathrm{out}} - Q_t^{\mathrm{ac}} R_{\mathrm{b}} - T_t^{\mathrm{in}}) e^{-\frac{\Delta t}{R_{\mathrm{b}} C_{\mathrm{b}}}} \tag{4-31}$$

其中，T_t^{in} 为 t 时刻室内温度；T_t^{out} 为 t 时刻室外温度；R_{b} 为房间热阻；C_{b} 为房间热容；Q_t^{ac} 为空调制冷量。不同于传统制冷功率为定值的定频空调，变频空调可以连续变换功率满足不同时刻的制冷需求。与定频空调的连续启停调节相比，变频空调的可调节灵活性更高。空调的制冷量与空调电功率 P_t^{ac} 间的关系的表达式为

$$P_t^{\mathrm{ac}} = \frac{C_{\mathrm{b}}}{\mathrm{CoP}(t)\Delta t} Q_t^{\mathrm{ac}} \tag{4-32}$$

其中，$\mathrm{CoP}(t)$ 为空调能效比，本部分假设能效比仅与室外机所处温度相关，其表达式为

$$\mathrm{CoP}(t) = \mathrm{CoP}_{T_{\mathrm{r}}} + \frac{\mathrm{CoP}_{T_{\mathrm{r}}} - \mathrm{CoP}_{T_{\mathrm{b}}}}{T_{\mathrm{r}} - T_{\mathrm{b}}} (t - T_{\mathrm{b}}) \tag{4-33}$$

其中，$(T_{\mathrm{r}}, \mathrm{CoP}_{T_{\mathrm{r}}})$ 和 $(T_{\mathrm{b}}, \mathrm{CoP}_{T_{\mathrm{b}}})$ 为在空调额定情况及基准情况下，温度与能效比对应参数。

当室内温度保持在 T^{in}，即 $T_{i+1}^{\mathrm{in}} = T_i^{\mathrm{in}} = T^{\mathrm{in}}$ 时，此时空调的制冷量的表达式为

$$Q_t^{\mathrm{ac}} = \frac{\Delta t}{R_{\mathrm{b}} C_{\mathrm{b}}} (T_t^{\mathrm{out}} - T^{\mathrm{in}}) \tag{4-34}$$

当室内温度变化时，空调最大制冷量 $Q_{\mathrm{max},t}^{\mathrm{ac}}$ 由额定制冷功率 $P_{\mathrm{max}}^{\mathrm{ac}}$ 决定，其表达式为

$$Q_{\mathrm{max},t}^{\mathrm{ac}} = P_{\mathrm{max},t}^{\mathrm{ac}} \div \mathrm{CoP}(t) \tag{4-35}$$

低碳楼宇通常采用隔热性能良好的建筑材料，因此保温、保冷效果通常较好。以此为背景，低碳楼宇可以被视为巨型的储热罐。正常运行时，空调将电能以热能形式存储于所属建筑物中，储能量大小与室内温度成正比。也就是说，空

调可以通过提前降温，将能量存储于空气中，降低负荷高峰时空调的用电量，一定程度起到负荷平移的作用，但该过程中存在能量损耗，会带来额外碳排放。

3. 建筑光伏模型

建筑光伏一体化(Building Integrated PhotoVoltaic，BIPV)技术是指光伏组件作为建筑的一部分(屋顶、玻璃幕墙等)与楼宇的用能系统相连，产生清洁电能供楼宇内部负荷使用。目前普遍装设的屋顶光伏可利用面积有限，低碳楼宇可以通过装设光伏玻璃幕墙显著提高光伏配置容量，从而提升楼宇清洁电能比例。光伏出力模型的表达式为

$$0 \leqslant P_t^{pv} \leqslant P_{max,t}^{pv} \tag{4-36}$$

$$P_{max,t}^{pv} = \gamma_t^{pv}(C_{roof}^{pv} + C_{wall}^{pv}) \div (1 + \varepsilon_{max}^{pv}) \tag{4-37}$$

其中，P_t^{pv} 表示 t 时间段内 BIPV 的有功出力；$P_{max,t}^{pv}$ 表示 BIPV 有功出力最大值；计算方法见式(4-37)。γ_t^{pv} 为 t 时间段光伏有功出力典型值；C_{roof}^{pv} 为屋顶光伏容量；C_{wall}^{pv} 为玻璃幕墙光伏容量；ε_{max}^{pv} 为最大允许光伏预测功率误差。

4. 优化调度模型

为降低楼宇的最大需量电费，模型以约束条件形式限制楼宇从电网购电功率阈值，其表达式为

$$P_t^{buy} = (P_t^{evc} - P_t^{evd} + P_t^{ac} + P_t^{pv} + P_t^{regular})\Delta t \tag{4-38}$$

$$P_t^{buy} \leqslant \zeta \tag{4-39}$$

其中，P_t^{buy} 为 t 时间段楼宇从电网购电功率；$P_t^{regular}$ 代表照明负荷及电梯等设备负荷；ζ 为模型楼宇用电最大需量阈值。

低碳楼宇电能管理中心优化运行的目标函数的表达式为

$$Obj = \min(C_e + C_s) \tag{4-40}$$

$$C_e = \sum_{t=1}^{n_T} P_t^{buy} \rho_t \tag{4-41}$$

优化目标由两部分组成，其中，C_e 为从电网购电费用；C_s 为用户激励费用。式(4-41)结合分时电价计算用能成本，ρ_t 为 t 时间段从电网购电价格。

约束条件方面，式(4-23)～式(4-30)为电动汽车相关约束，式(4-31)～式(4-35)为温控负荷相关约束，式(4-36)～式(4-37)为 BIPV 相关约束，式(4-38)～式(4-39)为最大需量相关约束，数学模型为混合整数线性规划问题。

4.2.3 算例分析

1. 算例参数

为分析极端天气下楼宇的调控能力，算例背景设置为高温工作日的低碳办公楼宇。算例将全天划分为 96 个时间段，每个时间段为 15 分钟。楼宇配置空调 100 台，用户的舒适调温范围为 24℃～28℃，楼宇内房间的平均热阻为 5.56℃/kW，平均热容为 0.18kW·h/℃，单台空调最大电功率为 1500W，正常空调的开机时间为 8:00—22:00，开机后达到舒适温度的时间为 1 小时。假设有 50%的空调允许延迟开机时间以达到节能减排效果。取调控前，即始终维持室温在 26℃的空调负荷为负荷基线，如图 4-11 所示。

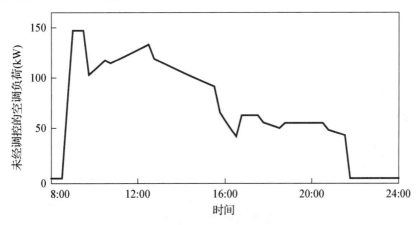

图 4-11　空调负荷基线

楼宇电动汽车日均到达 30 辆。车辆到达和离开楼宇时间的概率密度基于预测出行链方法得到，如图 4-12 所示。车辆到达时的荷电状态服从均值为 0.4，方差为 0.1 的正态分布。

根据楼宇建筑参数，楼宇屋顶光伏容量取 100kW，光伏玻璃幕墙容量取 300kW，光伏出力曲线标准值取自 PV Output.org 中国区域项目的实际出力，最大允许光伏预测功率误差取 15%。电价数据采用上海市工商业用户两部制电价，分时间段电度电价曲线如图 4-13 所示，最大需量电价为 42 元(kVA·月)。经测试，楼宇可行最大需量限制取 275kVA。

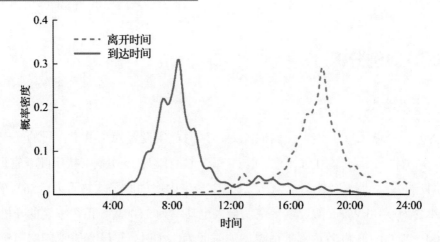

图 4-12　车辆到达和离开楼宇时间的概率密度

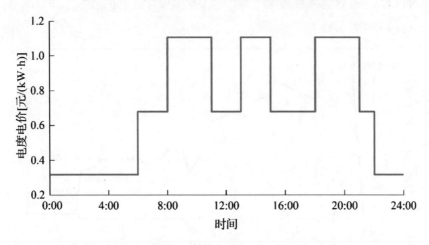

图 4-13　上海市工商业分时间段电度电价曲线

2. 减碳效果分析

目前，电网发电侧一般使用二氧化碳排放量作为电源的环境友好程度评估指标，但用户侧缺乏过程量化指标。本部分借鉴《联合国气候变化框架公约》京都议定书规定的清洁发展机制项目减排量计算方法，测算用户侧的二氧化碳减排量。根据楼宇运行情况，模型中楼宇碳减排量由两部分组成，一部分由空调节能产生；另一部分由低碳楼宇自身配备的可再生能源产生。空调的碳减排量的表达式为

$$E^{ac} = \lambda W^{ac} \Delta t \tag{4-42}$$

$$\lambda = \omega_1 \mathrm{OM} + \omega_2 \mathrm{BM} \tag{4-43}$$

$$W^{ac} = \sum_{t=1}^{n_T} (\overline{P_t^{ac}} - P_t^{ac}) \tag{4-44}$$

其中，E^{ac} 为空调的日碳减排量；W^{ac} 为空调负荷日削减量，计算公式如式 (4-44)所示；λ 为单位电量边际排放因子，由电量边际排放因子 OM 和容量边际排放因子 BM 加权得出，其取值采用国家发展改革委发布的中国区域电网基准线排放因子；$\overline{P_t^{ac}}$ 为空调负荷基线在 t 时刻的取值。

光伏发电设备的碳减排量计算方法与之类似，为日总发电功率乘以单位电量边际排放因子，具体表达式为

$$E^{pv} = \lambda \sum_{t=1}^{n_T} P_t^{pv} \Delta t \tag{4-45}$$

智慧充电桩群为可平移负荷而非可削减负荷，并不直接减排，而是通过以下途径产生间接的环境效益。一是通过灵活调控电动汽车充电负荷，使得在高比例光伏接入的情况下，楼宇内部可再生能源能够得到 100%消纳，减碳效果提升。二是减少空调在负荷高峰前的主动降温行为，提升空调节能效果。三是提供了便利的充电基础设施，减少车主"里程焦虑"，起到推广电动汽车的作用。

另外，以楼宇电能集中管理为背景构建碳减排指标，为评估楼宇实际减排效果提供了量化方案，为改进以技术为导向的绿色建筑评价体系提供了支撑。

碳减排量影响因素如表 4-6 所示，对比情形 1 和情形 2，发现 V2B 技术能够缓解空调负荷调节压力，从而产生可量化的环境效益。对比情形 1、3 和 4，发现配置光伏，尤其是光伏玻璃幕墙，能够显著提升楼宇的碳减排量。情形 5 碳减排量较情形 4 有显著提升，说明经综合调控的楼宇通过设定舒适温度范围等手段深度挖掘空调负荷的节能减排空间。

表 4-6　碳减排量影响因素

情形	配置光伏情况	是否联合调控	V2B	碳(CO_2)减排量(kg)
1	无光伏	是	是	300.3
2	无光伏	是	否	296.8
3	屋顶光伏	是	是	475.2
4	屋顶光伏+光伏玻璃幕墙	否	是	700.3
5	屋顶光伏+光伏玻璃幕墙	是	是	1001.6

3. 电费削减分析

1) 楼宇综合调控前

进行低碳楼宇综合调控前，且楼宇停车场未配置智慧充电桩时，光伏低发日的楼宇各负荷及 BIPV 的发用电情况如图 4-14 所示。

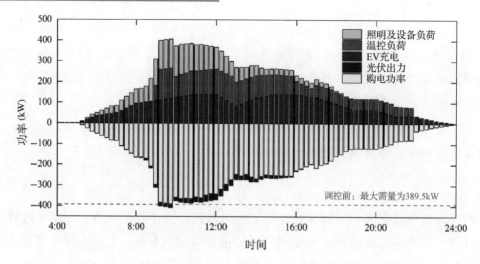

图 4-14 光伏低发日的楼宇各负荷及 BIPV 的发用电情况

无论光伏大发或低发，全天购电功率的峰值都出现在 9:45 左右。因为此时上班族涌入办公楼宇，同时极端高温天气使得空调等温控负荷高于平日。于是，空调启动带来的负荷峰值与电动汽车无序充电负荷峰值叠加，造成负荷峰上加峰。分析认为，夏季办公楼宇的月度负荷高峰往往出现在高温的光伏低发日，将该天认定为月度负荷峰值出现日，计算得到月度需量电费为 16359 元，该日的购电费用为 3067.4 元。

2）楼宇综合调控后结果分析

以计算月度需量电费的高温光伏低发日为例，经电能管理中心综合调控后，楼宇的发用电运行情况如图 4-15 所示。

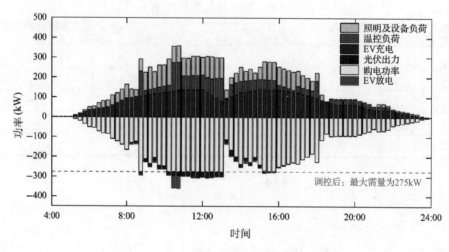

图 4-15 综合调控后楼宇发用电运行情况

通过综合调控，楼宇负荷峰值被控制在 275kW，需量电费为 11550 元，对比调控前降低了 4809 元；日购电费用为 2546.5 元，降低了 520.9 元。而激励费用为 109.4 元，购电费用与激励费用之和，即总运营费用下降。平均每辆参与调控的车辆单次充电可以得到 9.1 元的补贴，十分可观。

由图 4-15 可知，电动汽车充电负荷与温控负荷在高峰时段出现一定程度的互补，呈现"此消彼长"的现象。因此，楼宇电能管理中心通过控制大功率负荷错峰用电，降低楼宇的需量电费。

智慧充电桩的 V2B 功能也为极端天气下的楼宇用电提供了新的解决方案。楼宇用电高峰时段为 10:00—11:00，楼宇控制已让渡充电管理权的电动汽车放电，作为光伏发电和电网购电的补充，使得即使在光伏低发情形下，楼宇最大需量也能维持在较低水平。非用电高峰时刻，电动汽车的 V2B 功能则类似储能起到峰谷套利的作用，在电价较低时多充，在电价较高时放电供给楼宇其他负荷，使得楼宇总用电成本降低。在满足车主充电需求的前提下，电动汽车车群总计放电电量累计 48kW·h。

如图 4-16 所示，室内温度并不会总维持在舒适度上限，而是随着楼宇其他负荷和电价灵活变化。空调会通过在平电价时间段多消耗电能，降低室内温度，将能量存储于空气中，使其在维持用户舒适度的前提下，在峰电价时间段能够适当减少用电量，节约购电成本。同时，空调的灵活性也保证了楼宇在大量电动汽车接入情形下总购电功率仍然能够维持在最大需量限制以下。

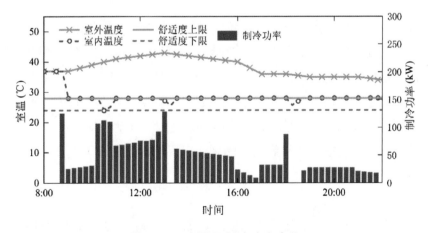

图 4-16　室温及制冷功率变化

3)　电动汽车激励价格变化的影响

当电动汽车激励价格变化时，参与楼宇综合调控的电动汽车数量与楼宇降低需量电费的能力也将随之变化。设每月工作日为 22 天，则电动汽车激励价格与月度需量电费间的关系如表 4-7 所示。

表 4-7　电动汽车(EV)激励价格与月度需量电费间的关系

EV 激励单价 [元/(kW・h)]	受控 EV 数量(辆)	月度激励费用(元)	最大需量限制(kW)	月度需量电费(元)
0	0	0	347	14574
0.25	12	2409	275	11550
0.3	16	3041	255	10710
0.4	23	4439	225	9450

当电动汽车激励单价由 0.25 元/(kW・h)提升至 0.3 元/(kW・h)时，月度激励电费增加了 632 元，月度需量电费节约了 840 元，总成本呈下降趋势。但当电动汽车激励单价由 0.3 元/(kW・h)提升至 0.4 元/(kW・h)，月度激励电费增加了 1398 元，月度需量电费节约了 1260 元，总成本呈上升趋势。不难发现，需量削减量与电动汽车激励呈非线性关系，因此需要合理设置电动汽车的激励费用，达到成本最小的目标。

4.3　光储充电站运行优化方法

电动汽车快充站的推广建设是缓解电动汽车用户"里程焦虑"、推广电动汽车应用的重要手段，配置了储能系统与光伏发电系统的光储充电站，更是具有能够有效抑制快充负荷对电力系统的冲击、助力削峰填谷等诸多优势，但是目前对于光储充电站的建模与运行策略的相关研究还很少。快充站与普通充电站负荷有着完全不同的建模方式，难以直接套用普通充电站的研究解决快充站的问题。此外，对于一般快充负荷建模，通常假设车辆到达率不随时间变化而变化，但这又显然与事实不符，到达率应是随时间变化而变化的，即车辆到站应当作为一个非齐次泊松过程考虑。

一个好的光储充电站的运行策略应当遵循以下原则：延长电池储能系统寿命，最大限度消纳光伏发电，减少对电网的冲击，最小化购电成本。结合上述原则与现有光储充电站经济运行研究中存在的不足，本节提出了一种光储充电站运行优化策略。该策略以日运行成本期望最低为目标，确定光储充电站与电网交换功率的参考值。利用基于场景的随机优化方法，考虑实际运行场景下基于交换功率参考值的期望调整费用，有效地处理了充电负荷与光伏出力的随机性，并通过引入罚款项抑制了功率波动。利用序贯蒙特卡罗模拟方法对属于非齐次泊松过程的电动汽车到达过程进行模拟，生成充电负荷场景。对充放电过程造成的储能循环寿命损耗进行了精细化建模，利用分段线性化的储能循环寿命损耗计算函数量化充放电过程寿命损耗，并依据储能使用年限设置日寿命损耗限制。

4.3.1 光储充电站典型运行方式

1. 光储充电站的电气结构

典型的光储充电站的电气结构中包含供配电系统、光伏发电系统、储能系统、充电设施及服务区本地负荷。其中，光伏发电系统、储能系统、充电设施及本地负荷与 0.4 kV 交流母线相连。光储充一体化充电站系统电气结构如图 4-17 所示，图中箭头表示能量传输的方向。考虑到充电站本地负荷的可控性较强，后续的分析中将默认忽略本地负荷。

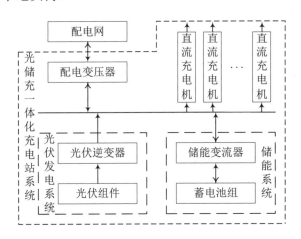

图 4-17 光储充一体化充电站系统电气结构

2. 光储充电站的典型运行方式

光储充电站在运行优化阶段首先需要根据实际情况事先决定与电网的交换功率的基准值；其次在实时运行阶段，充电站将在计划的交换功率基准值的基础上，根据实际充电负荷和光伏出力，控制储能系统工作状态并调整交换功率以保证供用电平衡。为了限制交换功率波动，交换功率基准值与实时阶段的交换功率的潮流方向必须保持相同，即如果运行计划中，在 t 时间段时，充电站从电网购电，则在实时运行中的 t 时间段，充电站也必须处于从电网购电的状态，交换功率的潮流方向必须由电网流向充电站，而实际具体购电多少则可以依据具体情况进行调整。同时根据有关规定，若充电站交换功率调整超出一定范围，将需缴纳罚款。

光储充电站在实际应用中有五种典型的运行模式，它们分别为分时电价套利、等效负荷跟踪、调峰填谷、功率平滑、辅助服务。分时电价套利模式是在电价的谷价与平价期间，以较低的价格买入来自外部电网的能量对储能系统进行充电，而在电价高峰期间，控制储能系统放电售出电力满足负荷需求，并从分时电价的价差中获取经济效益。等效负荷跟踪模式是控制储能系统的运行跟踪等效负荷(充电负荷与光伏发电功率之差)，这可以有效地中和高波动性的光伏发电与高随机性的充电负荷可能为配电网带来的功率波动与冲击功率。调峰填谷模式是当电站与电网的连接点(Point of Connection，POC)处功率高于某一阈值时，控制储能系统不断放电或降低充电功率，从而使得 POC 处功率维持在该阈值；控制储能系统在 POC 处功率低于某一阈值时，增加充电功率或降低放电功率，从而使得 POC 处功率维持在该阈值，该运行模式可以有效地减少 POC 处功率的峰谷差，有利于配电网的稳定。功率平滑模式是采用移动平均法处理 POC 处功率并以此控制储能系统运行，从而实现对于 POC 处功率的有效平滑，这种模式可以有效缓冲电动汽车快充功率的突变，平滑光伏输出，缓解功率突变对配电网的影响。辅助服务模式是光储充电站可以在可控储能系统的帮助下参与提供需求响应等辅助服务，促进电网的灵活调度与获得额外的经济效益。

4.3.2　光储充电站经济运行策略

1. 日快充负荷场景构建、光伏发电场景的生成与储能系统寿命损耗的计算

1)　日快充负荷场景构建

非齐次泊松过程下的排队问题难以利用解析表达式对排队过程的各项指标进行分析，因此，本节借助随机模拟的手段，对充电站的车辆到达、排队和充电过程进行仿真分析。序贯蒙特卡罗模拟方法即按照时间顺序，在一段时间内对一个随机过程进行模拟，是一种能够体现随机过程时序特征的随机模拟方法，已被广泛应用于电力系统可靠性分析中。

在电动汽车到达充电站进行充电的场景中，由于电动汽车的到达过程、排队

过程及充电过程都是时序相关的，为了准确描述电动汽车充电场景，本节采用序贯蒙特卡罗模拟方法进行快充负荷场景的构建。

假设到达充电站的电动汽车数量 $\{N(t), t \geq 0\}$ 是非齐次泊松过程，即车辆到达率 $\lambda(\tau)$ 是时刻 τ 的函数。若第 i-1 辆车到达充电站的时刻为 t_{i-1}，则第 i 辆车到达充电站的时间间隔 Δt_i^a 服从分布的表达式为

$$F_t(\Delta t_i^a) = 1 - \exp[-\int_{t_{i-1}}^{t_{i-1}+\Delta t_i^a} \lambda(\tau)d\tau] \tag{4-46}$$

通过产生在[0,1]内均匀分布的随机数 U_i，并取 $\Delta t_i^a = F_t^{-1}(U_i)$，即可得到各车辆依次到达充电站的时间间隔和对应时刻。假设到达充电站的车辆能够获知自身需要等待的时间，在充电站内所有充电桩都被占用的情况下，如果等待时间过长则车辆立刻离开充电站，否则该车会自动分配到等待时间最短的充电桩处等待，所有车辆的快充过程均假设为恒功率充电并且充满电就立刻离开。通过随机模拟方法获得充电站负荷场景，具体生成流程如图 4-18 所示。

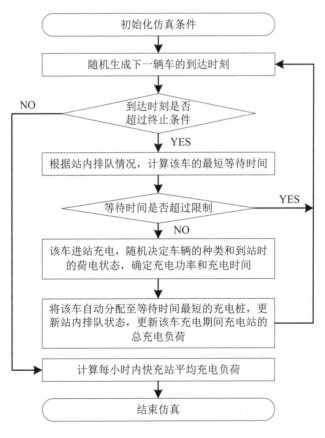

图 4-18　充电负荷场景生成流程

2) 光伏发电场景的生成

首先，将随机生成的每一个时间段的光伏出力预测误差叠加到光伏出力预测值上，得到一系列光伏出力场景。其次，对于所得到的光伏出力与充电负荷场景集，应用 K 均值聚类算法(K-means clustering algorithm)对场景集进行场景削减。最后对聚类结果中的每一类取均值作为最终场景，场景发生的概率设定为类中的场景数占总场景数的比重。

3) 储能系统寿命损耗的计算

对于一日的运行优化场景，储能放电深度对于循环寿命的影响不可忽视，可以采用以下储能寿命损耗模型精准量化储能的寿命损耗。

储能由 t 时间段的 SOC 状态变化至 $t+1$ 时间段的 SOC 状态对应的寿命损耗 $L_{\text{loss}}(t)$ 的表达式为

$$L_{\text{loss}}(t) = \left| F\left[\text{Soc}(t+1)\right] - F\left[(\text{Soc}(t))\right] \right| \tag{4-47}$$

其中，$F(\text{Soc})$ 是储能寿命损耗系数的原函数，其表达式为

$$F(\text{Soc}) = \frac{1}{2}\left[\frac{1}{N_{\text{life}}(1)} - \frac{1}{N_{\text{life}}(1-\text{Soc})}\right] \tag{4-48}$$

其中，$N_{\text{life}}(\text{Dod})$ 为一定放电深度 Dod 下储能的循环次数，$N_{\text{life}}(\text{Dod})$ 可由实验获得。为了应对 $L_{\text{loss}}(t)$ 的非凸性，可将 $F(\text{Soc})$ 函数分段线性化，其近似表达式记作 $F(\text{Soc})$。

2. 基于场景的光储充电站运行优化策略

光储充电站的运行优化目标是使一日的总期望运行费用降到最低，其表达式为

$$\min \sum_{t=1}^{T} C_{\text{grid}}^{0}(t) + \sum_{s=1}^{N_s} \text{prob}_s \sum_{t=1}^{T} [C_{\text{grid}}^{s}(t) + \rho^{s}(t)] \tag{4-49}$$

其中，$C_{\text{grid}}^{0}(t)$ 表示 t 时间段的购电计划对应的购电费用；T 是优化的总时间段数；s 对应场景编号；N_s 是总场景数；prob_s 是对应场景 s 发生的概率，$C_{\text{grid}}^{s}(t)$ 是针对具体场景 s 调整购电计划所对应的调整费用；$\rho^{s}(t)$ 则是场景 s 下 t 时间段调整购电计划对应的罚款。目标函数中的所有项的具体形式将在下文全部以约束表示，从而所有的条件约束均可以利用大 M 法线性化，最终得到的模型是混合整数线性规划(Mixed Integer Linear Programming，MILP)模型。

1) 日前购电费用

日前购电费用的表达式为

$$C_{\text{grid}}^0(t) = \begin{cases} p_{\text{buy}}(t)P_{\text{grid}}^0(t)\Delta t & w_{\text{buy}}(t) = 1 \\ p_{\text{sell}}(t)P_{\text{grid}}^0(t)\Delta t & w_{\text{sell}}(t) = 1 \end{cases} \tag{4-50}$$

$$w_{\text{sell}}(t) + w_{\text{buy}}(t) = 1 \tag{4-51}$$

其中，w_{buy} 和 w_{sell} 为辅助 0—1 变量，表示计划中 t 时间段充电站与电网的交换功率的潮流方向，若充电站计划从电网购电，则 $w_{\text{buy}}(t) = 1$；若计划向电网售电，则 $w_{\text{sell}}(t) = 1$。$p_{\text{buy}}(t)$ 和 $p_{\text{sell}}(t)$ 分别为 t 时间段的购电价格和售电价格；$P_{\text{grid}}^0(t)$ 为充电站的运行计划，作为后续实际运行时的交换功率的基准值；Δt 是单个时间段的时间长度。约束式(4-51)表示充电站在任意时间段必处于购电状态或售电状态之一，不能完全处于孤岛运行状态。

2) 计划调整费用

实际运行中，光储充电站会依据实际情况调整预先制订的购电计划，对差额支付或收取调整费用，叠加到日前费用上，即可形成实际的购电费用，其表达式为

$$C_{\text{grid}}^s(t) = \begin{cases} p_{\text{buy}}(t)(P_{\text{grid}}^s(t) - P_{\text{grid}}^0(t))\Delta t & w_{\text{buy}}(t) = 1 \\ p_{\text{sell}}(t)(P_{\text{grid}}^s(t) - P_{\text{grid}}^0(t))\Delta t & w_{\text{sell}}(t) = 1 \end{cases} \tag{4-52}$$

其中，$P_{\text{grid}}^s(t)$ 为场景 s 下 t 时间段的实际交换功率。

3) 罚款费用

若计划调整超过一定范围，光储充电站将支付罚款，而罚款仅针对超过调整范围的部分收取，其表达式为

$$\rho_{(t)}^s = \max\{\gamma_{\text{up}}\left[P_{\text{grid}}^s(t) - r_{\text{up}}P_{\text{grid}}^0(t)\right]\Delta t, \gamma_{\text{dn}}\left[(r_{\text{dn}}P_{\text{grid}}^0(t) - P_{\text{grid}}^s(t)\right]\Delta t, 0\} \quad w_{\text{buy}}(t) = 1$$

$$\rho_{(t)}^s = \max\{\gamma_{\text{up}}\left[r_{\text{up}}P_{\text{grid}}^0(t) - P_{\text{grid}}^s(t)\right]\Delta t, \gamma_{\text{dn}}\left[(P_{\text{grid}}^s(t) - r_{\text{dn}}P_{\text{grid}}^0(t)\right]\Delta t, 0\} \quad w_{\text{sell}}(t) = 1 \tag{4-53}$$

其中，γ_{up} 和 γ_{dn} 分别为超越调整范围上限和调整范围下限的功率时所需缴纳罚款的价格系数；r_{up} 和 r_{dn} 分别为大于 1 和小于 1 的正系数，表示无须缴纳罚款的功率调整范围。

4) 储能系统寿命损耗约束

应用前文介绍的储能系统寿命损耗计算方法可以精准量化储能系统每一次充放电造成的寿命损耗。若要使储能满足使用年限 N_{year} 的要求，则一天内的储能总寿命损耗应受到限制。为确定日内最大损耗，基于一天内不超过一个循环的原则，满足储能使用年限 N_{year} 要求的每一日的最大寿命损耗的表达式为

$$L^{\max} = \min\{c_{\text{BESS}}/(365N_{\text{year}}),\ c_{\text{BESS}}/N_{\text{life}}(1)\} \tag{4-54}$$

其中，c_{BESS} 为储能系统的投资成本。计算中寿命损耗函数 $F(\text{Soc})$ 的值在 10^{-4} 数

量级，会对计算性能造成一定的影响，因此在计算过程中对寿命损耗计算均乘以储能系统投资成本，以改善计算效率，其表达式为

$$f[\text{Soc}^s(t+1)] - f[\text{Soc}^s(t)] \leqslant L_{\text{loss}}^s(t) \tag{4-55}$$

$$f\left[\text{Soc}^s(t)\right] - f\left[\text{Soc}^s(t+1)\right] \leqslant L_{\text{loss}}^s(t) \tag{4-56}$$

$$\sum_{t=1}^{T} L_{\text{loss}}^s(t) \leqslant L^{\max} \tag{4-57}$$

其中，$L_{\text{loss}}^s(t)$ 为在场景 s 下 t 时间段储能充放电对应的寿命损耗；$\text{Soc}^s(t)$ 是在场景 s 下 t 时间段储能的 SOC。

5）储能运行约束

储能运行约束的表达式为

$$v_{\text{dis}}^s(t) + v_{\text{ch}}^s(t) \leqslant 1 \tag{4-58}$$

$$0 \leqslant P_{\text{dis}}^s(t) \leqslant P_{\text{dis}}^{\max} v_{\text{dis}}^s(t) \tag{4-59}$$

$$0 \leqslant P_{\text{ch}}^s(t) \leqslant P_{\text{ch}}^{\max} v_{\text{ch}}^s(t) \tag{4-60}$$

$$P_{\text{BESS}}^s(t) = P_{\text{dis}}^s(t) - P_{\text{ch}}^s(t) \tag{4-61}$$

$$\text{Soc}^s(t+1) = \text{Soc}^s(t) - \frac{P_{\text{dis}}^s(t)}{\eta_{\text{dis}} C_{\text{rated}}} \Delta t + \frac{\eta_{\text{ch}} P_{\text{ch}}^s(t)}{C_{\text{rated}}} \Delta t \tag{4-62}$$

$$\text{Soc}^{\min} \leqslant \text{Soc}^s(t+1) \leqslant \text{Soc}^{\max} \tag{4-63}$$

$$\text{Soc}^s(1) = \text{Soc}^{\text{initial}} \tag{4-64}$$

$$\text{Soc}^s(T+1) = \text{Soc}^{\text{req}} \tag{4-65}$$

其中，$v_{\text{ch}}^s(t)$ 和 $v_{\text{dis}}^s(t)$ 为辅助 0—1 变量，分别表示储能系统的充电状态与放电状态；$P_{\text{ch}}^s(t)$ 和 $P_{\text{dis}}^s(t)$ 分别表示储能系统的充电功率和放电功率，$P_{\text{ch}}^{\max}$ 和 $P_{\text{dis}}^{\max}$ 分别表示储能系统的最大充电、放电功率；$P_{\text{BESS}}^s(t)$ 为储能的等效出力，放电时为正，充电时为负；C_{rated} 是储能容量，η_{ch} 和 η_{dis} 是储能系统的充电效率、放电效率，$\text{Soc}^{\text{initial}}$ 和 Soc^{req} 分别为储能系统在优化起始时刻和优化结束时刻的 SOC，$\text{Soc}^{\max}$ 与 $\text{Soc}^{\min}$ 分别为储能系统 SOC 最大限值与最小限值。

6）功率平衡约束

功率平衡约束的表达式为

$$P_{\text{grid}}^s(t) + P_{\text{BESS}}^s(t) + P_{\text{pv}}^s(t) = P_{\text{ev}}^s(t) \tag{4-66}$$

其中，$P_{\text{pv}}^s(t)$ 和 $P_{\text{ev}}^s(t)$ 分别为在场景 s 下 t 时间段的光伏出力和充电负荷，光伏出力与电网交换功率和储能等效功率之和等于充电负荷。

7）交换功率约束

在事前计划阶段和实时调整中，光储充电站与电网的交换功率必须限制在一

定范围内，这也是充电站需要储能系统辅助抬高充电功率以满足快充需求的根本原因，其表达式为

$$0 \leqslant P_{\text{grid}}^{0}(t) \leqslant P_{\text{buy}}^{\max} \qquad w_{\text{buy}}(t)=1 \tag{4-67}$$

$$-P_{\text{sell}}^{\max} \leqslant P_{\text{grid}}^{0}(t) \leqslant 0 \qquad w_{\text{sell}}(t)=1 \tag{4-68}$$

$$0 \leqslant P_{\text{grid}}^{s}(t) \leqslant P_{\text{buy}}^{\max} \qquad w_{\text{buy}}(t)=1 \tag{4-69}$$

$$-P_{\text{sell}}^{\max} \leqslant P_{\text{grid}}^{s}(t) \leqslant 0 \qquad w_{\text{sell}}(t)=1 \tag{4-70}$$

其中，$P_{\text{buy}}^{\max}$ 和 $P_{\text{sell}}^{\max}$ 分别为充电站从电网购电功率的上限和向电网售电功率的上限。

4.3.3 算例分析

1. 参数设置与场景构建

设置充电站配置的电池储能系统容量为 500 kW·h，最大充放电功率为 250 kW，其参数如表 4-8 所示。

表 4-8 电池储能系统参数

容量(kW·h)	最大充放电功率(kW)	充放电效率	SOC 最小值	SOC 最大值
500	250	0.9	0.1	0.8

设置储能系统磷酸铁锂电池的采购成本为 3500 元/(kW·h)，储能变流器配置成本为 1500 元/kW。储能配置成本和储能系统循环寿命与放电深度关系的表达式为

$$N_{\text{life}}(\text{Dod}) = \begin{cases} 49660e^{-14.32\text{Dod}} + 34280e^{-2.182\text{Dod}} & \text{Dod} > 0 \\ +\infty & \text{Dod} = 0 \end{cases} \tag{4-71}$$

算例中储能系统的起始 SOC 和优化结束时的 SOC 均为 30%。站内同时配置容量为 100 kW 的光伏发电系统，光伏出力的预测值由 PV Watt 工具生成。假设光伏出力预测误差服从以 0 为均值、10%预测值为标准差的正态分布。充电站内共设置 8 个充电桩，并且每个充电桩都能满足任意类型车辆的快充需求。

设置充电站与电网的有功交换功率上限为 1000 kW，日内调整在日前计划的 ±10%以内无须缴纳罚款，超过该范围则须以 1 元/(kW·h)缴纳罚款。充电站以分时电价从电网购电，电动汽车到达率与购电电价如图 4-19 所示。此外，考虑到购电电价由批发电价与多部分费用共同组成，设置充电站向电网售电的电价为购

电电价的 90%。

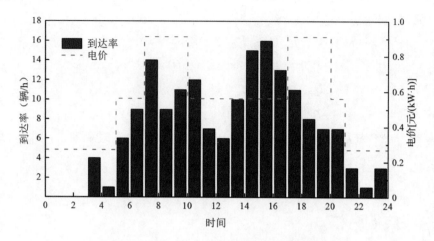

图 4-19   电动汽车到达率与购电电价

本算例考虑四种不同容量的电动汽车,各类型电动汽车参数如表 4-9 所示。设定到达车辆的剩余 SOC 服从以 10%为均值、1%为标准差的正态分布,每辆电动汽车的最长等待时间设定为 10 分钟。

表 4-9   各类型电动汽车参数

车辆类型编号	电池容量(kW·h)	快充功率(kW)	数量比例(%)
1	20	32	15
2	30	48	30
3	40	64	40
4	60	96	15

算例依据上述参数与假设分别生成 1500 个负荷和光伏场景,在后续的算例中以这 1500 个场景中负荷的平均值作为负荷预测值。

2. 算例仿真结果

设置储能系统使用年限为 10 年(对应 L_{max} =548.9 元)、15 年(对应 L_{max} =388.1 元)和不计寿命损耗[松弛式(4-57)约束]三种情况进行算例仿真。用聚类方法取 100 个场景作为场景集,对其进行运行优化并通过蒙特卡罗模拟方法在所有 1500 个场景下计算最优期望运行费用。

具体算例仿真结果如表 4-10 和图 4-20 所示。在表 4-10 中,随着系统使用年限的延长,计划购电费用和期望运行费用都逐渐升高。如图 4-20 所示,随着储能使用年限的延长，日内 SOC 的允许变化范围缩小，日内储能系统能够提供的总能量减少。而由于计算所用的场景集相同，储能出力减少必然导致从电网购电增加，即期望运行费用增加。在图 4-20 中，随着系统使用年限的延长，日内平均 SOC 的变化明显减小。二者的一致性间接说明本节所提供的模型能够有效反映储能系统的使用条件对于光储充电站运行的影响。

表 4-10　不同使用条件下的期望运行成本

单位：元

使用条件	日前购电费用	期望调整费用	期望罚款	期望运行费用
10 年	3168.9	11.0	216.1	3396.0
15 年	3190.9	16.4	282.9	3490.2
不计寿命损耗	3162.2	−6.4	194.7	3350.5

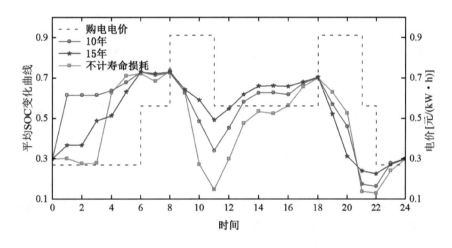

图 4-20　平均 SOC 变化曲线

如图 4-20 所示，平均 SOC 变化曲线的变化趋势受分时电价的影响明显，在 8:00—11:00 及 18:00—21:00 的电价高峰时段，储能系统处于放电状态。而在 0:00—6:00 的电价低谷时间段，储能系统充电至日内的首个 SOC 高峰，并在 6:00—8:00 和 21:00—22:00 的时间段，几乎不进行充放电，而在 11:00—18:00 的时间段充电至日内第二个 SOC 高峰。

如图 4-21 所示，与储能运行状态对应，在 8:00—11:00 及 18:00—21:00 的时间段内，充电站从电网购电的量小于平均等效负荷；而在平时段和谷时段，充电站从电网获取电能系统向储能系统充电，购电量大于平均等效负荷。该分析结果表明本节所提供的策略能够起到有效的削峰填谷与限制等效负荷波动的作用。

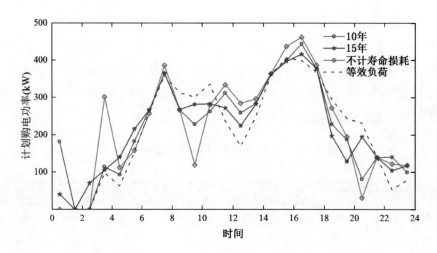

图 4-21 日前购电功率优化结果

4.4 小   结

本章研究了电动汽车群体与充电设施及其他公共设施间的协同关系，提出电动汽车充电设施运行优化的方法，并从电能平衡、经济成本、社会成本等角度对所提方法和形成策略进行分析。在居住区场景中，通过电动汽车的有序充电调控，提升了小区对电动汽车充电的接纳能力，与小区内其他公共设施进行协同优化调度，可以有效平抑整体负荷波动，并能在紧急情况下以 V2G 形式提供支持；在商业楼宇场景中，采用用户激励措施，可以调节电动汽车充电负荷与空调等负荷协同优化，实现最小化楼宇日运行成本和削减峰值负荷的目标；在光储充电站场景中，通过对电动汽车充电负荷的引导，实现充电站负荷与分布式可再生能源发电的协同优化，在提升用户充电体验的同时，平抑负荷波动，提升可再生能源利用率。

面向电动汽车规模化接入配电网的现实，电动汽车充电设施运行优化和智能有序充电在未来的应用前景广阔，值得进一步强化电动汽车充电设施运行优化研究和试点示范。全面推广居住区、商业楼宇、光储充电站等场景中的充电设施运行优化和电动汽车智能有序充电，推动居住区基于智能有序充电桩的应用，挖掘需求响应、辅助服务、新能源电力消纳等服务参与潜力，深度挖掘电动汽车调节潜力，实现应用场景多样化，为探索形成可复制、可落地的运营机制和商业模式提供基础。

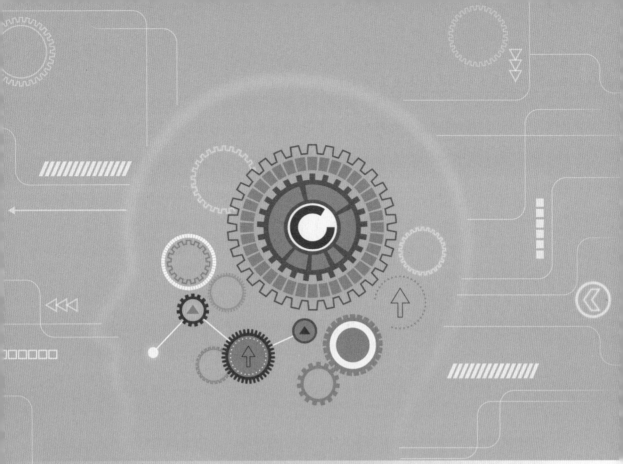

第5章

电动汽车充电引导与路径规划

利用充电辅助软件帮助电动汽车用户快速、经济地寻找充电桩并优化寻址路径，是支撑电动汽车用户便捷用车、快速补能的重要基础。当前，电动汽车充电引导与路径规划功能尚不完善，用户找桩难、找桩慢。同时，用户在寻找充电桩的过程中，仍无法避免遇到道路拥堵、充电桩被占用及排队等问题，充电的便捷性仍需提升。因此，如何将城市交通网、电力网、车网、桩网有效结合，在实现信息共享的前提下，提出实时高效的快速充电引导方法，是电动汽车充电问题中需要解决的难题。

本章围绕电动汽车充电引导与路径规划，首先介绍基于数字地图接口的动态路网模型；其次依次提出两种基于匹配思路的电动汽车充电引导方法，包括基于赋权二部图匹配的电动汽车充电引导方法和基于改进延迟接受算法的电动汽车充电引导方法。

5.1　基于数字地图接口的动态路网模型

目前，数字地图已经成为电动汽车用户日常使用中不可或缺的重要组成部分。数字地图通过地图数据显示最近的充电站位置，电动汽车用户可以通过地图标记快速了解充电站的状态，避免前往不可用的充电站。另外，数字地图还可以显示充电站的详细信息，如充电功率、价格和评价等，为用户提供全面的充电信息。除此之外，数字地图还支持根据用户的实际位置和目的地，自动规划最佳的充电路线，避免在路上因电量不足面临困难。

5.1.1　数字地图技术及应用

1. 数字地图技术的发展

数字地图是以传统纸质地图为理论基础，通过数字信号表达传统纸质地图上用来传递空间信息的符号标注，并存储到计算机中，经计算机屏幕等输出设备可再现为直观且具有色彩的电子地图。传统纸质版地图用线条、颜色、符号、标注等来表示地物类别及地形，总览性强，阅读方便。随着社会的发展，传统纸质版地图已开始暴露出信息滞后，信息存储受限，且无法像数字地图一样精确到道路级别的信息等缺陷。但随着计算机技术的兴起和发展,传统制图技术发生重大的变革,使地图能够以数字化的方式呈现到人们眼前,即数字地图。

数字地图结合地理信息系统实现对地图的设计、编辑处理、图像可视化,被广泛应用于国土利用、城市规划、人口规划与布置等方面。航天技术的飞速发展,为经济领域、科学领域和社会领域的现代化提供了有力的工具,尤其是对地观测卫星系统的发展提供了大量地面目标信息。全球定位系统(Global Positioning System,GPS)的出现和应用解决了大范围且高精度迅速定位问题,是一个国家基础服务系统的重要基石。比如,导航地图将电子地图与导航技术综合运用,导航地图会根据我们的需求任意放大或缩小,不仅可以由导航地图确定交通工具在城市中的具体方位,而且可以通过电子地图寻找城市中的每一个交叉路口。当然,电子地图技术及服务也随着科技的发展变得更加精准。自1994年"北斗一号"立项以来,历经20多年的研究,2020年7月31日,中国向世界郑重宣告,中国自主开发和运行的北斗卫星导航系统(Beidou Navigation Satellite System,BDS)已全面建成并将以更加开放和包容的姿态拥抱世界。

数字地图结合现代通信技术实现了更多的交互功能,随着社会的不断发展和进步,通信技术在不断地改变我们的生存状态和生活观念,数字地图以计算机、智能手机等形式供大众使用,通过人机交互手段可以实时、动态地提供信息检索、数值分析、决策咨询及机动车驾驶、步行和自行车导航等功能,展示城市、企业、旅游景点等区域的综合面貌,正逐渐成为公众日常生活中信息服务很重要的一部分。

2. 数字地图技术的应用

在计算机技术和信息科学高度发展的当今,仅靠纸制版地图提供的信息已无法满足当今社会的需要,因此数字地图应运而生。数字地图通常使用地图图像和地理信息系统(Geographic Information System,GIS)软件来创建、编辑和管理,广泛应用于能源、交通、电力、城建、旅游和军事等各个领域,直接服务于政府管理的决策分析,为国民经济建设和社会发展提供支撑。

1) 数字地图在生产生活中的应用

数字地图嵌入移动终端,为人们的出行带来了极大的便利。首先,它在汽车驾驶导航的应用中非常重要,可以帮助汽车驾驶人员规划最佳的行车路线,并在其长途行驶过程中提供重要的信息和支持。其次,数字地图可以帮助汽车驾驶人员更好地了解路况,并选择最佳的行车路线。比如,遇到交通堵塞或道路状况恶劣的情况，数字地图可以帮助驾驶人员查找替代路线。再次，对于新兴发展的电动汽车，数字地图还可以帮助其用户找到附近的充电站，并了解充电站的位置和使用情况。最后，数字地图还可以帮助驾驶人员了解当地的交通规则和限制，如限速、交通灯位置和交通管制措施。这有助于驾驶人员更好地了解当地的道路情况，并在行驶过程中采取适当的安全措施。

2）　数字地图在能源领域中的应用

数字地图在能源领域中的应用也非常广泛。首先，数字地图可以用来展示能源资源分布情况，如太阳能资源、风能资源、地热能资源等。这些信息可以帮助能源公司和政府决策者选择最佳的能源开发区域。其次，数字地图可以用于显示能源生产和分配情况，可以使用数字地图来展示电力网络的拓扑结构、电力输送线路的布局、电力负荷分布等情况。再次，数字地图可以用来展示能源基础设施的布局情况，如石油、天然气、煤炭等矿井、炼油厂、发电厂等设施。这样可以帮助能源公司和政府决策者了解能源生产、储存和输送的状况，并作出相应的调整。最后，数字地图可以用于显示能源设备的分布情况，帮助优化能源设备的运行和维护。

3）　数字地图在电力网络中的应用

在电力网络中，数字地图可以用于显示电力系统的结构和功能，包括发电厂、输电线路、变电站和配电线路。这些信息可以帮助电力公司规划和管理电力网络，并帮助工程师设计、建造和维护电力设施。数字地图还可以用于跟踪电力系统的运行状态，包括电力需求和可用能源的变化。这有助于电力公司调整电力生产和分配，以满足实时的电力需求，实现电能的合理调度，让电网变得更加经济高效且符合环境友好的可持续发展战略。此外，数字地图还可以用于支撑电力网络的扩展规划，以满足未来电力需求的增长。

下面针对数字地图在电动汽车充电引导与路径规划方面的应用展开介绍，首先引入应用于电动汽车充电引导的数字地图接口参量分析，其次介绍应用于电动汽车充电引导的数字地图接口调用过程。

5.1.2　应用于电动汽车充电引导的数字地图接口参量分析

数字地图接口的输入参量 I_{input} 和输出参量 I_{output} 的表达式为

$$I_{input} = [T_{start}, L_{lon}^{ev}, L_{lat}^{ev}, L_{lon}^{station}, L_{lat}^{station}] \tag{5-1}$$

$$I_{\text{output}} = [T_{\text{arrive}}] \tag{5-2}$$

其中，T_{start} 为电动汽车申请充电时刻；$L_{\text{lon}}^{\text{ev}}$ 为电动汽车经度坐标；$L_{\text{lat}}^{\text{ev}}$ 为电动汽车纬度坐标；$L_{\text{lon}}^{\text{station}}$ 为充电站经度坐标；$L_{\text{lat}}^{\text{station}}$ 为充电站纬度坐标；T_{arrive} 为电动汽车到达充电站所需时间。

第一，能够实现数字地图应用于电动汽车充电引导的关键技术包括数据获取、要素分类分层管理、生成里程、投影变换、生成经纬网、地图裁切、转换格式等。通过坐标数据可以在数字地图上确定唯一的位置信息，从而以数字信号的形式构建具有空间维度的数字路网，这些坐标数据 $L_{\text{lon}}^{\text{ev}}$、$L_{\text{lat}}^{\text{ev}}$、$L_{\text{lon}}^{\text{station}}$、$L_{\text{lat}}^{\text{station}}$ 共同构成了数字地图接口中输入参量的组成部分。需要注意的是，目前数字地图中常用的坐标系有 WGS—84 坐标系、GCJ—02 坐标系和 BD—09 坐标系等，相同的地点在这些坐标系下的经纬度并不一致，在使用不同地图平台的时候需要确定对应坐标系进行坐标转换统一。

第二，使得数字地图能够应用于电动汽车充电引导的关键技术在于应用程序编程接口(Application Programming Interface，API)，这项开放技术让数字地图的功能更加丰富，且具备更强的交互性能。为实现电动汽车充电引导环节中对交通路网的动态建模，可以利用路线规划 API 技术，结合实时交通为用户提供精准的路线规划服务，再加以一定的辅助方法便可实现电动汽车批量路径规划，经过规划后电动汽车与充电站在最佳通行路线下的通行时间即构成了数字地图接口的输出参量 T_{arrive}。

另外，需要一个时间信号 T_{start} 存在数字地图接口的输入参量中，一方面用以表示电动汽车充电申请的发出；另一方面为交通网络信息的建立增添了时间维度，构成充电引导环节中的实时交通路网模型。

5.1.3 应用于电动汽车充电引导的数字地图接口调用过程

电动汽车路径规划需要综合考虑城市配电网、交通路网与电动汽车和充电站之间的交互影响，在这种交互模式下，路网一般采用静态的数学模型，即抽象为图论中的有向图 $G = (V, E)$，用道路中的所有节点和有向边来表示。为了反映交通流量的时变特性，通过分析城市交通路况动态变化的规律，加入时间权值形成动态路网模型，其表达式为

$$\begin{cases} G = (V,E,H,W) \\ V = \{v_i \,|\, i = 1,2,\cdots,u\} \\ E = \{v_{ij} \,|\, i \neq j\} \\ H = \{t \,|\, t = 1,2,\cdots,T\} \\ W = \{w_{ij}(t) \,|\, t \in H\} \end{cases} \tag{5-3}$$

其中，G 为路网集合；V 为路网中所有节点的集合，共有 u 个；E 为路网中路段的集合；H 为划分的时间段集合，即将全天划分为 T 个时间段；W 为路段权值集合；v_i 为第 i 个路网节点；v_{ij} 为连接第 i 个和第 j 个路网节点的路段；$w_{ij}(t)$ 为 t 时段路段 v_{ij} 的权值。路网集合 G 中各节点间的连接关系用邻接矩阵 D 来描述。矩阵 D 的元素 $d_{ij}(t)$ 的表达式为

$$d_{ij}(t) = \begin{cases} w_{ij}(t) & v_{ij} \in E \\ 0 & v_i = v_j \\ \infty & v_{ij} \notin E \end{cases} \tag{5-4}$$

电动汽车路径规划在路网模型的基础上，结合路径规划算法进行路径寻优，然而实际的城市交通路况复杂多变，交叉口的延迟计算也更为复杂，路网的动态变化规律统计起来十分困难，且并不完全适用，这使得路网模型的实际应用价值并不高。

通过数字地图接口简化对路网模型的建立，实现智能化辅助路径寻优决策，这一步骤让充电引导的工作重心转移到了对电动汽车的引导方法中来，在整体模型的复杂度上得到了简化，且实际应用价值更高。

以百度地图为例，数字地图接口的调用过程如图 5-1 所示。地图上标记了分别表示电动汽车和充电站的位置信息，在进行电动汽车实时在线引导时，T_{start} 作为电动汽车发出充电申请的时间信号发出充电指令，云平台以当前电动汽车所处经纬度坐标作为数字地图接口的输入，调用百度地图开发者平台内的路线规划 API，根据当前实时交通路况、限行情况、拥堵情况，合理规划通行路线，再根据车辆车速预测电动汽车到达各充电站的通行时间。得到电动汽车到达所有充电站的时间集 T_{arrive} 后，再以该输出作为后续电动汽车充电引导所需的数据集。同时在该线路规划 API 下，还支持传入丰富的车辆信息，通过传入车牌规避限行路段，通过传入起点车头方向辅助判断起点所在的正向、逆向车道，辅助更准确地规划路径。

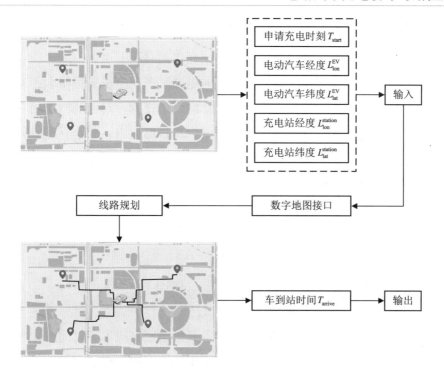

图 5-1　数字地图接口的调用过程

与传统基于道路流量建立的路网模型过程不同，在数字地图接口技术的辅助下，只需要将电动汽车与充电站二者(出发地与目的地)的经纬度坐标输入数字地图接口，便可通过云平台的在线实时路径规划功能找出当前道路情况下的最佳通行路线，再将通行时间输出并返回。无须建立额外的路网模型，就能实现更为精确的动态路网建模，并且在准确性和求解效率上都具备优势。因此，可以将数字地图接口技术有效应用到电动汽车充电引导与路径规划中。

5.2　基于赋权二部图匹配的电动汽车充电引导方法

快速充电作为一种省时高效的充电方式，电动汽车用户更容易对其产生偏好，但目前快速充电站的布局与电动汽车的充电需求分布重合度不高，快速充电需求很难及时得到满足，充电聚合商的运营服务模式亟待创新。因此，利用电动汽车的移动负荷特性对车群进行合理的引导尤为重要。充电引导不仅可以更好地满足电动汽车用户的充电需求，而且可以增加充电聚合商的收益，减少对配电网性能的影响。

电动汽车用户对距离成本、时间成本和费用成本存在不同程度的偏好，在选择目标充电站时容易发生冲突。同时，不同充电站存在拥挤或空闲现象，导致单位时间盈利与设备利用均衡度较低。现有的电动汽车充电引导策略大都着重结合配电网、交通网与充电站优化电动汽车用户的充电行为，对电动汽车用户与充电站的偏好考虑不充分，且未考虑电动汽车用户对目标充电站的选择冲突问题，也没有给出电动汽车与充电站之间的匹配解。

本节研究具有快速充电需求的电动汽车用户与可行充电站的双边匹配问题，综合考虑电动汽车多类型偏好、充电站设备利用均衡度及电动汽车充电可行匹配解。

5.2.1 面向电动汽车用户的快充需求分析

电动汽车用户在选择充电站的过程中主要考虑距离成本、时间成本和费用成本这 3 个偏好指标。其中，距离成本反映了电动汽车用户对耗电量的偏好，时间成本反映了电动汽车用户对道路通行能力的偏好。电动汽车用户快充需求分析框架如图 5-2 所示。

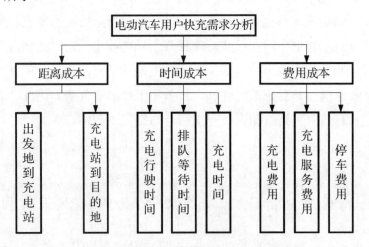

图 5-2　电动汽车用户快充需求分析框架

电动汽车 i 对充电站 j 的距离偏好函数 d_{ij} 的表达式为

$$d_{ij} = d'_{ij} + d''_{ij} \tag{5-5}$$

其中，d'_{ij} 为电动汽车 i 与目标充电站 j 之间的行驶距离；d''_{ij} 为目标充电站 j 与电动汽车 i 下一个目标点之间的行驶距离。

电动汽车 i 对充电站 j 的时间偏好函数 $t_{ev,ij}$ 的表达式为

$$t_{ev,ij} = t'_{ij} + t''_{ij} \tag{5-6}$$

$$t''_{ij} = \begin{cases} t_j - t'_{ij} & t_j \geqslant t'_{ij} \\ 0 & t_j < t'_{ij} \end{cases} \tag{5-7}$$

其中，t'_{ij} 为电动汽车 i 到目标充电站 j 的行驶时间；t''_{ij} 为电动汽车 i 在目标充电站 j 充电需要等待的时间；t_j 为充电站 j 服务的前一辆电动汽车完成充电还需等待的时间。

电动汽车 i 在充电站 j 的充电总费用 f_{ij} 函数的表达式为

$$f_{ij} = (f'_j + f''_j)t_{c,i}P_j + t_{w,i}f'''_j \tag{5-8}$$

$$t_{c,i} = \frac{(\text{Soc}^1_i - \text{Soc}^0_i)Q_{max}}{P_j} \tag{5-9}$$

其中，f'_j、f''_j 和 f'''_j 分别为充电站 j 的基础充电单价、基础充电服务费单价和基础停车费单价；$t_{c,i}$ 为电动汽车 i 的充电时长，$t_{w,i}$ 为电动汽车 i 的等待时长，P_j 为充电站 j 的快速充电功率；Soc^0_i、Soc^1_i 和 Q_{max} 分别为电动汽车 i 的初始荷电状态、申请充电后达到的荷电状态和电池最大容量。

5.2.2 面向充电站的快充需求分析

从充电运营商的角度出发，充电站在充电服务过程中主要考虑服务等待时间、电动汽车充电电量与用户信誉度值三个因素。这些因素会直接影响充电站充电服务效率，决定充电运营商单位时间盈利情况。此外，充电运营商还要考虑发生在充电站的用户决策冲突率与充电设备利用均衡度。充电站需求分析框架如图 5-3 所示。

充电站 j 关于电动汽车 i 的时间偏好函数 $t_{cs,ij}$ 的表达式为

$$t_{cs,ij} = \begin{cases} 0 & t_j \geqslant t'_{ij} \\ t'_{ij} - t_j & t_j < t'_{ij} \end{cases} \tag{5-10}$$

充电站 j 的设备利用均衡度 η_j 的表达式为

$$\eta_j = \frac{\sum\limits_{i=1}^{N} x_{ij}P_{ev,i}}{\left(c_j \Big/ \sum\limits_{j=1}^{M} c_j\right)\sum\limits_{i=1}^{N} P_{ev,i}} \times 100\% \tag{5-11}$$

其中，N 为区域电动汽车数量；M 为区域充电站数量；x_{ij} 为充电匹配标志变

量，当电动汽车 i 与充电站 j 成功匹配充电时， $x_{ij}=1$，否则为 0； c_j 为充电站 j 的充电位容量， $P_{ev,i}$ 为电动汽车 i 的充电功率；式(5-11)中，分子为前往充电站 j 进行充电的电动汽车实际充电功率总和，分母为以充电位为基准分配的前往充电站 j 进行充电的电动汽车充电功率总和。

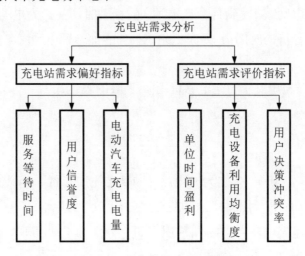

图 5-3　充电站需求分析框架

电动汽车用户选择充电站 j 进行充电时，发生在充电站 j 的决策冲突率 μ_j 的表达式为

$$\mu_j = \frac{\varphi_j}{c_j} \times 100\% \tag{5-12}$$

$$\varphi_j = \begin{cases} \varepsilon_j - c_j & \varepsilon_j \geqslant c_j \\ 0 & \varepsilon_j < c_j \end{cases} \tag{5-13}$$

其中， ε_j 为选择充电站 j 进行充电的电动汽车数量， φ_j 为超出充电站 j 充电位数量的电动汽车数量。

5.2.3　考虑充电冲突的电动汽车充电引导策略

1. 决策冲突处理模型

设区域内具有充电需求的电动汽车构成集合 E_{ev}，其表达式为

$$E_{ev} = \{ev_1, ev_2, \cdots, ev_N\} \tag{5-14}$$

其中， $|E_{ev}| = N$。设区域内所有充电站构成集合 E_{cs}，充电站的充电位构成集合 E_{cp}，其表达式为

$$E_{cs} = \{cs_1, cs_2, \cdots, cs_M\} \tag{5-15}$$

$$E_{cp} = \{cp_1, cp_2, \cdots, cp_m\} \tag{5-16}$$

其中，$|E_{cs}| = M$，$|E_{cp}| = m$。

云端决策层可以利用数字地图等地图服务商接口获取电动汽车与充电站之间的实时信息，并对电动汽车进行引导。它基于获取的信息确定电动汽车的可行充电位集 $E_{cp,i}$，$E_{cp,i} \subseteq E_{cp}$ 且 $E_{cp,i} \neq \varnothing$。造成目标充电站决策冲突的电动汽车所构成的集合设为拥挤集 E_{evc}，$E_{evc} \subseteq E_{ev}$。

将时间上连续的充电问题转化为离散形式进行处理。离散形式下的充电问题可以用二部图 $G = (E_{ev}, E_{cp,i})$ 进行描述。若所有有充电需求的电动汽车申请均得到充电匹配且不存在拥挤集，则二部图 $G = (E_{ev}, E_{cp,i})$ 需求侧存在饱和匹配。

参考 Hall 定理，若要实现饱和匹配，那么二部图必须满足 Hall 条件，即 $\forall S_{ev} \subseteq E_{ev}$，使得

$$|S_{ev}| \leqslant |E_{cp,i,S_{ev}}| \tag{5-17}$$

其中，$E_{cp,i,S_{ev}}$ 为任意电动汽车集合 S_{ev} 可行的充电位集。从连续时间来看，预约充电问题可视为无穷个二部图匹配，其表达式为

$$\{(E_{ev,\Delta T(t)}, E_{cp,i,\Delta T(t)}) \mid t:0 \to \infty\} \tag{5-18}$$

其中，$\Delta T(t)$ 表示二部图充电匹配在 t 时刻开始所持续的最佳时长，$(E_{ev,\Delta T(t)}, E_{cp,i,\Delta T(t)})$ 表示预约充电的第一次二部图匹配。设在 $t_0 < t \leqslant t_0 + \Delta T(t)$ 时间段内，已经接受充电预约的电动汽车的集合与其对应的可行充电位的集合构成二部图，其表达式为

$$G_{\Delta T(t_0)} = (E_{ev,\Delta T(t)}, E_{cp,i,\Delta T(t)}) \tag{5-19}$$

该二部图满足 Hall 条件并满足以下表达式

$$|E_{ev,\Delta T(t)}| \leqslant |E_{cp,i,\Delta T(t)}| \leqslant m \tag{5-20}$$

在该次匹配截止前，又接收到电动汽车快充预约时，设新加入的电动汽车集 $E_{ev,y}$ 其可行的充电位集为 $E_{cp,i,y}$，与二部图式(5-19)构成新的二部图，其表达式为

$$G^*_{\Delta T(t_0)} = (E^*_{ev,\Delta T(t)}, E^*_{cp,i,\Delta T(t)}) \tag{5-21}$$

其中，更新的电动汽车集合和充电位集合的表达式为

$$E^*_{ev,\Delta T(t)} = E_{ev,\Delta T(t)} \bigcup E_{ev,y} \tag{5-22}$$

$$E^*_{cp,i,\Delta T(t)} = E_{cp,i,\Delta T(t)} \bigcup E_{cp,i,y} \tag{5-23}$$

如果新的二部图式(5-21)依然满足 Hall 条件和式(5-20)，则新加入的电动汽车集 $E_{ev,y}$ 的预约在本次引导中予以第 1 轮处理；否则，在本次引导中予以第 2 轮处

理，直到所有电动汽车均引导结束。

2. 赋权二部图快速匹配模型的建立

在赋权二部图匹配过程中，将电动汽车对充电站的偏好序与充电站对电动汽车的偏好序转化为三角模糊数处理，其转化表达式为

$$\tilde{A}=(d^l,d^m,d^r)=\left(\max\left\{\frac{k-1}{L},0\right\},\frac{k}{L},\min\left\{\frac{k+1}{L},1\right\}\right) \tag{5-24}$$

其中，$k=1,2,\cdots,L$，L 为最大偏好序；$\tilde{A}=(d^l,d^m,d^r)$ 是三角模糊数，d^l、d^m、d^r 是实数，且满足 $d^l\leqslant d^m\leqslant d^r$。$\tilde{A}$ 的隶属度函数为 $\mu_{\tilde{A}}(x)$，且满足 $0\leqslant\mu_{\tilde{A}}(x)\leqslant 1$，它表示任意元素 x 属于模糊集 $\tilde{A}$ 的程度，其表达式为

$$\mu_{\tilde{A}}(x)=\begin{cases}0 & x<d^l\\[2mm] \dfrac{x-d^l}{d^m-d^l} & d^l\leqslant x\leqslant d^m\\[2mm] \dfrac{d^r-x}{d^r-d^m} & d^m<x\leqslant d^r\\[2mm] 0 & x>d^r\end{cases} \tag{5-25}$$

假设电动汽车关于充电站的偏好指标向量为 $Q=\{Q_1,Q_2,\cdots,Q_e\}$，其中，e 为偏好指标个数，$Q_h(h=1,2,\cdots,e)$ 表示第 h 个偏好指标。偏好指标对应的指标权重向量为 $w=(w_1,w_2,\cdots,w_e)$，其中 w_h 表示偏好指标 Q_h 对应的权重，$0\leqslant w_h\leqslant 1$，$\sum_{h=1}^{e}w_h=1$。基于上述偏好指标，设电动汽车对充电站的偏好结果矩阵为 $\bar{A}_h=[\bar{a}_{hij}]_{N\times M}$，其中，$\bar{a}_{hij}$ 表示基于给出的偏好指标 Q_h，电动汽车 i 对于充电站 j 的偏好结果。

假设充电站关于电动汽车的偏好指标向量为 $I=\{I_1,I_2,\cdots,I_k\}$，其中，k 为偏好指标个数，$I_q(q=1,2,\cdots,k)$ 表示第 q 个偏好指标。偏好指标对应的指标权重向量 $v=(v_1,v_2,\cdots,v_k)$，其中 v_q 表示偏好指标 I_q 对应的权重，$0\leqslant v_q\leqslant 1$，$\sum_{q=1}^{k}v_q=1$。基于上述偏好指标，设充电站对电动汽车的偏好结果矩阵为 $\bar{B}_q=[\bar{b}_{qij}]_{N\times M}$，其中，$\bar{b}_{qij}$ 表示基于给出的偏好指标 I_q，充电站 j 对于电动汽车 i 的偏好结果。

将矩阵 $\bar{A}_h$ 与 $\bar{B}_q$ 分别转化为三角模糊数形式的偏好矩阵 $\tilde{A}_h=[\tilde{a}_{hij}]_{N\times M}$ 和 $\tilde{B}_q=[\tilde{b}_{qij}]_{N\times M}$，其中，$\tilde{a}_{hij}=(a^l_{hij},a^m_{hij},a^r_{hij})$，表示在第 h 个指标下电动汽车 i 对充电站 j 的三角模糊数偏好值；$\tilde{b}_{qij}=(b^l_{qij},b^m_{qij},b^r_{qij})$，表示在第 q 个指标下充电站 j 对电动汽车 i 的三角模糊数偏好值。根据扩展原理和运算法则，$\tilde{a}_{ij}$ 和 $\tilde{B}_{ij}$ 的表达式分别为

$$\tilde{\alpha}_{ij}=(\alpha^l_{ij},\alpha^m_{ij},\alpha^r_{ij})=\left(\sum_{h=1}^{e}w_h a^l_{hij},\sum_{h=1}^{e}w_h a^m_{hij},\sum_{h=1}^{e}w_h a^r_{hij}\right) \tag{5-26}$$

$$\tilde{\beta}_{ij} = (\beta_{ij}^l, \beta_{ij}^m, \beta_{ij}^r) = \left(\sum_{q=1}^k v_q b_{qij}^l, \sum_{q=1}^k v_q b_{qij}^m, \sum_{q=1}^k v_q b_{qij}^r \right) \tag{5-27}$$

其中，$i = 1, 2, \cdots, N$，$j = 1, 2, \cdots, M$；$\tilde{\alpha}_{ij}$ 为 E_i 关于充电站 j 的综合模糊评价值；$\tilde{\beta}_{ij}$ 为充电站 j 关于 E_i 的综合模糊评价值。

为解决电动汽车与充电站之间的匹配问题，尽可能同时满足充电需求方和充电供给方的利益最大化。建立模糊多目标优化匹配模型的表达式为

$$\max z_1 = \sum_{i=1}^N \sum_{j=1}^M \tilde{a}_{ij} x_{ij} \tag{5-28}$$

$$\max z_2 = \sum_{i=1}^N \sum_{j=1}^M \tilde{\beta}_{ij} x_{ij} \tag{5-29}$$

$$\text{s. t.} \sum_{j=1}^M x_{ij} = 1 \qquad i = 1, 2, \cdots, N \tag{5-30}$$

$$\sum_{i=1}^N x_{ij} \leqslant c_j \qquad j = 1, 2, \cdots, M \tag{5-31}$$

式(5-28)和式(5-29)两个目标函数的含义是尽可能使电动汽车对充电站匹配满意度 z_1 最大和充电站对电动汽车匹配满意度 z_2 最大。约束条件的含义分别为：电动汽车 i 同一时间最多只能预约到一个充电站；充电站 j 同一时间最多接受 c_j 个充电预约，c_j 为充电站 j 的最大充电位容量。三角模糊数的多目标优化匹配模型直接处理比较困难，因此需要拆分为具有清晰数形式的优化模型，其模型表达式为

$$z_1^l = \sum_{i=1}^N \sum_{j=1}^M \alpha_{ij}^l x_{ij}, z_1^m = \sum_{i=1}^N \sum_{j=1}^M \alpha_{ij}^m x_{ij}, z_1^r = \sum_{i=1}^N \sum_{j=1}^M \alpha_{ij}^r x_{ij} \tag{5-32}$$

$$z_2^l = \sum_{i=1}^N \sum_{j=1}^M \beta_{ij}^l x_{ij}, z_2^m = \sum_{i=1}^N \sum_{j=1}^M \beta_{ij}^m x_{ij}, z_2^r = \sum_{i=1}^N \sum_{j=1}^M \beta_{ij}^r x_{ij} \tag{5-33}$$

通过取极大、极小的形式，即最大化 z_1^m、$(z_1^r - z_1^m)$、z_2^m 和 $(z_2^r - z_2^m)$，最小化 $(z_1^m - z_1^l)$ 和 $(z_2^m - z_2^l)$。将模糊多目标优化匹配模型转化为线性多目标优化匹配模型，其表达式为

$$\max z_1' = z_1^m = \sum_{i=1}^N \sum_{j=1}^M \alpha_{ij}^m x_{ij} \tag{5-34}$$

$$\min z_1'' = z_1^m - z_1^l = \sum_{i=1}^N \sum_{j=1}^M (\alpha_{ij}^m - \alpha_{ij}^l) x_{ij} \tag{5-35}$$

$$\max z_1''' = z_1^r - z_1^m = \sum_{i=1}^N \sum_{j=1}^M (\alpha_{ij}^r - \alpha_{ij}^m) x_{ij} \tag{5-36}$$

$$\max z_2' = z_2^m = \sum_{i=1}^N \sum_{j=1}^M \beta_{ij}^m x_{ij} \tag{5-37}$$

$$\min z_2'' = z_2^m - z_2^l = \sum_{i=1}^N \sum_{j=1}^M (\beta_{ij}^m - \beta_{ij}^l) x_{ij} \tag{5-38}$$

$$\max z_2''' = z_2^r - z_2^m = \sum_{i=1}^{N}\sum_{j=1}^{M}(\beta_{ij}^r - \beta_{ij}^m)x_{ij} \tag{5-39}$$

$$\text{s. t.} \sum_{j=1}^{M}x_{ij} = 1 \qquad i = 1,2,\cdots,N \tag{5-40}$$

$$\sum_{i=1}^{N}x_{ij} \leqslant c_j \qquad j = 1,2,\cdots,M \tag{5-41}$$

进一步分析，将线性多目标优化问题通过隶属度函数做归一化处理，转化为单目标优化匹配模型，计算以上每个目标函数的正、负理想解，即

$$z_{1,+}' = \max\{z_1^m\}, \ z_{1,-}' = \min\{z_1^m\} \tag{5-42}$$

$$z_{1,+}'' = \min\{z_1^m - z_1^l\}, \ z_{1,-}'' = \max\{z_1^m - z_1^l\} \tag{5-43}$$

$$z_{1,+}''' = \max\{z_1^r - z_1^m\}, \ z_{1,-}''' = \min\{z_1^r - z_1^m\} \tag{5-44}$$

$$z_{2,+}' = \max\{z_2^m\}, \ z_{2,-}' = \min\{z_2^m\} \tag{5-45}$$

$$z_{2,+}'' = \min\{z_2^m - z_2^l\}, \ z_{2,-}'' = \max\{z_2^m - z_2^l\} \tag{5-46}$$

$$z_{2,+}''' = \max\{z_2^r - z_2^m\}, \ z_{2,-}''' = \min\{z_2^r - z_2^m\} \tag{5-47}$$

根据得到的正、负理想解与式(5-25)计算其对应的隶属度函数 $\mu z_1'$、$\mu z_1''$、$\mu z_1'''$、$\mu z_2'$、$\mu z_2''$ 和 $\mu z_2'''$。最后通过隶属度函数将多目标优化模型转换为单目标优化模型，即

$$\max \lambda \tag{5-48}$$

$$\lambda \leqslant \min\{\mu z_1', \mu z_1'', \mu z_1''', \mu z_2', \mu z_2'', \mu z_2'''\} \tag{5-49}$$

$$\text{s. t.} \sum_{j=1}^{M}x_{ij} = 1 \qquad i = 1,2,\cdots,N \tag{5-50}$$

$$\sum_{i=1}^{N}x_{ij} \leqslant c_j \qquad j = 1,2,\cdots,M \tag{5-51}$$

$$0 \leqslant \lambda \leqslant 1 \tag{5-52}$$

电动汽车用户与充电站的匹配是两个多指标集结的不相交集合的匹配过程，其双边匹配框如图 5-4 所示。

3. 快速匹配模型的求解

电动汽车预约快速充电的过程是一个复杂、多维和包含多变量的优化求解过程。考虑目标充电站选择冲突的电动汽车充电引导流程如图 5-5 所示。

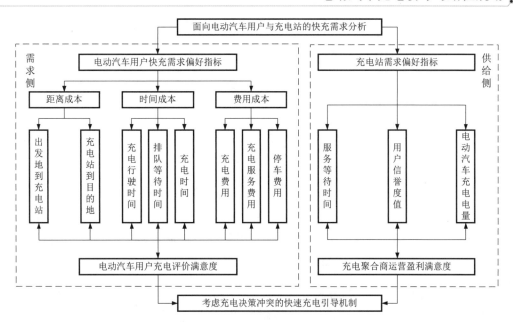

图 5-4 多指标集结的双边匹配框

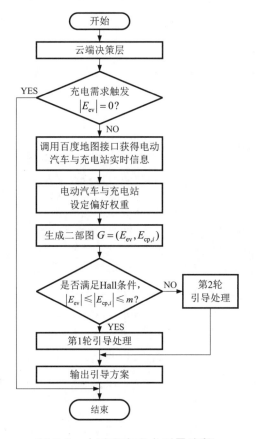

图 5-5 电动汽车充电引导流程

5.2.4 算例分析

1. 算例场景设置

本节以上海闵行区某区域某充电平台运营的 8 座充电站为例进行分析，每个充电站有 3～15 个充电位不等，共有 60 个充电位，区域充电站分布情况如图 5-6 所示，充电站信息如表 5-1 所示。取 $\Delta T = 0.5$ s，测试时间段有充电需求的电动汽车的数量为 100 辆，部分电动汽车信息如表 5-2 所示，以及电动汽车的充电电量如图 5-7 所示。调用数字地图接口，在考虑路况、车流量等交通因素的条件下，获取电动汽车与充电站之间的实时距离与行驶时间。

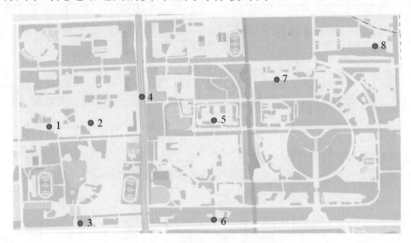

图 5-6　区域充电站分布情况

表 5-1　充电站信息

充电站编号	经　度	纬　度	充电位数(个)	基础充电与服务费单价(元/(kW·h))	基础停车费单价(元/h)	充电功率(kW)
1	121.4332	31.0292	11	1.2	6	120
2	121.4358	31.0305	4	1.9	6	120
3	121.4373	31.0242	3	1.4	6	120
4	121.4387	31.0320	6	1.8	6	120
5	121.4430	31.0328	3	2.0	6	120
6	121.4454	31.0271	15	1.3	6	120
7	121.4466	31.0363	6	1.6	6	120
8	121.4514	31.0399	12	1.5	6	120

表 5-2　部分电动汽车信息

电动汽车编号	经　度	纬　度	初始荷电状态	申请荷电状态	充电时长(分钟)	电池容量(kW·h)	充电电量(kW·h)
1	121.4382	31.0286	0.36	0.88	26.0	100	52
2	121.4390	31.0290	0.29	0.84	27.5	100	55
3	121.4308	31.0316	0.29	0.89	30.0	100	60
4	121.4426	31.0355	0.43	0.82	19.5	100	39
5	121.4355	31.0411	0.33	0.82	24.5	100	49
6	121.4363	31.0264	0.33	0.83	25.0	100	50
7	121.4368	31.0328	0.46	0.84	19.0	100	38
8	121.4414	31.0370	0.48	0.85	18.5	100	37
9	121.4355	31.0380	0.33	0.90	28.5	100	57
10	121.4438	31.0332	0.40	0.82	21.0	100	42

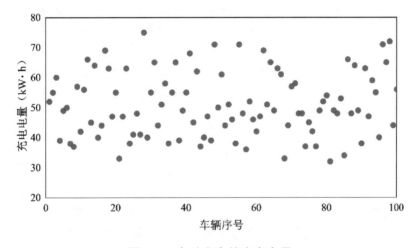

图 5-7　电动汽车的充电电量

用户与充电站的快充需求分析表明,电动汽车用户考虑距离成本、时间成本、费用成本 3 个偏好指标,在不影响目标函数的前提下,假设 3 个指标对应的权重分别为 $w_1 = 0.2$, $w_2 = 0.5$, $w_3 = 0.3$;充电站考虑电动汽车充电电量、服务等待时间 2 个偏好指标,假设其对应的权重分别为 $v_1 = 0.7$, $v_2 = 0.3$ 。

2. 算例结果

首先以最短距离为目标函数(方案一)对该测试时段的 100 辆电动汽车进行引导,该区域充电位的数量为 60 个,因为电动汽车的数量大于该区域充电位的数量,所以先对前 60 辆电动汽车进行第 1 轮引导,再对后 40 辆电动汽车进行第 2

轮引导，最终引导结果如表 5-3 和表 5-4 所示。

表 5-3　方案一第 1 轮引导结果

充电站编号	充电位数(个)	电动汽车数量(辆)	电动汽车编号
1	11	7	6, 11, 13, 26, 30, 39, 60
2	4	15	1, 2, 12, 19, 22, 25, 28, 29, 35, 36, 42, 43, 46, 48, 57
3	3	7	16, 21, 23, 27, 50, 52, 53
4	6	2	14, 40
5	3	9	3, 7, 9, 18, 31, 34, 38, 51, 58
6	15	11	4, 8, 10, 17, 20, 24, 33, 37, 45, 47, 49
7	6	9	5, 15, 32, 41, 44, 54, 55, 56, 59
8	12	0	无

表 5-4　方案一第 2 轮引导结果

充电站编号	充电位数(个)	电动汽车数量(辆)	电动汽车编号
1	11	5	67, 78, 81, 82, 87
2	4	9	64, 68, 70, 85, 86, 89, 90, 93, 99
3	3	4	65, 79, 91, 94
4	6	3	66, 74, 80
5	3	11	61, 62, 69, 71, 72, 73, 75, 76, 77, 95, 97
6	15	4	83, 92, 98, 100
7	6	4	63, 84, 88, 96
8	12	0	无

其次以本节提出的优化引导策略(方案二)对 100 辆电动汽车进行引导，根据充电冲突处理模型可知，$|E_{ev}| > |E_{cp,i}| = m$ 且不满足 Hall 条件 $|S_{ev}| \leqslant |E_{cp,i,S_{ev}}|$，因此先对满足约束条件的前 60 辆电动汽车进行第 1 轮引导，更新数据后再对后 40 辆电动汽车进行第 2 轮引导，最终引导结果如表 5-5 和表 5-6 所示。

分析方案一与方案二引导后的结果，100 辆电动汽车充电时间与花费如表 5-7 所示。

虽然方案一引导后的行驶时间少于方案二，但是方案二引导后的等待时间、总时间、充电花费、停车费、总花费都是优于方案一。因此，本节提出的优化引导策略能够有效减少电动汽车充电过程中的总时间与总花费。

两种方案引导后，电动汽车目标充电站选择的冲突率如表 5-8 所示。

表 5-5　方案二第 1 轮引导结果

充电站编号	充电位数(个)	电动汽车数量(辆)	电动汽车编号
1	11	11	18, 19, 29, 31, 34, 37, 40, 44, 48, 49, 59
2	4	4	6, 21, 28, 39
3	3	3	7, 9, 24
4	6	6	3, 5, 32, 41, 57, 60
5	3	3	1, 8, 33
6	15	15	4, 10, 11, 12, 14, 23, 25, 27, 42, 43, 46, 47, 51, 53, 58
7	6	6	2, 13, 16, 17, 20, 22
8	12	12	15, 26, 30, 35, 36, 38, 45, 50, 52, 54, 55, 56

表 5-6　方案二第 2 轮引导结果

充电站编号	充电位数(个)	电动汽车数量(辆)	电动汽车编号
1	11	11	61, 66, 67, 68, 73, 74, 86, 88, 90, 94, 99
2	4	2	80, 98
3	3	3	89, 96, 97
4	6	6	71, 75, 82, 84, 85, 95
5	3	3	79, 81, 83
6	15	6	62, 63, 64, 65, 72, 91
7	6	6	69, 70, 77, 78, 87, 100
8	12	3	76, 92, 93

表 5-7　电动汽车充电时间与充电花费

引导策略	行驶时间(小时)	等待时间(小时)	总时间(小时)	充电花费(元)	停车费(元)	总花费(元)
方案一	3.01	339.75	342.76	8393.60	2038.50	10432.10
方案二	7.82	10.12	17.94	7533.10	60.72	7593.82

表 5-8　目标充电站选择的冲突率

单位：%

充电站编号	方案一冲突率	方案二冲突率	充电站编号	方案一冲突率	方案二冲突率
1	0	0	5	2.33	0
2	4.00	0	6	0	0
3	0.83	0	7	0.25	0
4	0	0	8	0	0

如表 5-3 所示，方案一第 1 轮引导后充电站 2、3、5 与 7 分别出现了电动汽车拥挤集：$E_{evc,2}^1 = \{ ev_{22}, ev_{25}, ev_{28}, ev_{29}, ev_{35}, ev_{36}, ev_{42}, ev_{43}, ev_{46}, ev_{48}, ev_{57} \}$，$E_{evc,3}^1 = \{ ev_{27}, ev_{50}, ev_{52}, ev_{53} \}$，$E_{evc,5}^1 = \{ ev_{18}, ev_{31}, ev_{34}, ev_{38}, ev_{51}, ev_{58} \}$，$E_{evc,7}^1 = \{ ev_{55}, ev_{56}, ev_{59} \}$。以拥挤集 $E_{evc,2}^1$ 为例，充电站 2 有 4 个充电位，前往充电站 2 进行充电的电动汽车有 15 辆，先到达的 4 辆电动汽车用户可进行充电服务，后到达的 11 辆电动汽车因充电位占用不能及时充电，构成电动汽车拥挤集 $E_{evc,2}^1$，出现了选择冲突，需要充电等待或者重新预约充电申请，这在很大程度上提高了用户的时间成本与距离成本。如表 5-4 所示，方案一第 2 轮引导后充电站 2、充电站 3、充电站 5 分别出现了电动汽车拥挤集：$E_{evc,2}^2 = \{ ev_{86}, ev_{89}, ev_{90}, ev_{93}, ev_{99} \}$，$E_{evc,3}^2 = \{ ev_{94} \}$，$E_{evc,5}^2 = \{ ev_{71}, ev_{72}, ev_{73}, ev_{75}, ev_{76}, ev_{77}, ev_{95}, ev_{97} \}$。所以方案一引导造成了用户目标充电站选择冲突，冲突率如表 5-8 所示。由表 5-8 可知，方案二引导后 8 个充电站冲突率均为 0，避免了二次决策，这在一定程度上节约了用户的时间成本与距离成本。

区域内充电站设备利用均衡度如表 5-9 所示。方案一引导后充电站设备利用均衡度标准差为 1.41，方案二引导后充电站设备利用均衡度标准差为 0.18，很明显后者充电站设备利用均衡度优于前者。

表 5-9　充电站设备利用均衡度

(单位：%)

充电站编号	方案一均衡度	方案二均衡度	充电站编号	方案一均衡度	方案二均衡度
1	0.65	1.20	5	4.00	1.20
2	3.60	0.90	6	0.60	0.84
3	2.20	1.20	7	1.30	1.20
4	0.50	1.20	8	0	0.75

方案一引导后与方案二引导后充电站单位时间盈利如表 5-10 所示。方案二引导后充电站单位时间的盈利大于方案一。因此，本节提出的优化引导策略能够有效提高充电站单位时间盈利。

表 5-10　充电站单位时间盈利

引导策略	总收入(元)	总服务时长(小时)	充电站单位时间盈利(元/小时)
方案一	10432.10	456.36	22.86
方案二	7593.82	52.49	144.67

5.3 基于改进延迟接受算法的电动汽车充电引导方法

在 5.2 节中，针对电动汽车快速充电问题，基于匹配理论中的赋权二部图提出了电动汽车与充电桩的一对一快速匹配方法，并考虑充电冲突机制，为电动汽车选择目标充电站作出了有效的可行匹配解。但针对多对一匹配问题，5.2 节方法得到的匹配解的最优性仍有不足，需要损失部分用户的利益才能达成最终全部匹配。为此，本节借鉴了一种可以解决多对一匹配问题的延迟接受(Deferred Acceptance，DA)算法，并重点关注用户在选择目标充电站时的充电需求，以充电时间成本和充电费用为目标建立了电动汽车用户的偏好模型，以单位时间盈利为目标建立了快充桩的偏好模型，利用数字地图平台实现实时交通路网建模，并考虑电动汽车在行驶过程中的电量损耗，采用改进延迟接受算法求解电动汽车集群与快充桩集群之间的快速充电匹配过程，以解决具有不同充电需求的电动汽车在选择充电桩上的难题。

5.3.1 电动汽车充电引导需求及充电预约服务构架

随着通信技术的发展及各种充电平台的兴起，电动汽车与快充站之间的实时信息交互也愈加完善。以特来电充电服务应用 App 为例，电动汽车用户可将自身车辆的型号、续航等信息输入 App 中，在充电过程中随时查看剩余充电时间。同时，用户可以自由设置充电偏好，选择距离优先或者价格优先等，并添加出发时电动汽车的 SOC 和充电目标 SOC，App 会根据这些信息为电动汽车用户规划行程。这一系列过程可通过电动汽车充电预约服务平台来完成，其架构如图 5-8 所示。

电动汽车充电预约服务的决策过程如下。

(1) 云端决策平台作为信息交互与数据决策的主体，当电动汽车用户作出充电预约申请时，平台收集电动汽车与快充站的实时信息，电动汽车的实时信息包括当前经纬度、剩余 SOC 等，快充站的实时信息包括快充桩的在用状态、预约情况、等候时间、充电价格等。为了完成本次数据决策，云端决策平台需要先将电动汽车与快充站的经纬度上传至数字地图平台并进行行程规划。

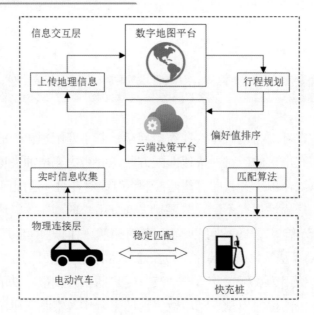

图 5-8 电动汽车充电预约服务平台构架

(2) 数字地图平台作为实时交通信息感知主体，当云端决策平台下达行程规划指令后，数字地图平台会根据当前电动汽车与快充站的经纬度及实时路况，规划电动汽车前往各座快充站的最佳路径并计算相应的行程时间，然后将数据返回至云端决策平台。

(3) 根据电动汽车用户本次的充电选择偏好，云端决策平台计算电动汽车对各快充桩的偏好值(快充桩侧同理)，最后通过匹配算法为电动汽车匹配快充桩，达成稳定匹配关系之后将结果告知用户。

另外，根据充电选择偏好可以将电动汽车用户分为距离敏感型用户、时间敏感型用户和价格敏感型用户。选择接受匹配结果的用户即预约成功，相应地，与之匹配的快充桩更新预约状态。若用户选择不接受本次匹配结果，则需要进入下一时间段进行匹配或自行寻找快充桩；若用户多次拒绝，则会进入惩罚阶段，导致在一段时间内无法进行匹配。

5.3.2 基于改进延迟接受算法的充电匹配策略

DA 算法是由美国学者 Gale 和 Shapley 提出的，用于解决"婚姻市场"中的一对一双边匹配问题，并证明了该算法所得匹配结果的稳定性，即一对一双边匹配市场中的集合 A 与集合 B，不存在对象 $a \in A$ 和对象 $b \in B$ 与当前匹配对象相比，

a 更倾向于 b，同时 b 也更倾向于 a。

但是在解决充电匹配问题方面，需要充电的电动汽车与空闲可用的快充桩二者之间往往无法构成一对一匹配，因此本节在 DA 算法的基础上，提出了改进多阶段 DA 算法，通过多轮次算法解决多对一匹配问题，并提出相应的电动汽车—快充桩滚动匹配策略。

1. 基于改进 DA 算法的充电匹配策略

设区域内有充电需求的电动汽车集合 S_{ev} 和快充桩集合 S_N 的表达式分别为

$$S_{ev} = \{1, 2, \cdots, N_{ev}\} \tag{5-53}$$
$$S_N = \{1, 2, \cdots, N_N\} \tag{5-54}$$

其中，N_{ev} 为电动汽车数量；N_N 为快充桩数量。

本节所提出的电动汽车—快充桩匹配策略的时序如图 5-9 所示。当下发匹配决策后，需要统计上一决策区间内电动汽车用户的预约数量，并将其作为当前决策区间的匹配对象。其中，用户作为发出充电申请的主体，在当前决策区间内，若 $N_{ev} \leqslant N_N$，则用户在第 1 轮次算法就可完成全部充电匹配；若 $N_{ev} > N_N$，则改进 DA 算法首先为 N_N 个用户完成充电匹配，快充桩根据匹配信息进行虚拟列队并更新预约状态，然后对剩余用户进行下一轮次匹配算法，直到所有用户均完成充电匹配。

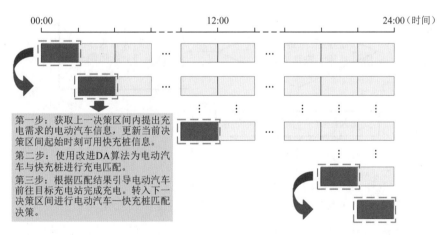

图 5-9　电动汽车—快充桩匹配策略的时序

电动汽车—快充桩的匹配决策流程如图 5-10 所示。在某一轮次的改进 DA 算法中，电动汽车与快充桩的匹配过程如下。

(1) 按照电动汽车对快充桩的偏好值进行排序，电动汽车依次选择排序最高的快充桩；按照快充桩对电动汽车的偏好值进行排序，快充桩依次选择接收其中排序最高的电动汽车。

(2) 未被接收的电动汽车继续选择排序次高的快充桩，同时快充桩可按照偏好值排序，拒绝之前的选择并接收排序更高的电动汽车。

(3) 重复步骤(2)中的过程，直到所有电动汽车均被接收，此时，电动汽车与快充桩达成唯一对应的稳定匹配关系。

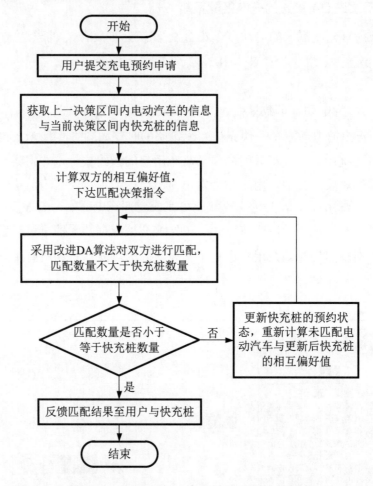

图 5-10　电动汽车—快充桩的匹配决策流程

为了计算电动汽车与快充桩之间的偏好值，需建立二者的偏好决策模型，通过目标函数量化双方之间的相互偏好程度，并形成对应的偏好序列。

2. 电动汽车用户的偏好决策模型

对于电动汽车用户而言，其在选择充电桩时主要考虑的因素包括行驶距离、排队时间、充电时间和充电电价等。通过调用数字地图接口，可以实现区域路网及交通流的精确建模，将行驶距离转化为行驶时间并与排队时间和充电时间一起作为用户的时间成本。因此，可只对时间敏感型用户和价格敏感型用户进行区分，将距离敏感型用户进行不接受匹配就近充电处理。

1) 电动汽车的充电时间

目前电动汽车快充一般都是先以一定的大功率将电池充电到额定容量的 80% 左右，然后采用小功率对电池进行慢充，以达到延长电池使用寿命的目的。因此设定电动汽车前往快充桩充电的目标 SOC 为 80%，其充电时间的表达式为

$$T_{\text{ch}}(i_{\text{ev}}, i_{\text{n}}) = T'_{\text{ch}}(i_{\text{ev}}) + \frac{D(i_{\text{ev}}, i_{\text{n}})\xi(i_{\text{ev}})}{P(i_{\text{ev}})} \tag{5-55}$$

$$T'_{\text{ch}}(i_{\text{ev}}) = \frac{(80\% - \text{Soc}^0(i_{\text{ev}}))C(i_{\text{ev}})}{P(i_{\text{ev}})} \tag{5-56}$$

其中，$T_{\text{ch}}(i_{\text{ev}}, i_{\text{n}})$ 为电动汽车 i_{ev} 前往快充桩 i_{n} 充电需要的时间；$D(i_{\text{ev}}, i_{\text{n}})$ 为电动汽车 i_{ev} 到快充桩 i_{n} 的通行距离；$\xi(i_{\text{ev}})$ 为电动汽车 i_{ev} 的单位里程耗电量；$P(i_{\text{ev}})$ 为电动汽车 i_{ev} 的充电功率；$\text{Soc}^0(i_{\text{ev}})$ 为电动汽车 i_{ev} 出发时的 SOC；$C(i_{\text{ev}})$ 为电动汽车 i_{ev} 的电池容量。

2) 电动汽车的最大可行驶里程约束

电动汽车的最大可行驶里程受到电池容量限制，当剩余 SOC 不足以支撑电动汽车前往更远的快充桩时，用户对快充桩的偏好序列中不会出现这些快充桩。最大可行驶里程的表达式为

$$\bar{D}(i_{\text{ev}}) = \frac{\text{Soc}^0(i_{\text{ev}})C(i_{\text{ev}})}{\xi(i_{\text{ev}})} \tag{5-57}$$

$$\bar{D}(i_{\text{ev}}, i_{\text{n}}) \leqslant \bar{D}(i_{\text{ev}}) \tag{5-58}$$

其中，$\bar{D}(i_{\text{ev}})$ 为电动汽车 i_{ev} 的最大可行驶里程；$\bar{D}(i_{\text{ev}}, i_{\text{n}})$ 为电动汽车 i_{ev} 与匹配快充桩 i_{n} 之间的距离，要求电动汽车与所匹配快充桩之间的距离不超过电动汽车的最大可行驶里程。

3) 电动汽车用户的利益目标函数

电动汽车用户的利益由时间成本和充电费用构成。借鉴时间价值模型对用户出行时间成本的量化研究，取用户的单位时间成本 $\rho = 35.31$ 元/小时。用户的利益目标函数的表达式为

$$\min F_{\text{ev}} = \alpha(i_{\text{ev}})T_{\text{sum}}(i_{\text{ev}}, i_{\text{n}})\rho + \beta(i_{\text{ev}})E(i_{\text{ev}}, i_{\text{n}}) \tag{5-59}$$

$$T_{\text{sum}}(i_{\text{ev}}, i_{\text{n}}) = T_{\text{a}}(i_{\text{ev}}, i_{\text{n}}) + T_{\text{f}}(i_{\text{ev}}, i_{\text{n}}) + T_{\text{ch}}(i_{\text{ev}}, i_{\text{n}}) \tag{5-60}$$

$$E(i_{ev}, i_n) = E'(i_{ev}, i_n) + D(i_{ev}, i_n)\xi(i_{ev})p(i_n) \tag{5-61}$$

$$E'(i_{ev}, i_n) = (80\% - \mathrm{Soc}^0(i_{ev}))C(i_{ev})p(i_n) \tag{5-62}$$

其中，$\alpha(i_{ev})$、$\beta(i_{ev})$ 分别为电动汽车用户 i_{ev} 的时间偏好权重和价格偏好权重，且有 $\alpha(i_{ev}) + \beta(i_{ev}) = 1$；$T_{sum}(i_{ev}, i_n)$ 为用户的时间成本，包括电动汽车 i_{ev} 驶向快充桩 i_n 的行驶时间 $T_a(i_{ev}, i_n)$、到达快充桩 i_n 后的排队时间 $T_f(i_{ev}, i_n)$ 和充电至目标 SOC 的充电时间 $T_{ch}(i_{ev}, i_n)$；$E(i_{ev}, i_n)$ 为电动汽车 i_{ev} 在快充桩 i_n 的充电费用；$p(i_n)$ 为快充桩 i_n 的充电电价。因此，电动汽车用户的利益目标函数是使时间成本和充电费用的加权量化值之和 F_{ev} 最小，并将该值作为用户对快充桩的偏好值。

在明确电动汽车用户的利益目标函数之后，云端决策平台将用户对每台快充桩的偏好值进行评价并排序。定义电动汽车 i_{ev} 用户对快充桩的偏好序列 $Z_{ev}(i_{ev})$ 的表达式为

$$Z_{ev}(i_{ev}) = \{F_{ev}(i_{ev}, 1), F_{ev}(i_{ev}, 2), \cdots, F_{ev}(i_{ev}, N_N)\} \tag{5-63}$$

$$\text{s.t.} \ \bar{D}(i_{ev}, i_n) \leqslant \bar{D}(i_{ev}) \qquad i_{ev} \in S_{ev}, i_n \in S_N \tag{5-64}$$

3. 快充桩的偏好决策模型

当快充站选择电动汽车用户时，其主要考虑自身的盈利和容量利用率均衡问题。为了保障电动汽车大规模接入时不出现严重的负荷波动，设定每台快充桩在每一轮次匹配最多接收 1 辆电动汽车。

1) 快充桩的单位时间盈利

快充站盈利的主要来源是用户的充电费用，充电站倾向于接收充电电量更大、距离更近的电动汽车，这样可以提升其单位时间盈利。每台快充桩单位时间盈利的表达式为

$$\varepsilon(i_n) = \frac{E(i_{ev}, i_n)}{T_{sum}(i_{ev}, i_n)} \tag{5-65}$$

其中，$\varepsilon(i_n)$ 为快充桩 i_n 的单位时间盈利，用电动汽车 i_{ev} 在快充桩 i_n 的充电费用与时间成本的比值来表示。

2) 快充桩的利益目标函数

定义快充桩的利益目标函数的表达式为

$$\max \ F_N = \varepsilon(i_n) \tag{5-66}$$

$$\text{s.t.} \sum_{i_{ev} \in S_{ev}} v(i_n, i_{ev}) = 1 \tag{5-67}$$

其中，$v(i_n, i_{ev})$ 为快充桩 i_n 接收电动汽车 i_{ev} 的标识变量。若快充桩 i_n 接收电动汽车 i_{ev}，则 $v(i_n, i_{ev}) = 1$；若快充桩 i_n 不接收电动汽车 i_{ev}，则 $v(i_n, i_{ev}) = 0$。因此，快

充桩的利益目标函数是使单位时间盈利最大，并将该值 F_N 作为快充桩对用户的偏好值。

同样地，云端决策平台将快充桩对各电动汽车用户的偏好值进行评价并排序。定义快充桩 i_n 对电动汽车用户的偏好序列 F_N 的表达式为

$$Z_N(i_n) = \{F_N(i_n,1), F_N(i_n,2), \cdots, F_N(i_n, N_{ev})\} \tag{5-68}$$

$$\text{s.t. } \bar{D}(i_{ev}, i_n) \leqslant \bar{D}(i_{ev}) \quad i_{ev} \in S_{ev}, i_n \in S_N \tag{5-69}$$

在完成电动汽车用户与快充桩之间相互的偏好值排序之后，可采用改进 DA 算法对二者进行匹配决策。

另外，为了衡量各快充站的容量利用率，需要对快充站与快充桩之间的隶属关系进行处理，其表达式为

$$S_A = \{1, 2, \cdots, N_A\} \tag{5-70}$$

$$S(i_a) = \{1, 2, \cdots, N_n^{i_a}\} \quad i_a \in S_A \tag{5-71}$$

其中，S_A 为区域内的快充站集合；N_A 为快充站数量；$S(i_a)$ 为快充站 i_a 内的快充桩集合；$N_n^{i_a}$ 为快充站 i_a 内的快充桩数量。在明确快充站与快充桩之间的隶属关系之后，可以通过快充站设备的服务强度来衡量快充站的容量利用率，定义快充站 i_a 服务强度 $\eta(i_a)$ 的表达式为

$$\eta(i_a) = \frac{\sum\limits_{i_{ev} \in S_{ev}} v(i_a, i_{ev}) P(i_{ev}) \Big/ \sum\limits_{i_{ev} \in S_{ev}} P(i_{ev})}{N_n^{i_a} / N_N} \tag{5-72}$$

$\eta(i_a)$ 的值越接近于 1，表示快充站 i_a 的服务强度越适中；同时，快充站之间的 $\eta(i_a)$ 差值越小，表示快充站之间的容量利用率越均衡。

5.3.3 算例分析

1. 算例设置

测试区域充电站信息及分布与 5.2.4 节保持一致，区域内共有 8 座快充站，包含 60 台快充桩。为了突出电动汽车在选择快充桩上的偏好差异，为 60 台快充桩设定了初始占用排队时间。参照图 5-9 所示的电动汽车—快充桩匹配策略的时序，算例中选择 1 个决策区间进行分析，电动汽车数量设置同 5.2.4 节，假设该决策区间内有 100 辆电动汽车提出充电申请。设置不同的场景验证本节所提充电匹配策略在电动汽车充电引导方面的效果。

(1) 设置无引导场景，用户不考虑充电电价并选择距离最近的快充站充电，

与本节所提充电匹配策略引导场景进行对比，分析快充站的盈利及容量利用率的变化。

(2) 改变时间敏感型用户和价格敏感型用户在所有电动汽车用户中的占比，分析用户偏好对匹配结果的影响。

2. 不同充电引导场景的结果分析

通过充电匹配策略将电动汽车引导至利用率低的快充站进行充电，是解决快充站利用率不均衡问题、合理分配充电资源并提高快充站服务效率的有效方法。通过无引导场景和本节所提充电匹配策略引导用户的充电场景，对比分析不同场景下快充站的容量利用率及盈利变化。在无引导场景下，所有用户默认采用就近充电匹配策略；而在本节所提充电匹配策略引导场景下，随机生成服从均匀分布的用户偏好权重 $\alpha(i_{ev})$ 和 $\beta(i_{ev})$。两种场景下电动汽车的总行驶时间、排队时间、时间成本、充电费用和快充站盈利结果如表 5-11 所示。其中，快充站盈利为所有快充桩单位时间盈利之和。

表 5-11 两种场景下的充电引导结果

场 景	总行驶时间(小时)	排队时间(小时)	时间成本(元)	充电费用(元)	快充站盈利(元/小时)
无引导	4.33	61.23	3129.21	2113.86	3593.04
本节所提充电匹配策略引导	8.99	16.84	1726.01	3986.58	8992.64

如表 5-11 所示，与无引导场景相比，在本节所提充电匹配策略引导场景下，用户总行驶时间增加了 4.66 小时，但排队时间节约了 44.39 小时。在无引导场景下，采用就近充电匹配策略虽然可以节省用户大部分的行驶时间，但这种无序状态下的充电行为容易产生快充站拥堵现象，给用户带来更多不必要的排队时间。从快充站的角度来看，与无引导场景相比，采用本节所提充电匹配策略可使快充站的单位时间盈利增加 150.28%。

两种场景下的快充站服务强度，如图 5-11 所示。在无引导场景下，各快充站的服务强度差别显著，其中以 3 号站和 7 号站最为明显。这两座站点附近产生的充电需求较多，使得服务强度比率过高，而部分站点的服务强度则接近为 0。采用充电匹配策略，即引导后场景中，各快充站的服务强度较为均衡，说明改进充电匹配策略有效平衡了不同快充站的容量利用率。

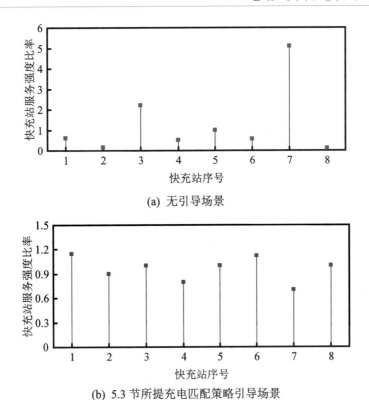

(a) 无引导场景

(b) 5.3 节所提充电匹配策略引导场景

图 5-11　两种场景下的快充站服务强度

3. 电动汽车用户偏好值对引导结果的影响分析

改进 DA 算法可以解决双边匹配中双方偏好不一致的问题，使得匹配双方都能得到相对满意的结果，不会出现某一方更加倾向于另一方的现象，即得到稳定匹配。与 5.2 节匹配方法相比，改进 DA 算法改善了一对一匹配的局限性，同时在匹配双方数量不一致的情况下，也能够达成匹配目标，并通过多轮次算法最终达到多对一匹配的目的。

为了验证所提充电匹配策略对用户偏好值的有效考虑，设定如下两种场景，并将其与 5.2 节匹配策略方法做一个验证分析。

场景 I：将 100 名用户中的 80 名设定为时间敏感型用户 $[\alpha(i_{ev}) > 0.5]$，其余均为价格敏感型用户。

场景 II：将 100 名用户中的 80 名设定为价格敏感型用户 $[\beta(i_{ev}) > 0.5]$，其余均为时间敏感型用户。

不同场景下的充电引导结果如表 5-12 所示。在场景 I 中，当采用 5.3 节所提策略时，用户的时间成本更小；在场景 II 中，价格敏感型用户所占比重高于时间敏感型用户，因此与场景Ⅰ相比，用户的时间成本有所提高，用户的充电费用得到了降低。总体来看，与5.2节策略相比，5.3节所提策略进一步节省了用户的时间成本和充电费用。

表5-12　不同场景下的充电引导结果

场景	时间成本(小时)		充电费用(元)		快充站盈利(元/小时)	
	5.2节策略	5.3节所提策略	5.2节策略	5.3节所提策略	5.2节策略	5.3本节所提策略
Ⅰ	52.15	48.68	4163.90	4028.40	8971.08	9026.29
Ⅱ	54.57	49.82	3983.22	3936.54	8651.48	8841.04

场景Ⅰ和场景Ⅱ中，电动汽车数量是快充桩数量的一倍多，车桩比大于1，因此，匹配需要经过两轮次完成。以场景Ⅰ为例，两种策略的匹配结果如表5-13和表5-14所示。

表5-13　场景Ⅰ下两种策略的匹配结果(第1轮次)

充电站号	充电桩数量(个)	5.2节策略匹配结果	5.3节策略匹配结果
1	11	2, 5, 16, 25, 29, 30, 40, 47, 49, 57, 60	22, 42, 55, 63, 86, 89, 90, 92, 95, 97, 98
2	4	7, 12, 27, 33	4, 5, 15, 75
3	3	28, 45, 52	39, 49, 64
4	6	13, 26, 34, 48, 56, 59	18, 20, 52, 58, 71, 99
5	3	11, 15, 21	38, 44, 78
6	15	1, 4, 8, 17, 19, 20, 31, 32, 36, 37, 41, 43, 44, 51, 54	13, 21, 23, 27, 29, 32, 34, 36, 47, 48, 59, 69, 74, 81, 88
7	6	23, 42, 46, 53, 55, 58	9, 40, 65, 67, 82, 84
8	12	3, 6, 9, 10, 14, 18, 22, 24, 35, 38, 39, 50	2, 12, 24, 26, 33, 60, 72, 73, 76, 77, 79, 85

由两轮次匹配结果可以看出，5.2节匹配策略在第1轮次匹配中是采用先对前60辆电动汽车进行引导，然后再对后40辆电动汽车进行引导。本节匹配策略在第1轮次匹配中，是在全部车辆之中寻找稳定匹配解，再对剩余车辆进行引导。因此，本节所提充电匹配策略可以在保证匹配双方整体利益不降低的情况下，同时优化个体的利益，并有效应用于电动汽车充电引导场景中。

表 5-14　场景Ⅰ下两种策略的匹配结果(第 2 轮次)

充电站号	充电桩数量(个)	5.2 节策略匹配结果	5.3 节策略匹配结果
1	11	68, 80, 82, 84, 85, 87, 91, 93, 94, 96, 99	11, 56, 83, 87, 91, 93, 94, 96, 100
2	4	/	28, 37
3	3	67, 71, 86	7, 46
4	6	/	41, 45, 54
5	3	/	31, 68
6	15	61, 62, 63, 64, 65, 66, 72, 75, 77, 81, 83, 88, 95, 98, 100	3, 10, 14, 17, 19, 50, 53, 61, 62, 66, 80
7	6	74	6, 30, 35
8	12	69, 70, 73, 76, 78, 79, 89, 90, 92, 97	1, 8, 16, 25, 43, 51, 57, 70

5.4　小　　结

本章围绕电动汽车充电引导与路径规划，首先，介绍了基于数字地图接口的动态路网模型，简述了基于数字地图接口实现的交通路网的动态建模过程，得益于数字地图背后 GIS 技术与 API 技术的加持，以及现代通信技术对实时道路信息的感知能力，路网模型的建立得到了较大程度的简化，通过输入起点与终点经纬度坐标便可实现两点间路径的寻优。

其次，介绍了基于赋权二部图匹配的电动汽车充电引导方法，构建了避免充电决策冲突的电动汽车充电引导策略，并分析了电动汽车与充电站在匹配选择上的各种偏好。借鉴匹配理论，分轮次完成电动汽车与充电设备的快速一对一匹配决策。仿真算例表明，该充电引导方法可以有效缓解用户选择目标充电站时的决策冲突问题，避免发生冲突后进行二次决策；同时，该方法能够根据充电站的地理位置及容量较为均衡地将电动汽车引导至不同充电站，有效均衡不同充电站设备利用率。

最后，介绍了基于改进延迟接受算法的电动汽车充电引导方法，侧重考虑电动汽车与充电桩在相互选择上的偏好问题，完善了电动汽车与充电设备在面对多对一匹配时的决策问题。通过匹配双方不断申请和接受与拒绝的过程最终达成稳定匹配，满足了用户不同的充电需求。在考虑快充站的容量利用率均衡问题上，实现了充电服务资源的合理分配。该方法能够在不降低匹配双方整体利益的同时，达到满足个体利益的目标，进一步降低电动汽车用户的成本并提高充电站的盈利水平。

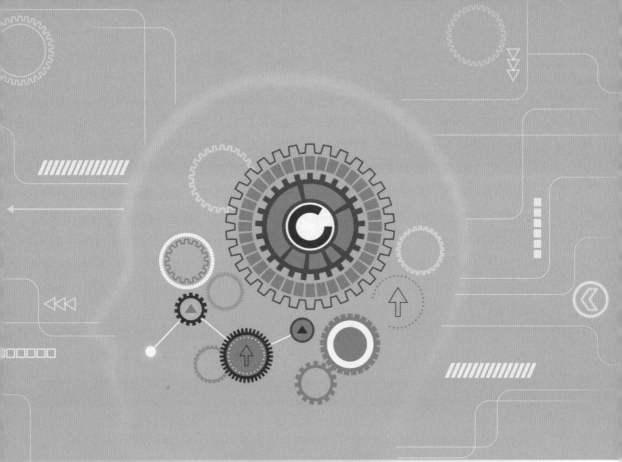

第 6 章

电动汽车参与电网调节互动

规模化电动汽车具有的移动储能特性在电网调节互动场景中具有广阔的应用前景，在如今"两个细则"管理办法推行的背景下，我国承担主要发电业务的火电机组存在机组出力调整缓慢的问题，在进行深度调峰时运行经济性较低，在参与电网调频场景中会出现调节速率低、调节精度差、响应速度慢、加速机组老化等问题。而电动汽车这种灵活性资源可以快速响应电网的互动指令，因此，利用电动汽车等新型储能资源参与电网互动场景具有很大的潜力。

本章从电动汽车参与调峰和调频这两个典型应用场景入手，在评估电动汽车参与电网调节互动潜力的基础上，提出规模化电动汽车参与调峰、调频的分析模型与方法。

6.1　电动汽车参与电网调节互动潜力评估

目前，电网中大部分电力仍由燃煤机组供应，此类机组调节灵活性较差，且进行深度调峰时的运行经济性较低，一般承担基荷的任务。电动汽车接入电网后会成为一种新型、大容量的负荷。一方面，电动汽车能通过平滑负荷曲线，降低机组的运行成本或者减少高峰负荷压力下对峰荷机组的投资，提高电网的经济性。另一方面，考虑新能源出力的不确定性，充分利用电动汽车的调节能力，能有效提高新能源的消纳能力。

为量化评估电动汽车参与调峰需求响应的潜力，本节基于电网机组组合模型建立电动汽车参与需求响应的潜力评估模型，将机组发电成本作为评估电动汽车参与电网需求响应的经济性指标，对比电网需求响应前后的运行成本和峰谷差，并通过多种线性化手段和滚动优化流程等求解方法提升模型求解效率。最后，以上海地区为例，评估电动汽车参与车网互动的潜力。

6.1.1　电动汽车潜力评估的建模方法

1. 电网机组组合模型

1) 目标函数

日前调度的机组组合问题是在遵守各类物理约束条件的前提下，优化此期间内可用机组的运行状态和出力，以最小化总发电成本，其表达式为

$$\min \quad \sum_{t \in S_T} \sum_{i \in S_G} \left[f_i(p_{i,t}) + c_{i,t}^{\text{start}} + c_{i,t}^{\text{shut}} \right] \tag{6-1}$$

系统中机组发电的总成本包括燃料成本、启动成本和停机成本。其中，S_T 是优化模型的周期时间段数，若优化周期长度为 T，优化时间步长为 Δt，则 $S_T = \{1, 2, \cdots, T/\Delta t\}$；$S_G$ 是发电机组的集合；$f_i(p_{i,t})$ 是 t 时间段机组 i 的燃料成本；$c_{i,t}^{\text{start}}$ 和 $c_{i,t}^{\text{shut}}$ 分别是 t 时间段机组 i 的启动成本和停机成本。其中，$f_i(p_{i,t})$、$c_{i,t}^{\text{start}}$ 和 $c_{i,t}^{\text{shut}}$ 的详细表达式为

$$f_i(p_{i,t}) = a_i p_{i,t}^2 + b_i p_{i,t} + c_i u_{i,t} \quad i \in S_G, t \in S_T \tag{6-2}$$

$$c_{i,t}^{\text{start}} = y_{i,t} C_i^{\text{start}} \quad i \in S_G, t \in S_T \tag{6-3}$$

$$c_{i,t}^{\text{shut}} = z_{i,t} C_i^{\text{shut}} \quad i \in S_G, t \in S_T \tag{6-4}$$

其中，$p_{i,t}$ 是机组 i 在 t 时间段的出力；$u_{i,t}$ 是表示机组运行状态的 0—1 变量，当机组处于运行和关机状态时，$u_{i,t}$ 分别取 1 和 0；a_i、b_i 和 c_i 是机组 i 计算 $f_i(p_{i,t})$ 的系数。$y_{i,t}$ 和 $z_{i,t}$ 是 0—1 变量，$y_{i,t}$ 在机组开机时为 1，其余时间段为 0；$z_{i,t}$ 在机组关机时为 1，其余时间段为 0。C_i^{start} 和 C_i^{shut} 分别是机组 i 单次开机和关机的成本。

2）约束条件

（1）系统功率平衡约束。功率平衡是指发用电保持平衡。除火力发电外，水电、核电等模式的发电比例也逐年上升，为简化模型，这里仅考虑外来水电并忽略网损。所有本地机组的出力和外来水电之和必须等于地区总负荷，其表达式为

$$\sum_{i \in S_G} p_{i,t} + P_{\text{hydro},t} = P_{D,t} \quad i \in S_G, t \in S_T \tag{6-5}$$

其中，$P_{\text{hydro},t}$ 为第 t 时间段输入地区电网的外来水电；$P_{D,t}$ 为第 t 时间段地区电网负荷。

（2）系统旋转备用约束。为应对电力系统中负荷波动较大或设备故障等突发性问题，电力系统中的机组需要一定的备用容量。具体约束表达式为

$$\sum_{i \in S_G} u_{i,t} P_{\max,i} \geqslant P_{D,t} + P_R \quad i \in S_G, t \in S_T \tag{6-6}$$

其中，$P_{\max,i}$ 为机组 i 的最大出力；P_R 为一个确定的旋转备用容量，一般选用计算时间段内最大负荷的 3%～5%，本节中取 3%。

（3）机组出力上下限约束。机组处于开机的正常运行状态时，$u_{i,t} = 1$，其功率被限制在机组出力上下限之间；当停机时，$u_{i,t} = 0$，此时功率 $p_{i,t}$ 为 0。其表达式为

$$u_{i,t} P_{\min,i} \leqslant p_{i,t} \leqslant u_{i,t} P_{\max,i} \quad i \in S_G, t \in S_T \tag{6-7}$$

其中，$P_{\min,i}$ 和 $P_{\max,i}$ 分别表示机组 i 的最小出力和最大出力。

(4) 机组出力爬坡约束。机组在向上或者向下调节发电功率(包括启动/关停)时会受到客观物理条件限制,因此单位时间段内的功率变化不能太大,称为爬坡约束,其表达式为

$$\begin{cases} p_{i,t} - p_{i,t-1} \leqslant u_{i,t-1}P_{\text{up},i} + \left(u_{i,t} - u_{i,t-1}\right)P_{\text{start},i} \\ p_{i,t-1} - p_{i,t} \leqslant u_{i,t}P_{\text{down},i} + \left(u_{i,t-1} - u_{i,t}\right)P_{\text{shut},i} \end{cases} \quad i \in S_{\text{G}}, t \in S_{T} \quad (6\text{-}8)$$

其中,$P_{\text{up},i}/P_{\text{down},i}$ 表示机组 i 在一个时间段内功率的最大向上/向下爬坡率;$P_{\text{start},i}/P_{\text{shut},i}$ 表示机组 i 在启动/停机功率变化率的限制,均取正值。

(5) 机组最小启停时间约束。同样受限于客观物理条件,机组开机/关机后必须保持一段时间后才能关停/启动,因此有最小启停时间约束,其表达式为

$$\begin{cases} \left(T_{\text{on},i}^{t-1} - T_{\text{on},i}^{\min}\right)\left(u_{i,t-1} - u_{i,t}\right) \geqslant 0 \\ \left(T_{\text{off},i}^{t-1} - T_{\text{off},i}^{\min}\right)\left(u_{i,t} - u_{i,t-1}\right) \geqslant 0 \end{cases} \quad i \in S_{\text{G}}, t \in S_{\text{T}} \quad (6\text{-}9)$$

其中,$T_{\text{on},i}^{t-1}/T_{\text{off},i}^{t-1}$ 是机组 i 从启动/停机时刻到 $t-1$ 时间段(包含 $t-1$ 时间段)的持续开机/停机时间;$T_{\text{on},i}^{\min}/T_{\text{off},i}^{\min}$ 表示机组 i 允许的最短持续开机/关停时间。

在式(6-9)中,当 $u_{i,t-1} = u_{i,t}$ 时,代表机组 i 在 $t-1$ 时间段和 t 时间段的状态没有变化,不等式由于左边为零而始终成立;当 $u_{i,t-1}=1$ 且 $u_{i,t}=0$ 时,表示机组 i 在 t 时间段停机,有 $\left(T_{\text{on},i}^{t-1} - T_{\text{on},i}^{\min}\right) \geqslant 0$ 且 $\left(T_{\text{off},i}^{t-1} - T_{\text{off},i}^{\min}\right) \leqslant 0$ 成立,后者由于 $T_{\text{off},i}^{t-1} = 0$ 而自然成立,前者 $T_{\text{on},i}^{t-1} \geqslant T_{\text{on},i}^{\min}$ 则表明在关机前,机组 i 连续运行时间已达到 $T_{\text{on},i}^{\min}$ 的要求;当 $u_{i,t-1}=0$ 且 $u_{i,t}=1$ 时,同理可知机组 i 在 t 时间段开机,持续关停的时间已达到 $T_{\text{off},i}^{\min}$ 的要求。

2. 基于机组组合模型的电动汽车潜力评估建模方法

基于上一部分建立的电网机组组合模型,接下来建立基于机组组合模型的电动汽车潜力评估模型。在不影响充电需求的情况下,对充电功率进行优化控制。

1) 电动汽车聚类约束

电动汽车数量庞大,难以准确预测每辆车的充电模式,且聚合商将每辆车的信息都提交给电网运营商存在通信量大、通信成本高、计算效率低等问题。聚类算法可以从原始的电动汽车充电模式中提取出相对少量的电动汽车典型充电模式,用于电网运营商对充电负荷的预测。

K 均值聚类算法是一种典型的无监督分类算法,可通过迭代求解,它认为两点之间的距离越近,则相似度越大。这里使用欧式距离作为距离测算方式。例如,点 (x_1, y_1) 和点 (x_2, y_2) 之间的欧式距离为 $\rho = \sqrt{\left(x_2 - x_1\right)^2 + \left(y_2 - y_1\right)^2}$。

K 均值聚类算法的具体步骤如下。

步骤 1：选择 k 个样本作为初始聚类中心：$a = a_1, a_2, \cdots, a_k$。

步骤 2：分别计算每个样本到 k 个聚类中心的欧式距离，并将样本分配到和它距离最近的聚类中心所对应的类别中。

步骤 3：对每个聚类 c_j，更新其聚类中心：$a_j = \dfrac{1}{n_j} \sum\limits_{x \in c_j} x$，其中，$n_j$ 表示属于聚类 c_j 的样本数。

步骤 4：重复步骤 2 和步骤 3，直至达到迭代次数或者新的聚类中心不再变化。

应用到电动汽车，可以用向量描述一辆电动汽车的充电模式，具体为：$(t_{\text{start}}, t_{\text{end}}, E_{\text{req}}^{\text{ev}})$。其中，$t_{\text{start}}$ 和 t_{end} 分别表示该充电模式接入电网和离开电网的时间；$E_{\text{req}}^{\text{ev}}$ 表示所需的充电能量，由电动汽车用户初始 SOC、期望 SOC 和电池容量决定。聚类算法将充电模式最接近的电动汽车划分至同一聚类。假设电动汽车均由不同聚合商管理，各聚类把聚类中心作为代表，其充电模式向量描述为：$\left[t_{\text{start}}(s, \pi), t_{\text{end}}(s, \pi), E_{\text{req}}^{\text{ev}}(s, \pi), v(s, \pi) \right]$，其中，$s$ 和 π 分别表示聚合商的编号及该聚合商管理下的聚类编号，$s = 1, 2, \cdots, N_A$，$\pi = 1, 2, \cdots, \Pi_s$，$v(s, \pi)$ 表示该充电模式包含的车辆数。满足以下表达式

$$\sum_{s=1}^{N_A} \sum_{\pi=1}^{\Pi_s} v(s, \pi) = N_{\text{ev}} \tag{6-10}$$

其中，N_{ev} 是电动汽车总数量。

2）充电需求满足约束

对电动汽车柔性负荷进行建模通常有两种方法：全局建模法和独立建模法。全局建模法是基于所有电动汽车充电需求的整体特征来描述电动汽车的充电过程，而独立建模法是基于每辆电动汽车的个体需求来描述电动汽车的充电过程。考虑到提出的聚类方法可有效减少充电模式的数量，从而减少独立建模法中的变量数，因此选择基于电动汽车聚类信息的独立建模法对灵活性电动汽车负荷进行建模，其表达式为

$$\eta_{\text{ch}} \sum_{t \in T(s, \pi)} P_t^{\text{ch}}(s, \pi) \Delta t = v(s, \pi) E_{\text{req}}^{\text{ev}}(s, \pi) \qquad (s, \pi) \in S_{\text{flexible}}^{\text{ev}} \tag{6-11}$$

$$v(s, \pi) P_{\min}^{\text{ch}}(s, \pi) \leqslant P^{\text{ch}}(s, \pi) \leqslant v(s, \pi) P_{\max}^{\text{ch}}(s, \pi) \qquad (s, \pi) \in S_{\text{flexible}}^{\text{ev}} \tag{6-12}$$

$$\begin{cases} p_t^{\text{ch}} = \sum\limits_{s=1}^{N_A} \sum\limits_{\pi=1}^{\Pi_s} P_t^{\text{ch}}(s, \pi) & (s, \pi) \in S_{\text{flexible}}^{\text{ev}} \\ \sum\limits_{i \in S_G} p_{i,t} + P_{\text{hydro},t} = P_{\text{D},t} + p_t^{\text{ch}} & t \in S_T \end{cases} \tag{6-13}$$

约束式(6-11)保证在接入电网时间段内，充电能量能够达到要求的能量

$E_{\text{req}}^{\text{ev}}(s,\pi)$。其中，$S_{\text{flexible}}^{\text{ev}}$ 表示接受调度的电动汽车典型充电模式集合；(s,π) 表示典型充电模式的编号；$T_{(s,\pi)}$ 由聚类 (s,π) 的接入电网和离开电网的时间决定；η_{ch} 是充电效率；$P_t^{\text{ch}}(s,\pi)$ 是聚类 (s,π) 的总充电功率；Δt 是时间步长。约束式(6-12)限制充电功率 $P_t^{\text{ch}}(s,\pi)$ 在上下限之内。约束式(6-13)可替代式(6-5)的系统功率平衡约束式，相当于在常规负荷的基础上加入可调度电动汽车的充电负荷。其中，p_t^{ch} 为可调度电动汽车的总充电负荷。

至此，基于机组组合模型的电动汽车潜力评估模型已建立完成，目标函数为最小化总发电成本，约束条件包括：考虑充电的系统功率平衡约束、系统旋转备用约束、机组出力上下限约束、机组出力爬坡约束、机组最小启停时间约束、电动汽车聚类约束和充电需求满足约束等。

6.1.2　潜力评估模型的高效求解方法

1. 潜力评估模型线性化的简化方法

传统的机组组合模型中存在变量的平方项、0—1 变量和两个变量相乘的情况，是典型的混合整数非线性规划问题，由于其高维度、非线性等特点而难以快速准确求解。但若能对其非线性项进行线性化处理，将其转变为混合整数线性规划问题，则可以使用商业求解器高效求解。因此，本小节提出针对潜力评估模型中机组组合模型的线性化方法，主要包括机组燃料成本的分段线性化、最小启停时间约束的线性化和机组启停爬坡的改进。

1) 机组燃料成本的分段线性化

机组组合问题目标函数中的燃料成本包含了机组发电功率变量的二次项。二次项为凸函数，可以通过分段线性化的方法进行近似线性处理，如图 6-1 所示。

分段线性化的公式为式(6-14)。分段线性化的方法是对区间进行等分。其中，M_i 为机组 i 功率的总分段数，例如，图 6-1 中分段数为 4，将从 $P_{\min,i}$ 到 $P_{\max,i}$ 一共划分为 4 个区间；m 为分段的序号；p_i^m 为功率分段区间上的出力功率，当 $m=0$ 和 $m=M_i$ 时，出力分别对应 $P_{\min,i}$ 和 $P_{\max,i}$；Δp_i^m 为机组 i 在第 m 个区间上的出力功率，其最小值为 0，最大值为 $p_i^m - p_i^{m-1}$，因此 $p_{i,t}$ 可以用 p_i^0 和 $\Delta p_{i,t}^m$ 的和表示；F_i^m 为机组 i 在第 m 个分段区间上拟合二次函数的直线的斜率；$f_i'(p_{i,t})$ 为分段线性化处理之后 $f_i(p_{i,t})$ 的表达式。

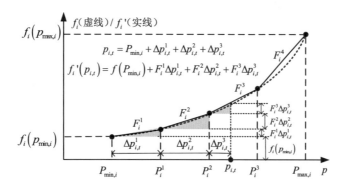

图 6-1 燃料成本的分段线性化近似线性处理

$$\begin{cases} p_i^m = P_{\min,i} + \left(P_{\max,i} - P_{\min,i}\right) \times m / M_i & i \in S_G \\ p_i^0 = P_{\min,i} & i \in S_G \\ p_i^{M_i} = P_{\max,i} & i \in S_G \\ 0 \leqslant \Delta p_{i,t}^m \leqslant p_i^m - p_i^{m-1} & i \in S_G, t \in S_T \\ p_{i,t} = u_{i,t} P_{\min,i} + \sum_{m=1}^{M_i} \Delta p_{i,t}^m & i \in S_G, t \in S_T \\ F_i^m = \dfrac{f_i\left(P_i^m\right) - f_i\left(P_i^{m-1}\right)}{P_i^m - P_i^{m-1}} = a_i\left(P_i^m + P_i^{m-1}\right) + b_i & i \in S_G \\ f_i{}'\left(p_{i,t}\right) = f_i\left(P_{\min,i}\right) + \sum_{m=1}^{M_i} F_{i,m} \Delta p_{i,t}^m & i \in S_G, t \in S_T \end{cases} \tag{6-14}$$

目标函数为最小化发电成本，因此该分段线性化方法具有良好的自趋优特性，即分段区间只有在前一段 $\Delta p_{i,t}^m$ 取满的情况下才能取下一段。通过分段线性化的方法，可以将式(6-2)中的平方项用式(6-14)进行处理。

2)　机组最小启停时间约束的线性化

机组最小启停时间约束式(6-9)中存在两个变量相乘的情况，为非线性约束，需要进行线性化处理。首先，明确发电机组开机变量 $y_{i,t}$、关机变量 $z_{i,t}$ 和运行状态变量 $u_{i,t}$ 的逻辑关系，其表达式为

$$u_{i,t} - u_{i,t-1} = y_{i,t} - z_{i,t} \qquad i \in S_G, t \in S_T \tag{6-15}$$

$$y_{i,t} + z_{i,t} \leqslant 1 \qquad i \in S_G, t \in S_T \tag{6-16}$$

当机组前后两个时段的运行状态变化时，式(6-15)保证开机状态 $y_{i,t}$ 和关机状态 $z_{i,t}$ 取值无误。式(6-16)确保开机和关机不会同时发生。

其次，用开机、关机和运行状态变量对约束式(6-9)进行改写，其表达式为

$$
\begin{cases}
\displaystyle\sum_{k=\max\left(t-T_{\text{on},i}^{\min}/\Delta t+1,1\right)}^{t} y_{i,k} \leqslant u_{i,t} & i\in S_{\text{G}}, t\in\left[N_i+1,T/\Delta t\right] \\[4mm]
\displaystyle\sum_{k=\max\left(t-T_{\text{off},j}^{\min}/\Delta t+1,1\right)}^{t} z_{i,k} \leqslant 1-u_{i,t} & i\in S_{\text{G}}, t\in\left[M_i+1,T/\Delta t\right]
\end{cases}
\tag{6-17}
$$

其中，$T_{\text{on},i}^{\min}/\Delta t$ 和 $T_{\text{off},i}^{\min}/\Delta t$ 分别为机组最短连续开机和关机时间段数，N_i 和 M_i 分别为在初始时刻仍需连续运行和仍需连续关机的时间段数。

3) 机组启停爬坡的改进

传统的机组组合模型通常假设机组能在单个时段内就能完成启停爬坡，即从出力为 0 升为 $P_{\min,i}$ 以上，或者从 $P_{\min,i}$ 以上降为 0。但是在电动汽车相关优化模型中一般以 15 分钟为优化步长，火电机组很难在这一个步长内完成启停，而是需要一个逐步爬升或者逐步下降的过程，如图 6-2 所示。

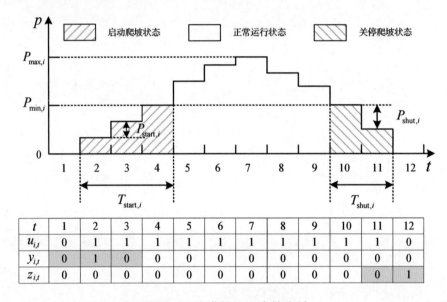

t	1	2	3	4	5	6	7	8	9	10	11	12
$u_{i,t}$	0	1	1	1	1	1	1	1	1	1	1	0
$y_{i,t}$	0	1	0	0	0	0	0	0	0	0	0	0
$z_{i,t}$	0	0	0	0	0	0	0	0	0	0	0	1

图 6-2 改进的机组启停爬坡

在图 6-2 中，机组在 $t=2$ 时刻开机，2～4 时间段为开机过程，5～9 时间段为正常运行时间段，10～11 时间段为关停过程，在 $t=12$ 时刻关机。图 6-2 下方表格展示了三个 0—1 变量在机组开关机过程中的取值情况。假设机组启停爬坡都遵循固定的爬坡率。在启动爬坡中机组爬坡率为 $P_{\text{start},i}$，$N_y=T_{\text{start},i}$ 或 $\Delta t=3$ 是功率从 0 开始逐级爬升至最小运行功率 $P_{\min,i}$ 或者 $P_{\min,i}$ 以上某值所需时间段数。其中，$T_{\text{start},i}$ 是启动爬坡所需时间，在启动过程即 $t\in[2,4]$ 时间段，有 $\displaystyle\sum_{k=1}^{N_y} y_{i,t-k+1}=1$，其他时间段则 $\displaystyle\sum_{k=1}^{N_y} y_{i,t-k+1}=0$。在停机爬坡中机组爬坡率为 $P_{\text{shut},i}$，$N_z=T_{\text{shut},i}$ 或 $\Delta t=2$ 是功率从最小运

行功率 $P_{\min,i}$ 或者 $P_{\min,i}$ 以上某值开始逐级下降至功率为 0 所需时间段数。其中，$T_{\text{shut},i}$ 是停机爬坡所需时间，在关停过程即 $t \in [10,11]$ 时间段，有 $\sum\limits_{k=1}^{N_z} z_{i,t+k} = 1$，其他时间段则 $\sum\limits_{k=1}^{N_z} z_{i,t+k} = 0$。

为了详细刻画机组在不同阶段的爬坡特性，本小节根据运行状态、启动状态和停机状态等三种状态爬坡的真实情况，对机组出力设置不同的上下限约束。

由于考虑启停爬坡后，机组发电功率会存在大于 0 但小于 $P_{\min,i}$ 的过程，式(6-7)的机组出力上下限约束已不再适用，而须变为以下表达式

$$u_{i,t}\varepsilon \leq p_{i,t} \leq u_{i,t}P_{\max,i} \qquad i \in S_G, t \in S_T \tag{6-18}$$

其中，ε 为一个极小正数。下面对启停爬坡过程 $p_{i,t}$ 的具体数值进行约束。

(1) 出力下限约束的表达式为

$$\begin{cases} p_{i,t} \geq P_{\min,i}\left(u_{i,t} - \sum\limits_{k=1}^{N_z} z_{i,t+k} - \sum\limits_{k=1}^{N_y} y_{i,t-k+1}\right) + \sum\limits_{k=1}^{N_y} kP_{\text{start},i}y_{i,t-k+1} & i \in S_G, t \in S_T \\ p_{i,t} \geq P_{\min,i}\left(u_{i,t} - \sum\limits_{k=1}^{N_z} z_{i,t+k} - \sum\limits_{k=1}^{N_y} y_{i,t-k+1}\right) + \sum\limits_{k=1}^{N_z} kP_{\text{shut},i}z_{i,t+k} & i \in S_G, t \in S_T \end{cases} \tag{6-19}$$

式(6-19)中，如果机组处于非启停的正常运行状态，则不等式右边分别为 $P_{\min,i}$ 和 0，则不等式转化为 $p_{i,t} \geq P_{\min,i}$；如果机组处于启停爬坡状态，有 $\sum\limits_{k=1}^{N_z} z_{i,t+k} = 1$ 或 $\sum\limits_{k=1}^{N_y} y_{i,t-k+1} = 1$，则不等式右边只剩下第二项，保证功率 $p_{i,t}$ 在 $\sum\limits_{k=1}^{N_y} kP_{\text{start},i}y_{i,t-k+1}$ 或 $\sum\limits_{k=1}^{N_z} kP_{\text{shut},i}z_{i,t+k}$ 之上。

(2) 出力上限约束的表达式为

$$\begin{cases} p_{i,t} \leq P_{\max,i}\left(u_{i,t} - \sum\limits_{k=1}^{N_y} y_{i,t-k+1}\right) + \sum\limits_{k=1}^{N_y} kP_{\text{start},i}y_{i,t-k+1} & i \in S_G, t \in S_T \\ p_{i,t} \leq P_{\max,i}\left(u_{i,t} - \sum\limits_{k=1}^{N_z} z_{i,t+k}\right) + \sum\limits_{k=1}^{N_z} kP_{\text{shut},i}z_{i,t+k} & i \in S_G, t \in S_T \end{cases} \tag{6-20}$$

式(6-20)中，如果机组处于非启停的正常运行状态，则不等式右边分别为 $P_{\max,i}$ 和 0，则不等式转化为 $p_{i,t} \leq P_{\max,i}$；如果机组处于启停爬坡状态，则不等式右边只剩下第二项，保证功率 $p_{i,t}$ 在 $\sum\limits_{k=1}^{N_y} kP_{\text{start},i}y_{i,t-k+1}$ 或 $\sum\limits_{k=1}^{N_z} kP_{\text{shut},i}z_{i,t+k}$ 之下。若将式(6-19)和式(6-20)结合起来，就可保证机组在启停时按照启停速率 $(P_{\text{start},i}/P_{\text{shut},i})$ 爬坡。

(3) 爬坡约束的表达式为

$$
\begin{cases}
p_{i,t} - p_{i,t-1} \geqslant -P_{\text{down},i} - M\left(\sum_{k=1}^{N_z} z_{i,t+k} + \sum_{k=1}^{N_y} y_{i,t-k+1} \right) & i \in S_G, t \in S_T \\
p_{i,t} - p_{i,t-1} \leqslant P_{\text{up},i} + M\left(\sum_{k=1}^{N_z} z_{i,t+k} + \sum_{k=1}^{N_y} y_{i,t-k+1} \right) & i \in S_G, t \in S_T
\end{cases}
\tag{6-21}
$$

其中，M 是一个极大数。在正常运行时，$\sum_{k=1}^{N_z} z_{i,t+k} + \sum_{k=1}^{N_y} y_{i,t-k+1} = 0$，则功率变化在 $P_{\text{down},i}$ 和 $P_{\text{up},i}$ 之间；在启停爬坡时，$\sum_{k=1}^{N_z} z_{i,t+k}$ 和 $\sum_{k=1}^{N_y} y_{i,t-k+1}$ 中必有一项为 1，上式成立。

综上所述，结合调度周期的变化，进一步细化启停爬坡过程和功率约束，可将原模型中的式(6-7)和式(6-8)替换为式(6-18)和式(6-21)。还需注意的是，由于考虑启停爬坡后，机组出力范围发生变化，因此，式(6-14)分段线性化中分段下限 $P_{\text{min},i}$ 也要相应变化为 $P_{\text{min},i}' = \min\left(P_{\text{start},i}, P_{\text{shut},i} \right)$。

至此，已完成对传统机组组合模型的线性化及启停爬坡部分的改进。改进后，6.1.1 节建立的电动汽车潜力评估模型就转化为一个 MILP 问题，可以用商业求解器高效求解。

2. 潜力评估模型滚动式求解流程

机组组合模型的日前调度以天为周期提前进行，由于很多电动汽车的充电行为开始于傍晚、结束于早晨，这将影响两天的机组发电计划。部分研究会将持续至第二天凌晨的负荷简化处理成当天凌晨的充电负荷，然而这并不符合真实调度情况，难以实际应用。为了解决电动汽车充电周期与日前机组组合模型的调度周期不一致的问题，同时准确评估电动汽车参与需求响应的经济性潜力，设计了长周期滚动优化过程，形成滚动的潜力评估模型。滚动优化是一种基于模型预测控制的控制方法，其基本原理是每次提前求解有限控制序列内(一个优化调度窗口)的优化问题，但仅执行该调度窗口内前几个控制序列的优化决策。在滚动优化方法的一个调度窗口内，初始的参数信息可以从实际系统中观测得到，而其他时间段的信息则是通过预测得到。在执行完前几个控制序列的优化结果后，系统将更新状态并移动到下一个调度窗口。不断重复上述步骤并执行整个调度周期的决策，直至将所有决策变量求解完成。图 6-3 所示为滚动优化，展示了滚动优化的执行流程。在提出的长周期滚动优化时间线中，优化窗口时长为 72 小时，优化步长为 15 分钟。需要注意的是，在该窗口最后的 24 小时内不考虑电动汽车参与需求响应，因为最后 24 小时内电动汽车的充电过程可能跨越到下一个优化窗口。

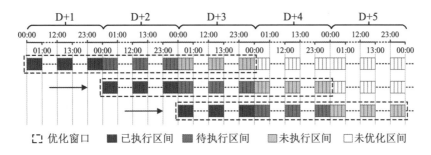

图 6-3　滚动优化

电网运营商获取常规负荷信息和来自聚合商的电动汽车信息，然后开启长周期滚动优化模型流程，其具体求解步骤如下。

步骤 1：观测初始时刻系统中的参数信息，并对优化窗口内其他时间段的参数信息进行预测。

步骤 2：在滚动优化窗口内求解电动汽车参与需求响应的潜力评估模型，对机组发电资源和电动汽车充电资源进行协调优化调度。生成整个优化窗口的调度计划后，窗口前 24 小时的优化结果被系统执行。

步骤 3：系统持续更新状态信息，直至下一个滚动优化窗口来临，又转至步骤 1。

基于线性化建模的电动汽车参与需求响应潜力评估模型，结合上述长周期滚动优化求解过程，可高效、准确地评估电动汽车对电网的影响。

6.1.3　电动汽车参与电网调节互动的潜力评估分析

下面以华东地区典型的受端城市电网——上海电网为例，基于去隐私化后的数据对电动汽车参与需求响应进行潜力评估。假设电动汽车总数为 50 万辆，对比电动汽车无序充电和参与需求响应有序充电对电网运行经济性的影响。算例场景设置如表 6-1 所示。

表 6-1　算例场景设置

算　例	算例描述	电动汽车数量(万辆)
算例 1	电动汽车无序充电	50
算例 2	电动汽车参与需求响应，进行有序充电	50

本节为潜力评估分析，以电动汽车最大潜力为准，因此这里假设所有电动汽

车均参与需求响应。根据充电开始时间、充电结束时间、充电电量等历史数据分别提取私桩聚合商和公桩聚合商管理下车辆聚类中心的数据，作为研究基准以表征全部车辆，假设各类电动汽车的充电效率 η_{ch} 为95%，私桩车的最大充电功率均为7kW，公桩车的最大充电功率有7kW、20kW、40kW和60kW等，具体由聚类结果确定。通过算例对本节提出的潜力评估模型进行验证，采用长周期滚动优化流程与商业求解器 Gurobi 求解。

1) 有无需求响应对比

在50万辆电动汽车的情况下，图6-4所示为算例1和算例2中电动汽车的充电负荷，图中对三次滚动优化的结果进行了拼接。充电功率曲线表明，算例1中电动汽车无序充电会导致大量充电负荷聚集在18:00—20:00的负荷高峰时段。在算例2中，电网运营商协调调度机组出力和电动汽车充电，通过调峰需求响应将充电负荷由峰时转移至谷时 0:00—6:00，有助于减少受端电网峰谷差。由图 6-4 可知，以最小化运行成本为目标函数的机组组合模型就可以达到削峰填谷的目的。

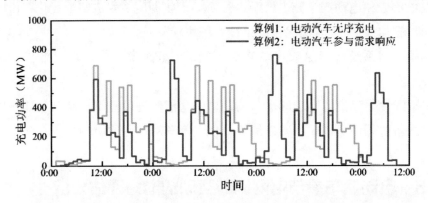

图6-4　算例1和算例2中电动汽车的充电负荷(50万辆电动汽车)

表 6-2 所示为算例1和算例2中某一天的成本优化结果。电网机组发电成本包含燃料成本和启停成本。与算例 1 相比，算例 2 中上海电网的总运行成本从4705.44 万元降至4571.13 万元，降低了2.85%。由表 6-2 可知，电动汽车参与需求响应后，电网机组的启停成本明显降低，因为电网运营商下发的充电指令对电动汽车充电负荷进行了转移，减少了机组在负荷峰时的开机次数与谷时的关机次数。即便考虑到在执行需求响应时需要对车主发放补贴，但补贴成本仍可能小于电动汽车为系统机组节约的成本。基于扣除水电后的基础负荷情况，已知电网在无电动汽车时峰谷差率为63.25%，算例 1 中峰谷差率为64.69%，表明电动汽车无序充电会加重电网调峰负担。但考虑需求响应后，峰谷差率降至算例 2 的

58.83%，说明电动汽车参与受端电网的需求响应可以减缓填谷调峰的压力。

表 6-2 算例成本优化结果(50 万辆电动汽车)

算　例	燃料成本(万元)	启停成本(万元)	总成本(万元)	峰谷差(MW)	峰谷差率(%)
算例 1	4544.00	161.44	4705.44	11217.20	64.69
算例 2	4509.15	61.98	4571.13	9872.28	58.83

2)　不同电动汽车数量对比

考虑到国家各项政策利好电动汽车，可以预见在未来电动汽车的保有量将急剧增加。预计到 2025 年，上海个人新购置车辆中纯电动汽车占比将超过 50%。为了进一步评估未来电动汽车参与需求响应的可行性和巨大潜力，下面将对不同数量的电动汽车参与电网调节的经济性潜力进行评估。

在假设电网容量和常规负荷规模不变的情况下，设置电动汽车总数 N_{ev} 为 50 万辆、100 万辆、155 万辆、200 万辆和 245 万辆，算例结果如图 6-5 和表 6-3 所示。

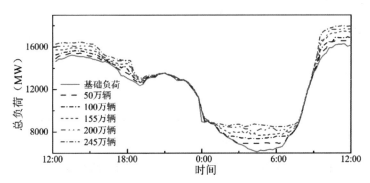

图 6-5 不同数量电动汽车参与需求响应的负荷曲线

随着电动汽车数量的增加，电网峰时(15:00—20:00)的负荷也随之增加，这是因为部分电动汽车的充电全周期处于负荷峰时内，即便充电负荷进行转移仍不能完全消除充电负荷对"峰上加峰"的影响。同时，当电动汽车总量规模逐渐增大时，调峰需求响应中可调度的充电资源也在增加，图 6-5 中的 1:00—8:00 的填谷容量明显增加。因此，电动汽车数量的增加降低了受端电网的峰谷差和峰谷差率(见表 6-3)，需求响应机制在总体情况上表现良好。

在滚动优化窗口的 24 小时内，图 6-6 分别以趋势图的形式展示了不同数量的电动汽车参与需求响应成本前后造成的电网经济效益变化，包括电网总成本及成本节约率。其中，成本节约率为节约的成本与原始总成本的比值。如图 6-6 所示，接入电网的电动汽车数量的增加会导致电网总成本的增加，但成本节约率也在稳步上升。同时，随着电动汽车规模扩大，电动汽车提升电网运行经济性的潜力逐渐增大。不同数量规模电动汽车的算例分析进一步验证了未来电动汽车参与需求响应的可行性和潜力。

表 6-3　不同数量电动汽车对电网峰谷差的影响

电动汽车数量(万辆)	峰谷差(MW)	峰谷差率(%)
0	10522.89	63.25
50	9872.27	58.83
100	10008.28	57.69
155	9789.40	56.14
200	9823.74	55.50
245	9481.20	52.80

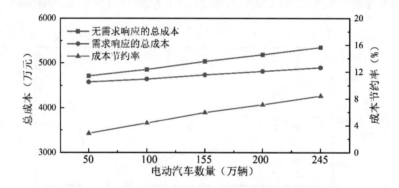

图 6-6　不同数量电动汽车参与需求响应的成本曲线

6.2　电动汽车参与电网削峰填谷应用

近年来，社会的飞速发展使电力系统负荷峰谷差呈逐年上升的趋势，以上海地区为例，上海电网对外来电的依赖程度较高，2019 年从外省市调入上海的电量超过了上海本地电的生产量；同时，上海本地发电以燃煤机组为主，调节性较差。这些因素给本地电网调度带来了巨大压力，尤其是削峰填谷方面。随着我国电动汽车保有量的增加，电动汽车可通过需求侧响应参与电网削峰填谷，接受电网调度，实现车网互动。

充电桩作为电动汽车参与电网削峰填谷的关键设施，主要分为私用充电桩与公共充电桩。本节围绕电动汽车参与电网削峰填谷应用，第一部分调度优化对象为私用充电桩聚合商(以下简称"私桩聚合商")及其管理下的电动汽车，建立面向私用桩的电动汽车运行优化模型及相应优化策略。第二部分调度优化对象为公共充电桩聚合商(以下简称"公桩聚合商")及其管理下的电动汽车，建立面向公共桩的电动汽车运行优化模型及相应优化策略。

6.2.1　面向私用桩的电动汽车削峰填谷应用

电动汽车可通过需求侧响应参与电网削峰填谷，接受电网调度，以车企为代表的私桩聚合商已经参与多次电网削峰填谷的试点活动。

1. 私桩聚合商削峰填谷场景分析

1)　削峰填谷调度方法

当电网运营商组织大规模私用桩用户参与削峰填谷，并按照充电量向个人车主发放削峰填谷补贴时，一般需要私用桩所属的车企作为聚合商负责宣传活动、远控充电、结算电量、代发放补贴等工作，从而提高电网和大规模电动汽车之间的信息、能量传输效率，同时私桩聚合商需要从补贴中抽取一定提成作为组织成本。例如，蔚来汽车响应上海市削峰填谷试点活动，组织旗下拥有私用桩的车主开展错峰充电，并发放蔚来 App 的积分补贴。目前，以车企为代表的私桩聚合商的主要收益来源仍是销售电动汽车，它们协助此类削峰填谷活动是为了通过降低消费者关心的充电费用而推广电动汽车。

通过上述分析可知，该场景下削峰填谷的直接受益者仍是电网运营商和用户，因此，在建模时，面向私用桩电动汽车调度的优化执行点仍在电网运营商处，属于集中优化。为解决集中优化所面临的维数灾难问题，本节使用聚合商作为信息处理的中转站，通过将电动汽车处理为集群的方式实现变量的降维。

对电网运营商来说，为量化电动汽车参与电网调度的价值，构建以电网发电成本最低为目标的日前—实时两阶段机组组合模型。日前阶段确定机组启停计划，实时阶段实施削峰填谷。

2)　削峰填谷组织方式

随着电动汽车规模的迅速扩大，管理、调度电动汽车参与削峰填谷的难度也在不断增加。私用桩的接入电网时间较长，而实际充满电所需时间较短，且充电桩等融合终端已具备基本测量、通信功能及远程控制功能，因此用户参与削峰填谷对其用电舒适性的影响较小，机会成本也较低。在保证充满电的情况下，参与削峰填谷还可获得额外补贴，减少充电费用，因此私用桩用户参与率比较高。但从尊重用户隐私的角度考虑，常见的集中式管理架构大多默认电动汽车被统一控制，没有充分考虑电动汽车用户参与意愿，实际应用中存在车主不愿意交出充电权的问题。

为尊重用户意愿，且保持集中式管理的模式不变，这里提出长期签约模式作为私桩聚合商和用户之间的组织方式。长期签约期间，私用桩车辆一旦接入电网，就授权私桩聚合商获取其充电信息且允许私桩聚合商按照电网指令调度其充电过程，用户无须再考虑充电过程，授权期间的充电为托管状态。而没有签约的用户则立即进行充电或者自定义充电模式。基于长期签约的削峰填谷组织方式在尊重用户心理意愿的前提下，既可充分发挥电动汽车可调度潜力，又可协调机组发电计划和电动汽车充电调度计划，从而提升电网运行的经济性。

3) 削峰填谷管理架构

面向私用桩的削峰填谷管理架构如图6-7所示，主要参与者包括电网运营商、私桩聚合商和电动汽车，其中私桩聚合商通常由车企担任。私桩聚合商作为网—车之间信息和能量的中转站，向上负责传递电动汽车实时集群信息，便于电网决策；向下负责分配电网的充电功率指令并进行充电过程控制。与电网直接集中控制相比，私桩聚合商有以下优势：①将分散的电动汽车聚合成较大的规模，参与削峰填谷；②收集实时充电数据；③提高削峰填谷的效率和便捷性；④充分尊重车主意愿；⑤为电动汽车参与削峰填谷提供调度平台和相应的融合终端设备。

私桩聚合商参与削峰填谷流程如图6-8所示，其中，t_{ddl}是指削峰填谷结束的时间，具体包括以下步骤。

步骤1：电网运营商提前发布削峰填谷信息，包括调峰类型(削峰/填谷)、响应时间、响应方式、激励方式、聚合商上传车辆参与信息的截止时间。

步骤2：聚合商将削峰填谷邀约下发至签订长期合约参与削峰填谷的电动汽车用户。

步骤3：在调峰时间段内，私桩聚合商将当下时刻接入电网的签约车辆信息实时发送至电网运营商。

步骤4：电网运营商基于实时电动汽车信息，建立并求解考虑电动汽车充电灵活性的机组经济调度模型，再分别向发电厂和各个聚合商下发优化后的机组出力调度指令和充电调度指令。

步骤5：聚合商根据电网运营商下发的调度指令控制签约车辆的充电过程。

步骤6：重复步骤3～步骤5，直到削峰填谷结束。

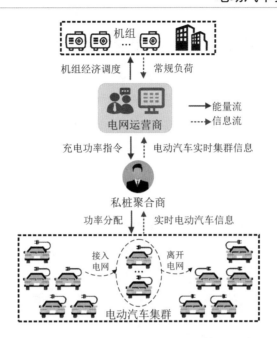

图 6-7 面向私用桩的削峰填谷管理架构

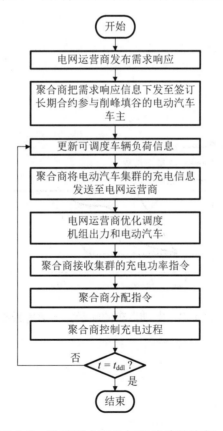

图 6-8 私桩聚合商参与削峰填谷流程

2. 考虑电网削峰填谷参与的私用桩优化调度方法

基于电网日前确定的机组启停计划，运行优化模型为实时阶段考虑电动汽车充电灵活性的机组经济调度模型，需要对机组和参与削峰填谷的电动汽车分别进行出力和充电功率的优化，其目标函数的表达式为

$$\min \sum_{t \in S_T} \sum_{i \in S_G} (a_i p_{i,t}^2 + b_i p_{i,t} + c_i u_{i,t}) \tag{6-22}$$

式(6-22)主要是机组燃料成本。由于启停计划已确定，故启停成本不计入实时调度的目标函数中。机组主要约束可参考 6.1 节，这里不再赘述。

在实时阶段，无法准确预测后续各个时间段接入电网的车辆情况，无法一次性优化求解出所有电动汽车在整个优化周期内的充电功率，因此需要建立单辆电动汽车时序性的充电模型，该模型除了对常规的充电功率上下限进行约束之外，还要考虑前后时间段的联系及保证电动汽车在离开时能充满电。

设一辆电动汽车在 t_{start} 接入电网，在 t_{end} 离开电网，$E_{\text{req}}^{\text{ev}}$ 是电动汽车充电结束时的期望电量，最快可在 $t_{\text{no-order}}$ 时充满电。对于拥有可调度能力(离开电网时间 t_{end} 大于充满电所需的最短时间 $t_{\text{no-order}}$)且同意参与削峰填谷的电动汽车，建立单辆电动汽车时序性充电模型。该模型是基于单辆电动汽车的能量上下边界模型，如图 6-9 所示。其中，能量上边界为车辆接入电网后立即以额定功率充至要求电量，能量下边界为车辆持续以额定功率充电并刚好在离开时达到期望电量，并限制车的能量轨迹只能在能量上边界和能量下边界之内波动。

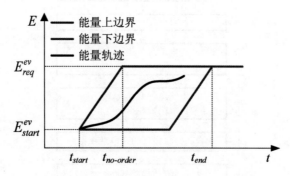

图 6-9 电动汽车的能量上下边界模型

单辆电动汽车时序性充电模型的表达式为

$$E_{k,t+1}^{\text{ev}} = E_{k,t}^{\text{ev}} + \eta_{\text{ch}} P_{k,t}^{\text{ch}} \Delta t \tag{6-23}$$

$$E_{k,t,\min}^{\text{ev}} \leqslant E_{k,t}^{\text{ev}} \leqslant E_{k,t,\max}^{\text{ev}} \tag{6-24}$$

$$P_{k,t,\min}^{\text{ch}} \leqslant P_{k,t}^{\text{ch}} \leqslant P_{k,t,\max}^{\text{ch}} \tag{6-25}$$

$$E_{k,t_{end},min}^{ev} = E_{k,t_{end},max}^{ev} = E_{k,req}^{ev} \tag{6-26}$$

$$P_{k,t,min}^{ch} = \max\left\{0,\left(E_{k,t,min}^{ev} - E_{k,t-1}^{ev}\right)/\eta/\Delta t\right\} \tag{6-27}$$

$$P_{k,t,max}^{ch} = \min\left\{P_{max}^{ch},\left(E_{k,t,max}^{ev} - E_{k,t-1}^{ev}\right)/\eta/\Delta t\right\} \tag{6-28}$$

式(6-23)为电动汽车电池能量前后时段的计算方式。其中 $E_{k,t}^{ev}$ 表示车辆 k 在时段 t 结束时的能量；η_{ch} 为充电效率；Δt 为优化周期的单位时间步长。式(6-24)表示限制电动汽车的能量必须在能量上下边界之内波动。式(6-25)表示电动汽车的功率上下限约束。式(6-26)保证电动汽车结束充电时达到要求电量。式(6-27)和式(6-28)进一步限制了电动汽车 k 在时间段 t 充电功率的下限和上限，其中 P_{max}^{ch} 表示充电桩的最大充电功率。如果前一时刻的电量 $E_{k,t-1}^{ev}$ 低于目前能量下边界 $E_{k,t,min}^{ev}$ 时，功率下限 $P_{k,t,min}^{ch}$ 会被要求提高；如果前一时刻的电量 $E_{k,t-1}^{ev}$ 较为接近目前能量上边界 $E_{k,t,max}^{ev}$ 时，功率上限 $P_{k,t,max}^{ch}$ 会被要求降低。

考虑接入私用桩的电动汽车数量众多，若为每辆电动汽车单独建立优化变量会引发维数灾难的问题，因此本节将电动汽车处理为集群：将一个优化调度周期内离开时间 t_{end} 相同的电动汽车当作一个集群，模型复杂度与电动汽车实际数量无关，而与优化时间段数有关。在面向私用桩的运行优化策略中，仅需用式(6-29)～式(6-34)中的数值替换式(6-23)～式(6-28)中的上限和下限，即可得到基于电动汽车集群的实时优化调度模型，具体表达式为

$$e_{m,t,min}^{ev} = \sum_{k=1}^{N_m} E_{k,t,min}^{ev} \tag{6-29}$$

$$e_{m,t,max}^{ev} = \sum_{k=1}^{N_m} E_{k,t,max}^{ev} \tag{6-30}$$

$$p_{m,t,min}^{ch} = \sum_{k=1}^{N_m} P_{k,t,min}^{ch} \tag{6-31}$$

$$p_{m,t,max}^{ch} = \sum_{k=1}^{N_m} P_{k,t,max}^{ch} \tag{6-32}$$

$$p_{m,t}^{ch} = \sum_{k=1}^{N_m} P_{k,t}^{ch} \tag{6-33}$$

$$e_{m,t+1}^{ev} = e_{m,t}^{ev} + \eta p_{m,t}^{ch}\Delta t \tag{6-34}$$

式(6-29)～式(6-34)表示集群能量和功率的限制值由所属该集群的电动汽车相应上限值和下限值进行累加得到。其中，N_m 为集群 m 包含的车辆数；$e_{m,t,min}^{ev}$ 和 $e_{m,t,max}^{ev}$ 分别代表集群 m 在时刻 t 的能量下限和上限；$p_{m,t,min}^{ch}$ 和 $p_{m,t,max}^{ch}$ 分别代表集群 m 在时刻 t 的充电功率最小值和最大值；$p_{m,t}^{ch}$ 为集群 m 的总充电功率。式(6-34)表示电动汽车集群能量前后时间段的计算方式。其中，$e_{m,t}^{ev}$ 是电动汽车集群 m 在时间段 t

结束时的能量。在模型的实际应用中，集群的各类上限和下限值随着新来车辆的接入保持不断更新。

建立基于电动汽车集群的相关变量及约束条件后，代入实时阶段的经济调度模型中进行求解，得到优化的集群充电功率 $p_{m,t}^{\text{ch*}}$，基于 $p_{m,t}^{\text{ch*}}$ 计算单辆车的实际充电功率。虽然集群内电动汽车的离开时间相同，但初始电量各不相同，为实现充电功率的按需分配，引入能量缓冲一致性算法，集群功率分配的表达式为

$$\lambda_{m,t} = \frac{P_{k,t}^{\text{ch*}}}{E_{k,\text{req}}^{\text{ev}} - E_{k,t-1}^{\text{ev}}} \qquad \forall k \in N_m \tag{6-35}$$

$$p_{m,t}^{\text{ch*}} = \sum_{k=1}^{N_m} P_{k,t}^{\text{ch*}} \tag{6-36}$$

式(6-35)中，$\lambda_{m,t}$ 表示集群 m 在时刻 t 的能量缓冲因子，$P_{k,t}^{\text{ch*}}$ 表示经过初步分配后的单辆车的充电功率，$\lambda_{m,t}$ 和 $P_{k,t}^{\text{ch*}}$ 可以通过求解式(6-35)和式(6-36)的多元线性方程组得到。需要注意的是，当 $E_{k,\text{req}}^{\text{ev}}$ 和 $E_{k,t-1}^{\text{ev}}$ 相等时，$P_{k,t}^{\text{ch*}}$ 为 0。由式(6-35)可知，若 $E_{k,\text{req}}^{\text{ev}}$ 和 $E_{k,t-1}^{\text{ev}}$ 的差值较大，则该辆车分配的功率较多；若两者差值较小，则分配的功率较少。因此使用一致性算法计算单辆车的充电功率时，可以实现充电功率按需分配，使车的电量状态尽可能趋于一致。但为了防止 $P_{k,t}^{\text{ch*}}$ 越限，还需对其进一步校验，得到实际的充电功率 $P_{k,t}^{\text{ch}}$，其表达式为

$$P_{k,t}^{\text{ch}} = \begin{cases} P_{k,t,\text{max}}^{\text{ch}} & P_{k,t}^{\text{ch*}} > P_{k,t,\text{max}}^{\text{ch}} \\ P_{k,t}^{\text{ch*}} & P_{k,t,\text{min}}^{\text{ch}} \leqslant P_{k,t}^{\text{ch*}} \leqslant P_{k,t,\text{max}}^{\text{ch}} \\ P_{k,t,\text{min}}^{\text{ch}} & P_{k,t}^{\text{ch*}} < P_{k,t,\text{min}}^{\text{ch}} \end{cases} \tag{6-37}$$

当校验后如果有车辆的分配功率超出上下限时，就会出现所有车实际充电功率之和 $\sum_{k=1}^{N_m} P_{k,t}^{\text{ch}}$ 与 $p_{m,t}^{\text{ch*}}$ 无法平衡的现象，若集群功率分配之后仍存在剩余功率，可用如下方法出力：已越限的电动汽车退出后续轮次分配，直接按照功率的上限或下限充电，对于剩余的待分配功率和未存在越限情况的电动汽车，再次按照式(6-35)和式(6-36)进行分配，重复以上过程，直至无功率剩余。

6.2.2 面向公共桩的电动汽车削峰填谷应用

与随车配建的私用桩相比，公共桩的地理位置更为集中，常以充电站的形式聚合出现，如小区充电站、CBD 园区充电站、商场地下停车场充电站等，公共桩的运营商即为公桩聚合商，一个聚合商可能管理多个充电站，如特来电、星星充

电等。公桩聚合商面临建设成本高和停车资源紧张等问题，需要寻求有效的运行优化策略，提升运营收益。

1. 公桩聚合商削峰填谷场景分析

1) 削峰填谷场景分析

不同于以车企为代表的私桩聚合商，公桩聚合商不销售车辆，而是通过提供充电服务与参加电网削峰填谷获利。电网运营商通过车联网平台提前将调峰信息下发至聚合商，包括调峰类型(削峰填谷)、响应时间、激励方式等，公桩聚合商选择是否报名参加即可。但公桩聚合商只有在接入的电动汽车自愿接受其调度时，才有能力参与削峰填谷。公共桩车辆习惯在白天充电，且每次接入电网的时间明显短于私用桩车辆，因此，充电灵活性相对更弱，参与削峰填谷降低其用电舒适性，且不能从电网运营商处直接获益，有时还需要利用 V2G 技术放电来进一步提升灵活性。

公桩聚合商为获取可调度资源，在满足用户充电需求的前提下，通过给予用户充电补贴和放电补贴激励用户接受聚合商的邀请。公桩聚合商需要提前反馈是否参加削峰填谷并制定双重补贴价格，因此，在日前阶段需要对用户的响应情况进行预估。考虑到用户是否响应存在不确定性，需要提出用户响应状态的不确定性模型。

在电网削峰填谷激励价格已经确定的情况下，该场景削峰填谷的直接受益者是公桩聚合商和用户，公桩聚合商需制定运行优化策略，用户需权衡各种因素后决定是否响应，因此属于分层管理架构。本节将用户决策通过用户响应状态的不确定性模型嵌入聚合商上层运行优化策略，从而使面向公共桩电动汽车调度的优化执行点仅在公桩聚合商处。

2) 削峰填谷组织方式

削峰填谷的组织方式重点在公桩聚合商和用户之间。考虑到用户自主决策过程存在认知偏差和偏好，而且响应后再决策需要时间成本，可能会导致响应延迟、决策效率低等问题，从而影响削峰填谷效果。为充分尊重用户意愿，且降低用户响应的难度，这里提出短期签约模式作为公桩聚合商和用户之间的组织方式。短期签约模式是指公桩聚合商和用户签订协议，用户授权公桩聚合商获得本次充放电的控制权，可以在一定限制条件内自由调度充放电过程以实现公桩聚合商目标，结束后公桩聚合商会给予用户一定补贴。通过简化用户响应后的操作，从而吸引更多的响应资源。

3) 削峰填谷管理架构

面向公共桩的削峰填谷管理架构如图 6-10 所示。能量方面，公桩聚合商从上接收来自电网运营商的购电量，并用于电动汽车的充电和放电管理。信息方面，公桩聚合商从上接收来自电网的电价信息和削峰填谷政策信息，向下传递充电和放电补贴价格，并基于历史数据预测用户的响应态势，再将负荷基线(日前)和真实负荷曲线(实时)反馈给电网。当不考虑 V2G 放电时，能量仅从电网运营商经公桩聚合商流向电动汽车；考虑 V2G 放电时，电动汽车直接向公桩聚合商管理下的其他电动汽车放电，避免向电网反送功率。

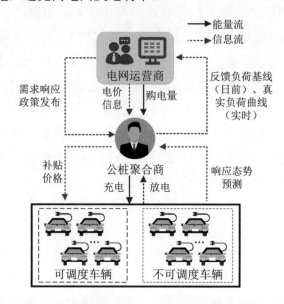

图 6-10　面向公共桩的削峰填谷管理架构

公桩聚合商参与削峰填谷流程如图 6-11 所示，其中，t_{ddl} 是指削峰填谷结束的时间，具体包括以下步骤。

步骤 1：电网运营商提前发布削峰填谷信息。

步骤 2：公桩聚合商在日前阶段根据电动汽车预测信息制定运行优化策略，包括充放电双重补贴价格。

步骤 3：实时阶段，当待充电车辆接入充电桩时，监测装置记录车辆接入时间，要求车辆上传提车时间及预期充电电量，针对有参与削峰填谷能力的车主显示补贴措施，并根据用户是否愿意签订短期合约将电动汽车分为可调度电动汽车和不可调度电动汽车。

步骤 4：公桩聚合商在实时阶段根据电动汽车信息制定运行优化策略，并进行充电控制。

步骤5：充电完成后，公桩聚合商按照协议给用户发放补贴。

步骤6：转到步骤3，直到削峰填谷结束。

步骤7：电网运营商根据负荷基线和激励价格给公桩聚合商结算补贴。

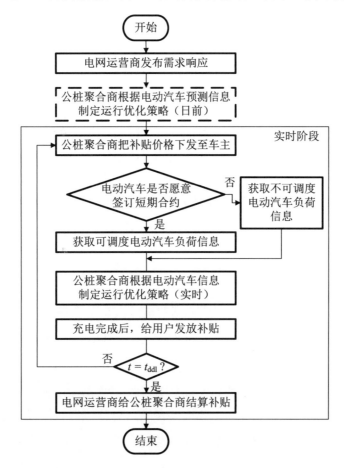

图 6-11 公桩聚合商参与削峰填谷流程

2. 考虑电网削峰填谷参与的公用桩优化调度方法

在面向公共桩的电动汽车运行优化策略中，由于削峰填谷的报名和确定补贴价格都需要公桩聚合商在削峰填谷正式开始之前完成。因此，本节重点关注日前阶段考虑双重补贴和电动汽车响应不确定性的公桩聚合商运行优化模型。

1) 目标函数

根据前文的分析，公桩聚合商的收益包括充电服务收益、削峰收益和填谷收益，成本包括购电成本、充电补贴成本和放电补贴成本。公桩聚合商运行优化策

略的目标为最大化整体收益，其表达式为

$$\max G = I_{\text{ser}} + I_{\text{peak}} + I_{\text{valley}} - C_{\text{e}} - C_{\text{ch}} - C_{\text{dis}} \tag{6-38}$$

其中，I_{ser} 为用户向公桩聚合商支付的充电费用；I_{peak} 和 I_{valley} 分别为电网运营商向公桩聚合商支付的削峰费用和填谷费用；C_{e} 为公桩聚合商向电网运营商支付的购电费用；C_{ch} 和 C_{dis} 分别为公桩聚合商向用户支付的充电补贴和放电补贴。它们的具体表达式为

$$I_{\text{ser}} = \sum_{k=1}^{N_{\text{ev}}} c_k^{\text{ev}} \left(\text{Soc}_k^{\text{tar}} - \text{Soc}_k^{\text{ini}} \right) s_{\text{ser}} \tag{6-39}$$

$$I_{\text{peak}} = \sum_{t \in T_{\text{p}}} \left(\max \left[P_{\text{ini},t} - \sum_{k=1}^{N_{\text{ev}}} (P_{k,t}^{\text{ch}} - P_{k,t}^{\text{dis}}), 0 \right] \right) s_{\text{p}}^{\text{dr}} \Delta t \tag{6-40}$$

$$I_{\text{valley}} = \Delta t \sum_{t \in T_{\text{v}}} \left(\max \left[\sum_{k=1}^{N_{\text{ev}}} (P_{k,t}^{\text{ch}} - P_{k,t}^{\text{dis}}) - P_{\text{ini},t}, 0 \right] \right) s_{\text{v}}^{\text{dr}} \tag{6-41}$$

$$C_{\text{e}} = \sum_{t \in T} \sum_{k=1}^{N_{\text{ev}}} (P_{k,t}^{\text{ch}} - P_{k,t}^{\text{dis}}) s_{\text{e},t} \Delta t \tag{6-42}$$

$$C_{\text{ch}} = \sum_{t \in T} \sum_{k=1}^{N_{\text{ev}}} P_{k,t}^{\text{ch}} s_{\text{c}} w(k) \Delta t \tag{6-43}$$

$$C_{\text{dis}} = \sum_{t \in T} \sum_{k=1}^{N_{\text{ev}}} P_{k,t}^{\text{dis}} s_{\text{d}} w(k) \Delta t \tag{6-44}$$

式(6-39)中，N_{ev} 为接入该公桩聚合商的电动汽车总数量；c_k^{ev} 为电动汽车 k 的电池容量；$\text{Soc}_k^{\text{tar}}$ 和 $\text{Soc}_k^{\text{ini}}$ 分别为目标 SOC 和起始 SOC；s_{ser} 为每度电的充电服务价格。削峰电量和填谷电量取决于负荷基线和削峰填谷时间段的充电功率，本部分以所有电动汽车均无序充电的负荷曲线为基线。式(6-40)中，Δt 为优化时间步长；T_{p} 为设定的削峰时间段；$P_{\text{ini},t}$ 为公桩聚合商负荷基线在时间段 t 的数值；$P_{k,t}^{\text{ch}}$ 和 $P_{k,t}^{\text{dis}}$ 分别为电动汽车 k 的充电功率和放电功率；s_{p}^{dr} 为削峰填谷的补偿单价；$\max(x,0)$ 表示在削峰期间当所有电动汽车的净功率比 $P_{\text{ini},t}$ 小时，削峰量为二者差值，否则削峰量为 0。其中，按照电动汽车是否参与削峰填谷可分为可调控功率和不可调控功率。式(6-41)中，T_{v} 为设定的削峰时间段；s_{v}^{dr} 为削峰填谷的补偿单价；在填谷期间当所有电动汽车的净功率比 $P_{\text{ini},t}$ 大时，填谷量为二者差值，否则填谷量为 0。式(6-42)中，$s_{\text{e},t}$ 为分时电价。式(6-43)中，s_{c} 为公桩聚合商给车主的充电补贴；$w(k)$ 为用户是否响应的标志，$w(k) = 0$ 表示用户不响应，$w(k) = 1$ 表示用户响应。式(6-44)中，s_{d} 为公桩聚合商给车主的放电补贴。在设置单一充电补贴 s_{c} 的场景下，放电功率为 0，目标函数中不考虑放电补贴。

2) 约束条件

(1) 功率约束。对于不可调度车辆，接入公共桩后立即以最大功率充电。对于可调度车辆，假设功率灵活可调，充放电功率不能超过上下限，其表达式为

$$0 \leqslant P_{k,t}^{\text{ch}} \leqslant P_{k,t,\max}^{\text{ch}} x_{k,t}^{\text{ch}} \qquad k \in \{w(k)=1\} \tag{6-45}$$

$$0 \leqslant P_{k,t}^{\text{dis}} \leqslant P_{k,t,\max}^{\text{dis}} (1-x_{k,t}^{\text{ch}}) \qquad k \in \{w(k)=1\} \tag{6-46}$$

$$P_{k,t}^{\text{ch}} = 0, P_{k,t}^{\text{dis}} = 0 \qquad t < t_{\text{start},k} \text{或} t > t_{\text{end},k} \tag{6-47}$$

其中，$P_{k,t,\max}^{\text{ch}} / P_{k,t,\max}^{\text{dis}}$ 表示车辆 k 在时间段 t 的最大充电/放电功率；$x_{k,t}^{\text{ch}}$ 为限制充放电同时进行的 0—1 变量，充电时为 1，放电时为 0。$k \in \{w(k)=1\}$ 表示该车辆状态为响应，其充放电功率可控。式(6-47)中，$t_{\text{start},k}$ 和 $t_{\text{end},k}$ 分别为车辆 k 到达和离开充电桩的时间，在此区间外的充放电功率被限制为 0。

(2) 充放电过程约束。

$$\sum_{k=1}^{N_{\text{ev}}} (P_{k,t}^{\text{ch}} - P_{k,t}^{\text{dis}}) \geqslant 0 \tag{6-48}$$

式(6-48)要求电动汽车的总充电功率大于或等于总放电功率，从而避免向电网反送功率的情况出现。

(3) 电量约束。电动汽车荷电状态 SOC 相关约束的表达式为

$$\text{Soc}_k^{\min} \leqslant \text{Soc}_{k,t} \leqslant \text{Soc}_k^{\max} \tag{6-49}$$

$$\text{Soc}_{k,t} = \text{Soc}_{k,t-1} + \left(P_{k,t}^{\text{ch}} \eta_{\text{ch}} - P_{k,t}^{\text{dis}} / \eta_{\text{dis}} \right) \Delta t / c_k^{\text{EV}} \tag{6-50}$$

$$\text{Soc}_{k,t} = \text{Soc}_k^{\text{ini}} \qquad t = t_{\text{start},k} \tag{6-51}$$

$$\text{Soc}_{k,t} = \text{Soc}_k^{\text{tar}} \qquad t = t_{\text{end},k} \tag{6-52}$$

其中，$\text{Soc}_k^{\min}$ 和 $\text{Soc}_k^{\max}$ 为电动汽车 k 允许的最小 SOC 和最大 SOC；$\text{Soc}_{k,t}$ 和 $\text{Soc}_{k,t-1}$ 为车辆在时间段 t 和 $t-1$ 的荷电状态；η_{ch} 和 η_{dis} 分别为电池充电效率和放电效率。式(6-50)为 SOC 与充放电功率的关系；式(6-51)保证 $\text{Soc}_{i,t}$ 符合电动汽车初始荷电状态；式(6-52)保证用户在离开时电量达到目标状态。

(4) 不确定性响应状态。对于电网运营商或者公桩聚合商发布的激励型削峰填谷，用户有响应和不响应两种状态，选择响应便代表愿意接受充电控制。但用户行为习惯和心理不同，是否响应往往存在不确定性，因此需要建立用户响应状态的不确定性模型。

为了更真实地模拟用户心理，假设用户响应与否的状态具有一定模糊性。可以使用响应度来刻画用户的意愿，当响应度大于设定阈值时，用户才为响应状态，两者对应关系的表达式为

$$w(i)(\sigma(i)) = \begin{cases} 0 & \sigma(i) < \sigma_{\mathrm{T}} \\ 1 & \sigma(i) \geqslant \sigma_{\mathrm{T}} \end{cases} \tag{6-53}$$

其中，$w(i)$和$\sigma(i)$分别为用户i的响应状态和响应度。σ_{T}为是否响应的阈值，当$\sigma(i)$小于σ_{T}时，$w(i)=0$，用户不响应；否则，$w(i)=1$，用户响应。其中，σ_{T}取决于用户的消费观念和消费水平，可由历史统计数据得出。

考虑到用户响应误差随着补偿价格的增加有先增加后减少的趋势，基于消费者心理学模型，用户响应状态的不确定性模型如图 6-12 所示，该图显示了基于激励的需求响应(Incentive-based Demand Response，IDR)补贴价格和用户响应度的关系。

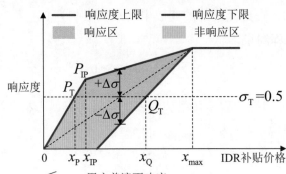

$x \leqslant x_{\mathrm{P}}$：用户普遍不响应

$x_{\mathrm{P}} < x < x_{\mathrm{Q}}$：用户可能响应也可能不响应

$x \geqslant x_{\mathrm{Q}}$：用户普遍都响应

图 6-12　用户响应状态的不确定性模型

由图 6-12 响应区和非响应区色块可知：当 IDR 补贴价格低于x_{P}时，状态均为不响应；当补贴价格高于x_{Q}时，状态均为响应；当补贴价格处于两者之间时，响应状态存在不确定性。用户的响应度在上限和下限之间任意取值，而上限和下限之间的差距$\pm\Delta\sigma$表示犹豫程度，可以发现，随着补贴价格的增加，$\Delta\sigma$先变大后变小。当补贴为 0 时，$\Delta\sigma=0$，表示用户会拒绝响应；然后随着补贴价格的增加，$\Delta\sigma$逐渐变大；当达到点P_{IP}对应的补贴x_{IP}时，$\Delta\sigma$最大；随后补贴价格越来越吸引人，$\Delta\sigma$逐渐变小，用户开始逐渐选择响应而不是犹豫不决；当达到$x_{\max}$时，用户响应意愿最高。

若采用数学模型来描述响应度的变化过程，则表达式为

$$\sigma(i) = \begin{cases} 0 & x(i) \leqslant 0 \\ \min\left\{\max\left[k_r x(i) \pm \Delta\sigma(i), 0\right], 1\right\} & 0 < x(i) < x_{max} \\ 1 & x(i) \geqslant x_{max} \end{cases} \quad (6\text{-}54)$$

其中，k_r 表示响应度随 IDR 补贴价格变化的斜率；x_{max} 为响应度饱和时的补贴价格。$\Delta\sigma$ 为用户犹豫程度，可用分段线性函数表示，其表达式为

$$\Delta\sigma(i) = \begin{cases} 0 & x(i) \leqslant 0 \text{或} x(i) \geqslant x_{max} \\ k_1 x(i) & 0 < x(i) < x_{IP} \\ k_1 x_{IP} + k_2\left[x(i) - x_{IP}\right] & x_{IP} \leqslant x(i) < x_{max} \end{cases} \quad (6\text{-}55)$$

其中，k_1 和 k_2 分别为分段线性函数对应的斜率；x_{IP} 为 P_{IP} 点对应的补贴价格。

若响应度的下限和上限分别为 $\sigma_{down}(i)$ 和 $\sigma_{up}(i)$，那么用户的响应度会在 $\sigma_{down}(i)$ 和 $\sigma_{up}(i)$ 之间随机波动，这里将这种随机性简单刻画为均匀分布，具体表达式为

$$\sigma(i) \sim U\left[\sigma_{down}(i), \sigma_{up}(i)\right] \quad (6\text{-}56)$$

当电动汽车仅充电的可调度潜力不足时，通过 V2G 技术进行充放电管理也是提升电动汽车削峰填谷能力的方法之一。此时，IDR 补贴 $x(i)$ 由充电补贴和放电补贴构成，具体表达式为

$$x(i) = \alpha s_c + \beta(s_d - \varphi_d - \varphi_c) \quad (6\text{-}57)$$

其中，s_c 和 s_d 分别为给车主充电和放电的补贴价格；α 和 β 分别为充电和放电对用户的吸引力指数；φ_d 为放电损耗成本；φ_c 为放电后补偿性充电的损耗成本，这里会折算成常数值。只有当放电补贴高于损耗成本时，放电活动才对用户有吸引力。充放电管理下，不考虑用户补偿性充电需支付的电费，只根据用户离开时的电量计算费用。

用户 k 是否响应标志 $w(k)$ 取决于响应度 $\sigma(k)$ 的大小，而响应度 $\sigma(k)$ 又由充放电补贴 s_c 和 s_d 决定，补贴越高，响应度自然越高。

至此，以公桩聚合商收益最大化为目标的运行优化模型已建立完成，目标函数为式(6-38)～式(6-44)，约束条件为式(6-45)～式(6-57)。

6.3 电动汽车参与电网频率调节应用

规模化的电动汽车可以提供 GW(十亿瓦特)以上的功率、小时级持续放电时间、毫秒级响应速度和稳定精准控制特性等。根据这些特性,电动汽车可以作为一种新型的调频资源。用电动汽车参与调频在国外已经有了实际案例,2020—2021年,汽车制造商菲亚特克莱斯勒于意大利北部都灵投资了一项试点,利用 32 个充电桩开展调频辅助服务,参与规模从 10 辆电动汽车扩展到 700 辆电动汽车;而我国江西、湖北、安徽和浙江等地区也已经明确宣布调频市场主体包括负荷聚合商(含充电桩运营商等)。

在电动汽车参与电网频率调节的场景中,需要快速、准确、经济和安全地将调频指令分解给各个调频参与主体。本节在建立电动汽车与电网信息互动架构的基础上,围绕实时信息上报与实时调频指令分解两个环节,考虑对应网架结构和电动汽车用户需求,以经济性和安全性为目标提出了电动汽车参与电网频率调节应用的优化调控方法。

6.3.1 电动汽车与电网信息互动架构

在每个频率调节周期内,电动汽车与电网信息的互动过程分为两个环节:实时能力评估与实时指令分解,分别将在 6.3.2 节与 6.3.3 节进行阐述。在这两个环节中的信息互动都围绕着电网层、聚合商层和电动汽车层展开,电动汽车与电网信息互动架构如图 6-13 所示。

6.3.2 电动汽车参与电网频率调节实时能力评估

1. 实时可调度功率

在 6.2 节的图 6-9 中展示了考虑功率约束和能量约束的电动汽车的能量上下边界模型,在本节中对该模型进一步深化。为满足用户充电需求,利用对应的出行约束、功率约束、电量约束,计算出单辆电动汽车在整个调度时间段内的可调度能力可行域,如图 6-14 所示。

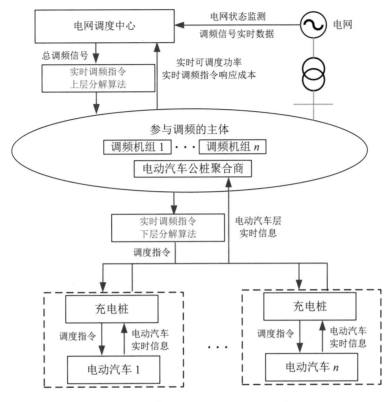

图 6-13　电动汽车与电网信息互动架构

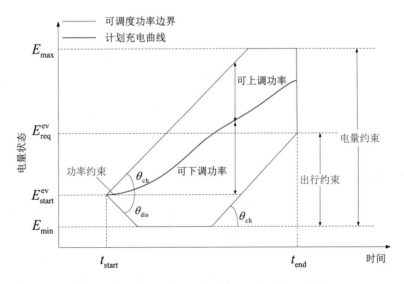

图 6-14　单辆电动汽车可调度能力可行域

利用当前时刻的实时数据可以得到电动汽车对应的实时可调度功率，其表达式为

$$E_{k,t+1}^{\text{evbase}} = E_{k,\text{req}}^{\text{ev}} - \left[t_{k,\text{end}} - (t + \Delta t) \right] P_{\max} \eta_{\text{ch}} \tag{6-58}$$

$$P_{k,t}^{+} = \min \left(\frac{E_{\max} - E_{k,t}^{\text{ev}}}{\eta_{\text{ch}} \Delta t}, P_{\max} \right) - P_{k,t} \tag{6-59}$$

$$P_{k,t}^{-} = \begin{cases} \max \left(\dfrac{E_{k,t+\Delta t}^{\text{evbase}} - E_{k,t}^{\text{ev}}}{\eta_{\text{ch}} \Delta t}, 0 \right) - P_{k,t} & \text{if } \dfrac{E_{k,t+\Delta t}^{\text{evbase}} - E_{k,t}^{\text{ev}}}{\eta_{\text{ch}} \Delta t} \geqslant -P_{k,t} \\[4mm] \max \left\{ \dfrac{(E_{k,t+\Delta t}^{\text{evbase}} - E_{k,t}^{\text{ev}}) \times \eta_{\text{dis}}}{\Delta t}, -P_{\max} \right\} - P_{k,t} & \text{if } \dfrac{E_{k,t+\Delta t}^{\text{evbase}} - E_{k,t}^{\text{ev}}}{\eta_{\text{ch}} \Delta t} < -P_{k,t} \end{cases} \tag{6-60}$$

其中，$E_{k,t}^{\text{ev}}$ 表示第 k 辆电动汽车在当前时刻对应计划的电量状态；$E_{k,t+1}^{\text{evbase}}$ 表示第 k 辆电动汽车在下一时刻为满足用户充电需求所对应的最小电量状态；$t_{k,\text{end}}$ 表示第 k 辆电动汽车对应的充电结束时间；$P_{k,t}$ 表示第 k 辆电动汽车在该时刻对应的计划充电功率；$P_{k,t}^{+}$ 和 $P_{k,t}^{-}$ 分别表示第 k 辆电动汽车在当前时刻的可上调功率和可下调功率；$E_{k,\text{req}}^{\text{ev}}$ 表示第 k 辆电动汽车充电结束时的期望电量；$P_{\max}$ 和 $E_{\max}$ 分别表示充电功率的上限和充电电量的上限；η_{ch} 和 η_{dis} 分别表示充电效率和放电效率。

利用式(6-58)～式(6-60)可计算得到该电动汽车实时可调度功率。式(6-58)用于满足用户的充电需求，从而保证电动汽车参与调频不影响用户的出行需求；式(6-59)～式(6-60)分别对应电动汽车该时间段可上调功率和可下调功率。

依据单辆车的实时可调度功率可以计算得到聚合商对应时段的实时可调度功率，其表达式为

$$P_{\text{agg},t}^{+} = \sum_{k=1}^{N_t} P_{k,t}^{+} \tag{6-61}$$

$$P_{\text{agg},t}^{-} = \sum_{k=1}^{N_t} P_{k,t}^{-} \tag{6-62}$$

其中，$P_{\text{agg},t}^{+}$ 和 $P_{\text{agg},t}^{-}$ 分别表示对应时刻聚合商的实时可上调功率和可下调功率；N_t 表示对应时刻聚合商内接入的电动汽车数量。

2. 实时调频指令响应成本

对于电动汽车来说，参与调频的经济成本主要来源于电池寿命损耗，因此聚合商层响应调频指令的成本就要考虑这一方面，本节使用了一种精细化的电池储能寿命损耗模型。该寿命损耗模型较为复杂，每时刻对应响应调频指令的单位成本都是变化的，需要利用分段线性化进行处理，而不同类型的电动汽车电池具有不同的电量，因此对该分段线性化寿命损耗模型进行了改进，其表达式为

$$F(E) \approx F(E_{\min}) + \sum_{i=1}^{N} \varphi_E^i \Delta_E^i \tag{6-63}$$

$$\sum_{i=1}^{N} \Delta_{\mathrm{E}}^{i} = E - E_{\min} \tag{6-64}$$

$$\overline{\Delta}_{\mathrm{E}} = (E_{\max} - E_{\min}) / N \tag{6-65}$$

$$\varphi_{\mathrm{E}}^{i} = \frac{F(E_{\min} + i \cdot \overline{\Delta}_{\mathrm{E}}) - F(E_{\min} + (i-1) \cdot \overline{\Delta}_{\mathrm{E}})}{\overline{\Delta}_{\mathrm{E}}} \tag{6-66}$$

$$\Delta_{\mathrm{E}}^{i} = \max\left\{\min\left[E - E_{\min} - (i-1) \cdot \overline{\Delta}_{\mathrm{E}}, \overline{\Delta}_{\mathrm{E}}\right], 0\right\} \tag{6-67}$$

其中，F 为电池电量变化对应的寿命损耗函数；N 为分段数；i 为分段的序号；Δ_{E}^{i} 为对应分段的长度；$\overline{\Delta}_{\mathrm{E}}$ 为分段的长度上限；φ_{E}^{i} 为对应分段的斜率；E 为电动汽车电池当前的电量；$E_{\min}$ 和 $E_{\max}$ 分别对应电池电量的下限和上限。分段线性化后的寿命损耗模型和原模型的关系如图 6-15 所示。

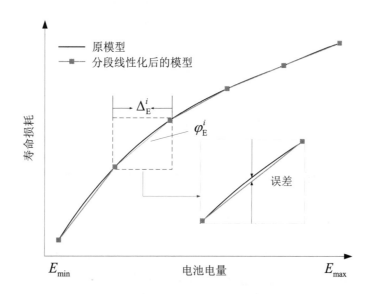

图 6-15 分段线性化后的寿命损耗模型和原模型的关系

根据每辆电动汽车当前的电量状态，可以确定其在图 6-15 曲线上的位置。电动汽车有本身计划的充电功率，因此需要减去充电部分的最大下调功率来计算其在对应寿命损耗分段上的可放电功率，其表达式为

$$P_{k,t}^{\mathrm{ch}-} = \max\left[\frac{E_{k,t+\Delta t}^{\mathrm{evbase}} - E_{k,t}^{\mathrm{ev}}}{\eta_{\mathrm{ch}} \Delta t}, 0\right] - P_{k,t} \tag{6-68}$$

$$E_{k,t}^{\mathrm{dis,ev}} = E_{k,t}^{\mathrm{ev}} - P_{k,t}^{\mathrm{ch},-} \eta_{\mathrm{ch}} \Delta t \tag{6-69}$$

$$P_{k,t}^{\mathrm{dis},i-} = \max\left[\frac{(E_{\min}^{i} - E_{k,t}^{\mathrm{dis,ev}})\eta_{\mathrm{dis}}}{\Delta t}, \frac{(E_{k,t+\Delta t}^{\mathrm{evbase}} - E_{k,t}^{\mathrm{dis,ev}})\eta_{\mathrm{dis}}}{\Delta t}, -P_{\max}\right] \tag{6-70}$$

其中，$P_{k,t}^{\mathrm{ch},-}$ 表示第 k 辆电动汽车在充电场景下的可下调最大功率；$E_{k,t}^{\mathrm{dis,ev}}$ 表示

参与放电之前第 k 辆电动汽车的更新电量状态；$P_{k,t}^{\mathrm{dis},i-}$ 表示第 k 辆电动汽车在对应第 i 段寿命损耗分段上的实时可放电功率。

将对应时间段内对应寿命损耗段上的电动汽车实时可放电功率累加，可以得到聚合商每一段寿命损耗上的实时可放电功率，其表达式为

$$P_{\mathrm{agg},t}^{\mathrm{dis},i-}=\sum_{k=1}^{N_t^i}P_{k,t}^{\mathrm{dis},i-} \tag{6-71}$$

其中，$P_{\mathrm{agg},t}^{\mathrm{dis},i-}$ 表示聚合商在对应第 i 段寿命损耗分段上的实时可放电功率；N_t^i 表示对应时刻聚合商内接入的电动汽车在第 i 段寿命损耗分段上的数量。

在放电场景下，每辆电动汽车在同一个寿命损耗分段上响应实时调频指令的单位成本是近似相等的，因此对于聚合商来说，在每个分段上电池响应调频指令的单位成本可以利用寿命损耗系数和电池的总成本进行折算，其表达式为

$$c^i = \varphi_{\mathrm{E}}^i C_{\mathrm{BESS}}\Delta t \tag{6-72}$$

其中，c^i 表示第 i 个寿命损耗分段上响应单位功率调频指令对应的成本；C_{BESS} 表示电池的总成本。结合聚合商对应寿命损耗段上的可放电能力及响应调频指令的单位成本可以得到电动汽车聚合商实时响应调频指令的成本。

6.3.3 电动汽车参与电网频率调节实时指令分解

1. 电网层—聚合商层实时指令分解策略

根据 6.3.1 节中电动汽车与电网信息互动架构，首先研究电网层到聚合商层的上层实时调频指令分解算法，通过建立以经济性为目标和安全性为约束的优化模型，提出在调频机组和聚合商之间的实时指令分解算法。

1) 目标函数

以实时调频响应成本最小化为目标函数，其表达式为

$$\min C_{\mathrm{cost}} = \sum_{i\in N_{\mathrm{gen}}} c_{\mathrm{gen},i}P_{\mathrm{gen},i}^{\mathrm{AGC}} + \sum_{k\in N_{\mathrm{load}}} c_{\mathrm{load},k}P_{\mathrm{load},k}^{\mathrm{AGC}} + \sum_{k\in N_{\mathrm{load}}}\sum_{j\in N_{\mathrm{seg},k}} c^{j,k}P_k^{\mathrm{dis},\mathrm{res},j} \tag{6-73}$$

其中，C_{cost} 为调频机组和电动汽车聚合商总的调频响应成本；$c_{\mathrm{gen},i}$ 为第 i 台调频机组的单位调频功率响应成本；$P_{\mathrm{gen},i}^{\mathrm{AGC}}$ 为第 i 台调频机组响应的功率；$c_{\mathrm{load},k}$ 为第 k 个电动汽车聚合商的功率偏差成本，主要是聚合商参与调频后产生与能量市场的偏差造成的响应成本；$P_{\mathrm{load},k}^{\mathrm{AGC}}$ 为第 k 个电动汽车聚合商响应的功率；$c^{j,k}$ 为第 k 个电动汽车聚合商在第 j 个寿命损耗分段上单位放电功率响应成本；$N_{\mathrm{seg},k}$ 为第 k 个电动汽车聚合商的寿命损耗分段数；$P_k^{\mathrm{dis},\mathrm{res},j}$ 为第 k 个电动汽车聚合商在第 j 个寿

命损耗分段上实际响应的放电功率。

2) 机组出力约束

有功出力约束的表达式为

$$P_{\text{gen},i}^{\min} \leq P_{\text{gen},i} \leq P_{\text{gen},i}^{\max} \tag{6-74}$$

其中，$P_{\text{gen},i}$ 为第 i 台调频机组的有功功率；$P_{\text{gen},i}^{\max}$ 为第 i 台调频机组的有功功率上限；$P_{\text{gen},i}^{\min}$ 为第 i 台调频机组的有功功率下限。

无功出力约束的表达式为

$$Q_{\text{gen},i}^{\min} \leq Q_{\text{gen},i} \leq Q_{\text{gen},i}^{\max} \tag{6-75}$$

其中，$Q_{\text{gen},i}$ 为第 i 台调频机组的无功功率；$Q_{\text{gen},i}^{\max}$ 为第 i 台调频机组的无功功率上限；$Q_{\text{gen},i}^{\min}$ 为第 i 台调频机组的无功功率下限。

3) 机组爬坡速率约束

机组爬坡约束的表达式为

$$\Delta P_{\text{gen},i}^{\text{down}} \leq P_{\text{gen},i}^{\text{AGC}} \leq \Delta P_{\text{gen},i}^{\text{up}} \tag{6-76}$$

其中，$\Delta P_{\text{gen},i}^{\text{down}}, \Delta P_{\text{gen},i}^{\text{up}}$ 分别为第 i 台调频机组允许的向下调节和向上调节的有功功率，其表达式分别为

$$\Delta P_{\text{gen},i}^{\text{down}} = \max\{P_{\text{gen},i}^{\min} - P_{\text{gen},i}^{\text{before}}, -R_{\text{gen},i}\} \tag{6-77}$$

$$\Delta P_{\text{gen},i}^{\text{up}} = \min\{P_{\text{gen},i}^{\max} - P_{\text{gen},i}^{\text{before}}, R_{\text{gen},i}\} \tag{6-78}$$

其中，$R_{\text{gen},i}$ 为第 i 台调频机组在不计上限和下限限制时允许增加或减少的最大功率，即最大爬坡率；$P_{\text{gen},i}^{\text{before}}$ 为第 i 台调频机组在上一时间断面的有功功率。

4) 聚合商调频出力约束

聚合商调频出力约束的表达式为

$$\Delta P_{\text{load},k}^{\text{down}} \leq P_{\text{load},k}^{\text{AGC}} \leq \Delta P_{\text{load},k}^{\text{up}} \tag{6-79}$$

$$\sum_{j \in N_{\text{seg},k}} P_k^{\text{dis,res},j} = \min\left(P_{\text{load},k}^{\text{AGC}} - \sum_{i=1}^{N_k} P_{k,i}^{\text{ch},-}, 0\right) \tag{6-80}$$

其中，$\Delta P_{\text{load},k}^{\text{down}}$ 和 $\Delta P_{\text{load},k}^{\text{up}}$ 分别为第 k 个电动汽车聚合商允许的向下调节和向上调节的有功功率，可以根据电动汽车聚合商实时可调度功率计算式(6-61)和(6-62)得到。式(6-80)表示第 k 个电动汽车聚合商如果在充电场景下可以满足分配到的调频指令，则放电响应为 0；如果不能满足，则放电响应的功率指令需要扣除掉充电场景下下调的最大功率水平。

5) 主网潮流约束

主网线路采用 π 型模型，参考 Distflow 潮流模型考虑了主网和配网放射状不同的网状网络特点，建立了主网支路潮流模型，并通过对二次变量进行处理，将

主网支路潮流模型进一步处理为线性化模型，其表达式为

$$\sum_{uv \in S_{\text{feeder}}} P_{uv} - \sum_{vw \in S_{\text{feeder}}} (P_{vw} + r_{vw} I_{vw}^{\text{sqr}}) + P_{\text{gen},v} - P_{\text{load},v} - g_v^{\text{sh}} V_v^{\text{sqr}} = 0 \qquad u,v,w \in S_{\text{bus}} \tag{6-81}$$

$$\sum_{uv \in S_{\text{feeder}}} (Q_{uv} + 0.5 b_{uv}^{\text{sh}} V_v^{\text{sqr}}) - \sum_{vw \in S_{\text{feeder}}} (Q_{vw} + x_{vw} I_{vw}^{\text{sqr}} - 0.5 b_v^{\text{sh}} V_v^{\text{sqr}}) + Q_{\text{gen},v} - Q_{\text{load},v} = 0 \quad u,v,w \in S_{\text{bus}}$$

$$\tag{6-82}$$

$$V_v^{\text{sqr}} V_w^{\text{sqr}} \sin \theta_{vw} = x_{vw} P_{vw} - r_{vw} Q_{vw} \qquad v,w \in S_{\text{bus}} \tag{6-83}$$

$$V_v^{\text{sqr}} - V_w^{\text{sqr}} = 2(P_{vw} r_{vw} + Q_{vw} x_{vw}) + (r_{vw}^2 + x_{vw}^2) I_{vw}^{\text{sqr}} \qquad v,w \in S_{\text{bus}} \tag{6-84}$$

$$V_v^{\text{sqr}} I_{vw}^{\text{sqr}} = P_{vw}^2 + Q_{vw}^2 \qquad v,w \in S_{\text{bus}} \tag{6-85}$$

$$(V_v^{\text{min}})^2 \leqslant V_v^{\text{sqr}} \leqslant (V_v^{\text{max}})^2 \tag{6-86}$$

$$I_{vw}^{\text{sqr}} \leqslant (I_{vw}^{\text{max}})^2 \tag{6-87}$$

$$\theta_{\text{bus}}^{\text{min}} \leqslant \theta_v \leqslant \theta_{\text{bus}}^{\text{max}} \qquad v \in S_{\text{bus}} \tag{6-88}$$

$$\Delta \theta_{\text{min}} \leqslant \theta_{vw} \leqslant \Delta \theta_{\text{max}} \qquad v,w \in S_{\text{bus}} \tag{6-89}$$

式(6-81)~式(6-89)为建立的主网支路潮流模型。其中，式(6-81)~式(6-82)为节点功率平衡约束。其中，S_{feeder} 和 S_{bus} 分别为馈线集合和节点集合；P_{vw} 和 Q_{vw} 分别为由节点 v 流向节点 w 的馈线有功功率和无功功率；r_{vw} 和 x_{vw} 分别为馈线 vw 的电阻和电抗；g_v^{sh} 和 b_v^{sh} 分别为节点 v 的并联导纳参数；V_v^{sqr} 为节点 v 的电压平方项；I_{vw}^{sqr} 为馈线 vw 的电流平方项。该模型中仅用到支路电流平方项和节点电压平方项；因此，通过直接将平方项作为变量，达到减少变量幂次、简化运算的目的。式(6-83)~式(6-84)为馈线 vw 两端节点电压相位和幅值关系；式(6-85)为节点电压和线路电流与线路有功功率及无功功率间的关系；式(6-86)~式(6-87)为节点电压和线路电流限值约束。其中，V_v^{min} 和 V_v^{max} 分别为节点 v 处电压的下限和上限；I_{vw}^{max} 为馈线 vw 电流的上限。式(6-88)~式(6-89)分别为节点相位和线路两端节点相位差限值约束。其中，θ_v 为节点 v 的相位；$\theta_{\text{bus}}^{\text{min}}$ 和 $\theta_{\text{bus}}^{\text{max}}$ 分别为节点相位的下限和上限；θ_{vw} 为馈线 vw 的相位差；$\Delta \theta_{\text{min}}$ 和 $\Delta \theta_{\text{max}}$ 分别为线路两端节点相位差的下限和上限。

为了满足实时调频指令分解的时间精度，需要对主网潮流约束中的非线性约束式(6-83)和式(6-85)进行线性化。

对式(6-83)进行线性化处理，考虑到线路两端节点相位差一般较小，可以利用式(6-90)对正弦函数进行近似，再引入节点电压常值 $V_{\text{bus}}^{\text{norm}}$。节点电压约束允许的电压幅值平方区间较窄，因此，通过引入节点电压常量带来的误差也相对较小，完成对式(6-83)的线性化处理，其表达式为

$$\sin \theta_{vw} \approx \theta_v - \theta_w \qquad v,w \in S_{\text{bus}} \tag{6-90}$$

$$(V_{\text{bus}}^{\text{norm}})^2 (\theta_v - \theta_w) = x_{vw} P_{vw} - r_{vw} Q_{vw} \qquad v,w \in S_{\text{bus}} \tag{6-91}$$

对式(6-85)进行线性化处理，这里采用的是分段线性化的方法，对支路潮流模型中的变量平方项进行分段线性近似处理，将非线性约束式(6-85)转化为以下表达式为

$$(V_{\text{bus}}^{\text{norm}})^2 I_{vw}^{\text{sqr}} = f(P_{vw}, P_{vw}^{\max}, \Lambda) + f(Q_{vw}, Q_{vw}^{\max}, \Lambda) \qquad v, w \in S_{\text{bus}} \tag{6-92}$$

其中，$f(P_{vw}, P_{vw}^{\max}, \Lambda)$ 和 $f(Q_{vw}, Q_{vw}^{\max}, \Lambda)$ 分别为 P_{vw}^2 和 Q_{vw}^2 的分段线性化表达式。

2. 聚合商层—电动汽车层实时指令分解策略

根据 6.3.1 节中电动汽车与电网信息互动架构，其次研究聚合商层到电动汽车层的下层实时调频指令分解算法，为减少额外的电池寿命损耗，应先尽可能通过降低计划充电功率来满足实时调频指令，但如果所有电动汽车都已达到充电部分的最大下调功率还不能满足实时调频指令，此时再通过电动汽车反向放电来响应。

在需要电量反送的场景下，所有电动汽车都至少要将充电功率下降到充电场景下的可下调最大功率，利用计算得到的充电场景下的可下调功率更新每辆电动汽车的初始电量状态，依据当前每辆电动汽车的电量状态，可以确定每辆电动汽车处于的寿命损耗分段，在寿命损耗斜率较低的分段上拥有更高的响应优先级。

首先要计算需要通过放电功率来响应的调频指令总和，更新每辆电动汽车的初始状态，其表达式为

$$P_t^{\text{dis,res}} = P_t^{\text{res}} - \sum_{k=1}^{N_t} P_{k,t}^{\text{ch},-} \tag{6-93}$$

其中，$P_t^{\text{dis,res}}$ 表示电动汽车通过放电功率来响应的调频指令总和。

利用式(6-70)可以得到每辆电动汽车在每一段寿命损耗上的实时可放电功率。将对应时间段内对应寿命损耗分段上的电动汽车实时可放电功率累加可以得到聚合商每一段寿命损耗上的实时可放电功率，其表达式为

$$P_{\text{agg},t}^{\text{dis},i-} = \sum_{k=1}^{N_t} P_{k,t}^{\text{dis},i-} \tag{6-94}$$

其中，$P_{\text{agg},t}^{\text{dis},i-}$ 表示聚合商在对应的第 i 个寿命损耗分段上的实时可放电功率。将放电需要响应的调频指令差额 $P_t^{\text{dis,res}}$，根据聚合商在每一个寿命损耗分段上的放电能力按照寿命损耗斜率顺序分配，优先利用寿命损耗小分段的电动汽车来响应调频指令，$P_t^{\text{dis,res},i}$ 为对应的第 i 个寿命损耗分段上需要响应的总的放电量。$P_t^{\text{dis,res}}$ 的表达式为

$$P_t^{\text{dis,res}} = \sum_{i=1}^{N_{\text{seg}}} P_t^{\text{dis,res},i} \tag{6-95}$$

而对于同一寿命损耗分段上的电动汽车，基于一致性算法按照"能力贡献"

来进行分解调频指令，如图 6-16 所示。

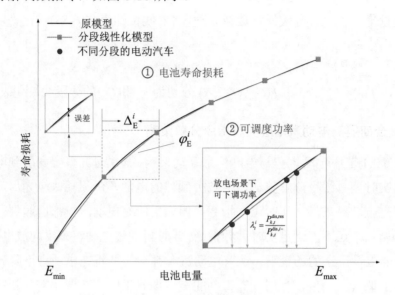

图 6-16　考虑放电场景的下层分解算法策略

$$\lambda_{i,t} = \frac{P_{k,t}^{\text{dis,res}}}{P_{k,t}^{\text{dis},i-}} \tag{6-96}$$

$$P_t^{\text{dis,res},i} = \sum_{k=1}^{N_i} P_{k,t}^{\text{res}} \tag{6-97}$$

其中，$\lambda_{i,t}$ 表示对应第 i 个寿命损耗分段上的"能力—贡献因子"，让在每个寿命损耗分段上可放电能力更强的电动汽车做出更多响应调频指令的贡献；$P_{k,t}^{\text{dis,res}}$ 表示第 k 辆电动汽车实际响应的放电功率。该方法同时考虑电动汽车寿命损耗和可放电功率，完成聚合商内部实时调频指令的分解。

同样，通过求解该方程组可以把"能力—贡献因子"转化为每辆电动汽车响应的权重，其表达式为

$$P_{k,t}^{\text{dis,res}} = \frac{P_{k,t}^{\text{dis},i-}}{\sum_{k=1}^{N_i} P_{k,t}^{\text{dis},i-}} P_t^{\text{dis,res},i} \tag{6-98}$$

考虑到之前已经对每辆电动汽车的电量状态更新，可以通过充电场景和放电场景进行累加，得到每辆电动汽车响应的实时调频指令，其表达式为

$$P_{k,t}^{\text{res}} = P_{k,t}^{\text{dis,res}} + P_{k,t}^{\text{ch},-} \tag{6-99}$$

如果电动汽车不需要反向放电就可以满足调频需求，那么直接依照一致性原则，根据可调度能力进行调频指令分解。

6.3.4 算例分析

1. 算例设置

本节采用 IEEE 39 节点系统进行仿真分析，以规模化电动汽车资源响应自动发电控制(Automatic Generation Control，AGC)指令作为参与电网频率调节的算例场景分析，选取 2021 年 1 月 3 日 21:45—22:00 的时间断面，采样周期为 1 分钟，AGC 指令相关数据使用上海地区对应时段的历史调频信号数据，对应的机组 AGC 调节服务费用参照中国中部某内陆地区 AGC 机组情况，且上调费用和下调费用一样，电动汽车聚合商的单位 AGC 功率响应成本根据上海地区对应时间段电价取 0.617 元/(kW·h)。

设置节点 2 为可响应 AGC 指令的电动汽车聚合商所在节点，利用上海 5000 辆电动汽车对应时段的实时数据进行分析，取电动汽车电池容量 $E_{\text{rated}} = 50\text{kW·h}$，充电桩的最大充电功率 $P_{\max} = 20\text{kW}$，最大放电功率 $-P_{\max} = -20\text{kW}$，根据磷酸铁锂电池实验数据，处理得到对应电池储能的循环寿命拟合曲线，其表达式为

$$N_{\text{life}}(\text{Dod}) = 21870e^{-1.957\text{Dod}} \tag{6-100}$$

对电动汽车电池荷电状态上限取 0.8，下限取 0.2，从而减少电动汽车电池过深地充放电次数，分段数取 5 段，充电效率 η_{ch} 和放电效率 η_{dis} 均取 0.9，磷酸铁锂电池成本取 1500 元/(kW·h)。

2. 算例结果

根据 6.3.1～6.3.3 节所提方法的流程，按照本节设置的参数进行算例分析，如图 6-17 所示。条形图展示了利用本节提出的上层分解算法得到的各时间段 AGC 机组及电动汽车聚合商响应的 AGC 功率；折线图则对应了每个时间段总的 AGC 响应成本。

将聚合商接收的实时 AGC 指令下发给每辆电动汽车，利用下层分解算法，得到各时间段每辆电动汽车响应的 AGC 指令，如图 6-18 所示。由于各时间段下电动汽车数量巨大，为显示下层分解算法下响应 AGC 指令的电动汽车功率情况，根据上调负荷和下调负荷的时间段进行分类，对分类后时间段的场景进行聚类。下调聚类场景下电动汽车功率聚集于-20MW～-15MW，上调聚类场景下电动汽车充电功率聚集于 15MW～20MW，算例结果反映下层分解方法很好地利用电动

汽车资源响应实时 AGC 指令。

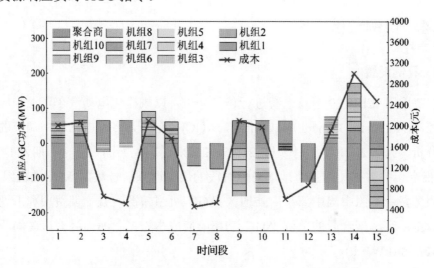

图 6-17　上层分解算法下各时段响应的 AGC 功率及响应成本

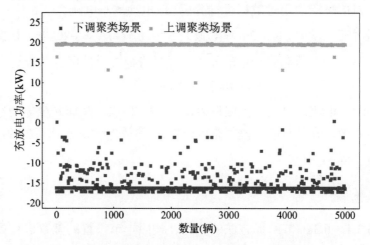

图 6-18　下层分解算法下电动汽车功率聚类结果

6.4　小　　结

　　电动汽车具有的移动储能特性使其可以很好地参与电网调节互动，本章从电动汽车参与调峰和调频两个应用场景进行分析。

　　在调峰应用场景方面，为量化评估电动汽车参与调峰需求响应的价值，提出大规模电动汽车参与需求响应的潜力评估模型，该模型以最小化电网发电成本为目标，综合优化调度电网机组发电和电动汽车充电。针对私用桩和公共桩分别提出对应的运行优化策略，面对私用桩参与的情况确定基于长期签约的组织方式和基于中转聚合商的管理架构，建立实时阶段考虑电动汽车充电灵活性的机组经济调度模型，并通过划分电动汽车集群降低变量维度。面对公共桩参与的情况确定基于短期签约的组织方式和以聚合商为核心的管理架构，以最大化聚合商综合收益为目标，建立考虑双重补贴和电动汽车响应不确定性的聚合商运行优化模型。

在调频应用场景方面，建立了电动汽车以聚合商形式与电网进行信息互动的体系架构，并在此基础上研究面向电网辅助调频的电动汽车实时 AGC 指令优化分解策略。结合电动汽车聚合商实时调度信息提出考虑网络架构的实时 AGC 指令双层分解算法，上层将总的 AGC 指令以经济性为目标和安全性为约束在聚合商和 AGC 机组之间进行分解；下层在满足电动汽车出行需求的前提下，以电动汽车实时可调度功率及电池寿命损耗为依据在聚合商内部每辆电动汽车之间实时分解 AGC 指令。算例验证了所提策略可以从考虑经济性和安全性的角度出发，实现 AGC 指令的实时分解。

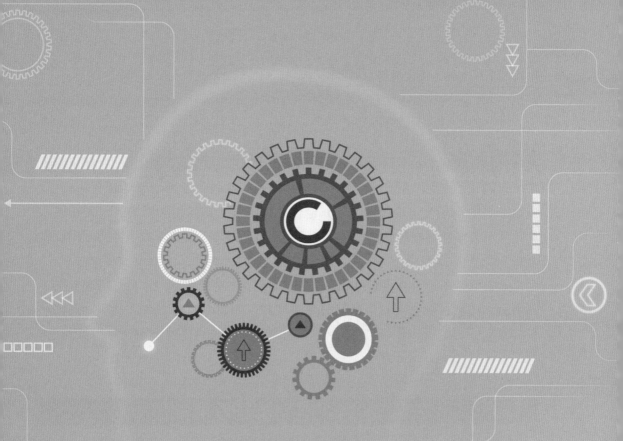

第 7 章

电动汽车参与电力市场模式与机制

自电力体制改革以来，我国初步形成了电力市场主体多元化竞争格局。电动汽车作为电力市场的新消费群体，其自身的内在特性可以支持其参与电力市场交易，并且持续有力的多维政策刺激机制促进了新能源汽车产业的发展，越来越多的城市展开了电动汽车参与电力市场的具体的落地试点。在未来充电服务市场中，充电服务的市场化定价可能成为充电设施的经营形态和盈利模式的一大发展方向，其也将能够更好地反映充电设施承担的电力成本及提供充电服务的时间价值和空间价值。

本章主要介绍国内外电力市场改革发展模式，分析电动汽车参与市场鼓励政策与典型模式，并针对充电站联盟竞争格局下的充电服务市场化实时定价机制展开研究。

7.1　国内外电力市场发展综述

20 世纪 80 年代以来，欧美国家希望改变自身国有公共事业部门在垄断地位下的低效率局面，陆续开启电力市场建设进程。欧美国家电力市场机制较为完善，在市场模式层面上对国内市场建设具有重要的参考价值。2015 年 3 月，中共中央、国务院《关于进一步深化电力体制改革的若干意见》(中发〔2015〕9 号)(以下简称《意见》)的发布标志着国内新一轮电力体制改革的开始。2021 年 4 月，国家发展和改革委员会、国家能源局联合印发的《关于进一步做好电力现货市场建设试点工作的通知》(发改办体改〔2021〕339 号)(以下简称《通知》)明确了电力现货试点范围的扩大。

7.1.1　国外电力市场发展概述

表 7-1 所示为典型国外电力市场模式，本小节将分别介绍美国 PJM 电力市场、英国电力市场和北欧电力市场的机制模式。

表 7-1 典型国外电力市场模式

国家(地区)	市场体系	交易标的	出清模型	价格机制	交易规模
美国	中长期	电能+金融输电权+发电容量	无约束出清	中长期合约采取双边定价+撮合定价	75%
	日前市场	电能+备用	物理网络模型与机组运行参数	节点边际价格	全电量(25%)
	实时市场	电能+备用+调频	物理网络模型与机组运行参数	节点边际价格	1%～2%
英国	中长期	双边电能+物理输电权	无约束出清,电厂自调度	中长期合约采取双边定价+撮合定价	60%～90%
	日前市场	电能	无约束出清	系统边际价格	20%～30%
	平衡机制	电能+辅助服务	物理网络模型与机组运行参数	按报价支付(PAB)	1%～2%
北欧	中长期	电能+金融衍生品	金融合约无约束出清	中长期合约采取双边定价+撮合定价	60%～100%
	日前市场	电能	分区边界线路约束	分区边际价格,输电容量"隐式拍卖"	80%～90%
	日内市场	电能	分区边界线路约束	撮合定价	1%
	平衡市场	电能与辅助服务	物理网络模型与机组运行参数	系统边际价格	1%

1. 美国 PJM 电力市场

美国 PJM 电力市场成立于 1997 年,是北美地区最大的互联电力系统,下面以 PJM 为例介绍美国电力市场的情况。PJM 电力市场作为美国第一个区域输电组织,于 1997 年 4 月便成立了基于投标的电能量市场。此后,为了保障供需平衡、电网安全,PJM 先后建设了辅助服务市场、容量市场与金融输电权市场。2015年,为更好地确保电网可靠性,PJM 首次将产能绩效纳入年度产能拍卖,将产能支付与发电机性能直接挂钩。以美国 PJM 电力市场为代表的集中式市场以"中长期差价合同+全电量竞价现货市场"为核心特征,最主要的特点是节点边际电价体系、两部制结算、金融输电权和虚拟投标。电能量与辅助服务市场、实物合同与金融合同、中长期与现货市场之间紧密结合。

PJM 电力市场的中长期电能量交易均为差价合同,本质上属于金融合约,只具有结算意义。交易包括场外双边协商的远期合同和金融场内集中交易的标准化期货。通过双边合约，交易双方可以规避价格波动风险，当输电网络发生阻塞时，负荷购电成本增加，为此引入金融输电权，拥有者可按照节点电价差获得收益。

PJM 现货市场包含日前和实时市场两部分，二者均采用全电量竞价模式。日前市场中，市场主体需要申报其所有的发电资源和交易意愿，PJM 通过安全约束机组组合(Security Constrained Unit Commitment，SCUC)程序对次日 24 小时进行联合出清，得出出清价格和发电用电曲线。日前市场是一个远期金融市场，基于电能和需求侧的投标、虚拟投标和双边交易的结果每小时计算一次出清价格并进行结算。日前市场出清后，市场成员可以提交在机组组合中未中标的修改投标。实时市场基于电网的实际运行状态、日前发电报价和最新的短时负荷预测滚动运行安全约束经济调度(security constrained economic dispatch，SCED)出清程序，对发电资源进行优化配置。另外，采用事后结算对实时市场进行结算，对于实际发电、用电计划与日前交易计划的偏差部分电量，按照实时节点边际电价进行增量结算。

2. 英国电力市场

英国是较早进行电力市场改革的国家。目前，英国的电力市场包括批发市场、零售市场、容量市场、辅助服务市场和电力金融市场共五大市场。英国的批发市场是发电商、供电商、售电商及交易商之间开展交易的大宗电量市场。从 2001 年开始执行的"新电力交易制度"，建立了一个高度自由化的批发市场。英国电力批发市场有多种交易类型。从各类交易的电量占比来看，英国批发市场是一个以双边实物合同为主的市场，双边合同的交易电量约占 90%，交易中心的短期(日前和日内)场内现货交易电量约占 5%，实时平衡市场的交易电量占 3%~5%。

英国中长期交易市场可以分为实物双边交易与电力金融交易。实物双边交易(远期合同交易)与中国的长期双边交易类似。对于交易对象，英国电力批发市场中 90%的场外远期合同是对未来某一段时间的基荷进行交易，且在每个交易时段交割的电量基本相同。对于交易电量与电价，交易双方参照现货价格、期货价格等相关数据，结合自身的需求，参考市场供给量、需求量等变化情况对合同电量、电价进行协商。远期合同交易可以由交易双方根据合同，自行对交易电量按照合同电价进行结算，或者通过电力交易中心进行清算与最终结算。

电力金融交易(期货交易)对确定远期合同价格具有引导作用。在英国电力市场中，APX 与纳斯达克证券交易所提供标准化的期货合同交易，除了发电商、售电商等直接参与者外，不生产或消费电能的非直接交易商(银行等)也可参与期货交易，通过套利、投机的方式赚取利润。电力期货交易增强了市场的流动性，有利于物理参与者找到合适的交易对象，也有利于市场更加及时、准确地发现电能商品的价格。

英国电力现货交易的市场出清机制较为简单，采用拍卖交易，既不考虑机组的运行约束，也不考虑电网的安全约束，表面上来看，可以有多家电力现货交易所相互竞争。但实际上，英国电力现货交易所的交易品种丰富，报价方式灵活多样，与电力负荷的特性和电力生产运行的特点紧密契合，充分体现了电力商品的独特属性。

然而，最终执行远期合同过程中由于负荷预测偏差、局部输电阻塞、市场成员经营策略等因素，电力平衡总会发生或多或少的偏差，维持电力平衡则由国家电网负责兜底。为了保证电力系统的实时平衡，设计一种接近实时的平衡市场，调度机构通过招投标的方式，选择调用各种发电侧或需求侧资源，实现电力系统实时平衡。在实时平衡市场中，由单台机组或者负荷集成体构成的平衡单元，作为参加报价和受调度控制的基本单元。平衡单元需要在其最终物理发电、用电计划的基础上，向系统调度机构提交卖电报价和买电报价。卖电报价包括增加发电出力和降低负荷需求两种类型。与此对应，买电报价则包括降低发电出力和增加负荷需求两种类型。在关闸时间后，调度机构主要依靠接受平衡单元提交的报价来保障系统运行，满足各类安全约束。除了接受报价之外，调度机构还可以通过平衡调整机制和负荷控制机制等手段来保障系统安全运行。

3. 北欧电力市场

北欧电力市场包括现货市场和金融市场两类。现货市场由日前市场、日内市场和实时平衡市场组成。金融市场主要由期货交易、期权交易和差价合同交易组成。另外，市场成员之间的直接交易形成了场外交易市场。各种类型的交易相互配合，共同作用。

现货市场中，日前市场是对次日持续时间为一小时的电力现货合同交易市场，它是物理交易的主要组成部分，主要采用拍卖的方式，进行分区边际定价。日内市场是日前现货市场的次级市场，对日前现货市场起补充作用。交易的电能商品是为期一小时的电力合同，即在现行交易日进行的实时交易。日内市场在每天的日前市场关闭后开始交易，直到交货开始前一小时为止。为解决电力频率的波动及阻塞等问题，设置实时平衡市场进行电能交易，由输电系统运营商(TSO)作为单一买方。欧洲互联电网中，通常每个国家都有一个 TSO，少数国家有多个 TSO。

一般而言，TSO 拥有输电资产的所有权，负责维护、运营输电网络，并发挥电力调度的作用。当系统频率波动范围超出 50±0.05Hz 时，由 TSO 启动平衡市场。当出现输电阻塞影响系统平衡时，TSO 需要进行反向交易，即同时在输出端出售电力和输入端购入电力以满足系统平衡。

金融市场主要由期货交易、期权交易和差价合同交易组成。金融市场中的交易不考虑电网阻塞、输电容量等技术因素的限制。金融市场交易成员可以通过电力金融合同的交易来规避市场风险，或者进行套利。电能期货交易是指电力市场主体在规定的交易场所通过签订期货合同进行的电能交易。北欧电力金融市场挂牌交易的期货合同主要分为短期期货合同和远期期货合同。短期期货合同有日期货合同和周期货合同两种，可提前 8—9 周进行交易。远期期货合同分为月度期货合同、季度期货合同和年度期货合同。其中，年度期货合同可以拆分为季度期货合同，季度期货合同又可以拆分为月度期货合同。

电力期权是一种选择权，电力期权交易实质是对于电力商品或其使用权的买卖。电力期权购买者在支付一定数额的权利金之后，有在一定时间内以事先确定好的某一价格向期权售出方购买或出售一定数量的电力商品、电力商品合约或服务的权利，在电力期权合约的有效期内，买主可以行使或转卖这种权利。当买主认为行使电力期权对自己不利时，也可以放弃行使这种权利，但购买期权所付出的费用，即买主支付的"权利金"也不再退还。北欧电交所提供的是以远期合同作为基础手段的电力期权合同。北欧电力金融市场挂牌经营标准化的期权合同，其附属合同是远期期货合同，其包括与当前交易日最近的两个季度期货合同和两个年度期货合同。

北欧电力金融市场的差价合同实质是一种以现货市场的分区电价和系统电价的差价作为参考电价的期货合同。当市场预期现货市场中某个区域的分区电价可能高于系统电价时，差价合同的成交价格为正；反之，成交价格为负；而预期相等时，成交价格则为零。

北欧中长期电力交易以实物双边合同和电力金融合同构成。北欧电力市场开展了较大规模的中长期双边交易，主要以月前的场外交易的方式实行。对跨国交易，跨国双边合约主要由市场成员自行签订，一般为中长期物理跨境交易。为保证双边合约能够执行，市场成员需要向交易涉及国家的 TSO 购买物理输电权，并且在规定时间内向电力送出国和受入国的 TSO 提交跨境输电计划。物理输电权主要通过显式拍卖获得。

北欧电力金融市场成员众多，交易品种多样，为参与主体提供了很好的价格对冲与风险管理的手段。目前，北欧电力金融交易品种包括远期合约、期货合约、期权合约和差价合约，交易价格以现货市场价格为参考。交易主体范围除北欧外，已扩展至德国、荷兰和英国。

7.1.2　国内电力市场改革进程

根据 2017 年 8 月发布的《国家发展改革委办公厅　国家能源局综合司关于开展电力现货市场建设试点工作的通知》(发改办能源〔2017〕1453 号)，南方(以广东起步)、蒙西、浙江、山西、山东、福建、四川和甘肃等 8 个地区作为第一批试点，加快组织推动电力现货市场建设工作。目前，第一批 8 个试点省份绝大多数在 2021 年顺利完成长周期结算试运行，2022 年将进一步开展更长周期的连续不间断试运行。表 7-2 所示为第一批现货市场试点省份方案。

表 7-2　第一批现货市场试点省份方案

项　目	试点省份			
	广　东	蒙　西	浙　江	山　西
现货竞价方式	集中竞价	集中竞价	集中竞价	集中竞价
电价模式	节点电价	系统边际电价	节点电价	节点电价
中长期合约类型	差价合约	实物合约，拟改为差价合约	差价合约	差价合约
用户侧参与方式	报量不报价	双侧报价	探索双侧报价	报量不报价
试点阶段	结算试运行	结算试运行	结算试运行	结算试运行

项　目	试点省份			
	山　东	福　建	四　川	甘　肃
现货竞价方式	集中竞价	平衡市场集中竞价	集中竞价	集中竞价
电价模式	节点电价	系统边际电价	系统边际电价	分区电价
中长期合约类型	差价合约	实物合约	差价合约+实物合约	差价合约
用户侧参与方式	报量不报价	暂不参与	暂不参与	暂不参与
试点阶段	结算试运行	结算试运行	结算试运行	结算试运行

在第一批试点省份的经验支撑的基础上，第二批 6 个现货试点，即上海、江苏、安徽、辽宁、河南、湖北等省份初步完成规则编写和技术支持系统建设工作后，正在推进试运行工作。

目前，国内试点省份(特别是东部受端省份)市场模式以集中式电力市场为主，具有代表性的是浙江和广东等省电力市场。与此同时，国内不存在国际意义上的分散式电力市场，福建省和蒙西电力市场更多接近于传统计划调度模式。

7.1.3 上海电力现货市场建设

1. 鼓励支持政策

2021 年 4 月，《通知》明确了电力现货试点范围扩大，拟选择上海、江苏、安徽、辽宁、河南、湖北等 6 省份作为第二批电力现货试点。《通知》要求上海、江苏、安徽三地加强与长三角区域市场的统筹协调。支持南方区域电力市场试点，加快研究京津冀电力市场建设、长三角区域电力市场建设方案。《通知》指出，推荐用户侧参与现货市场结算。第二批现货试点地区应按照用户侧参与现货市场结算设计方案。统筹开展中长期、现货与辅助服务交易。做好本地市场与省间市场的衔接。稳妥有序推动新能源参与电力现货市场。

2022 年 7 月，上海市发改委、上海市经信委、华东能监局联合发布特急文件《关于同意印发〈上海电力现货市场实施细则〉(模拟试运行版)的批复》。根据现货工作安排，上海电力现货市场首次模拟试运行为期一周，自 2022 年 7 月 22 日至 7 月 28 日。该文件指出，参与现货市场交易的市场主体包括符合准入条件并完成市场注册的发电企业、售电公司和电力用户(批发用户)等。参与日前现货市场报量的用电侧主体包括：满足上海现货市场准入条件的售电公司和直接参与批发市场的用户。保障性用户由电网企业代理进行负荷预测，参与市场全电量出清。代理购电工商业用户由电网企业代理，在日前现货市场中报量不报价，作为现货市场价格接受者。参与现货市场报量报价的电源类型包括但不限于公用燃煤发电、政府主管部门规划纳入现货市场的其他电源主体。省间电源、市内保障性收购的优先发电作为市场运行的物理边界条件。截至 2022 年年底，上海市已进行 3 次模拟试运行。

2. 市场交易品种及出清结算方式

现货市场共包括两种市场交易品种：电能量和备用。电能量交易模拟试运行阶段开展日前市场和实时市场，备用交易采用与电能量联合出清的交易模式，电力调度机构根据系统运行需要，确定各类备用需求量，各主体根据出清得到的备用计划提供备用。

目前，上海电力市场采用"日清月结"的结算模式。"日清"是指确定各市场主体当日每15分钟不同交易类型的结算电量、电价及电费，当月累计电量电费情况，形成日清分预结算结果。"月结"是指确定各市场主体当月累计结算电量、电价、电费、分摊和返还等费用明细，形成上月月度结算正式结算结果，发布至市场主体和电网企业。经市场主体确认后形成正式结算依据，开展电费结算。市场运行产生的各项费用，按照每项费用的分配(分摊)周期按日或按月进行计算，以月度为周期发布预结算依据，经市场主体确认后形成正式结算依据，开展相应的费用结算。日前市场根据日前市场出清价格进行全电量结算。实时市场根据实际上网电量(实际用网电量)与日前市场的出清电量的差值进行偏差结算，偏差结算价格为实时市场价格。市场化机组结算电价为机组所在物理节点的节点电价，外来电结算电价为接入物理节点的节点电价加权平均值减去过网费后得到的价格。用户侧以发电机组所在节点的节点电价进行加权平均，形成统一结算点电价进行结算。发电侧、用电侧每15分钟形成节点电价。对于必开机组、热电联产机组等特殊机组，在其不能定价的时间段，依照《上海电力现货市场实施细则》(模拟试运行版)确定其结算电价。售电公司及其代理用户的结算电价按照签订的合约确定。

3. 市场风险防范

1) 市场力分析

仅考虑燃煤和燃气机组，按电厂份额计算，2017年赫芬达尔—赫希曼指数(Herfindahl-Hirschman Index，HHI)为879.2，2018年HHI为788.7。按照集团计算，仅考虑持股比例最高的股东(若大股东持股比例相同，则将市场份额平分)，得到2018年上海火电市场份额，如表7-3所示。按该份额计算HHI为3139.6。

表7-3 2018年按发电集团计算的上海火电市场份额

发电集团	市场份额(%)
申能	43.62
上电股份	28.09
华能	20.41
中石化	4.38
华电	3.50

电力市场优化算法会充分利用输电约束来配置资源，因此尽管当前上海不存

在明显的输电阻塞问题，但是未来供需紧张情况下仍可能出现局部的阻塞，部分机组在特定节点具有较强的定价能力。

2) 抑制市场力措施

现货规则中采取了多项措施，在事前、事中环节缓解抑制市场力滥用。一是设计了价格上限。二是对发电企业进行"行为与影响"检测，测试报价对电价的影响，进行统计推断，如果报价显著提高市场价格，且超过价格正常浮动范围，则在市场出清过程中将其报价替换为正常的市场默认价格。报价上下限与"行为与影响"检测各有侧重，前者作用于市场竞价环节，后者作用于市场出清环节。前者是静态措施，目的是明确市场交易的合理边界；后者是动态措施，目的是避免存在薄弱环节或者合谋行为。三是考虑调度机构设置必运行、必出力机组状态，具备市场干预和市场应急的权限。

鉴于市场力监管执法存在较高难度，上海对市场力滥用行为的防范措施更多体现在事前和事中环节，这也与国内其他改革试点的基本思路相一致。国际经验方法对于国内电力市场具有借鉴价值，但无法直接照搬，例如，静态结构指标是否适用于分析以国有资产为主体的我国发电行业，而在均价涨幅存在总体限制的背景下，市场力行为的意义和结果也不同于国外经验。

4. 省内省间交易协调措施

目前，上海的省间电力交易主要有华东统配、皖电、三峡、川电、援疆、秦山核电、向家坝、调度省间现货、调度临时购电这几项来源。其中，电量占比最大的是向家坝和皖电。根据各类电源当前的交易模式，可以将上海的省间电源粗略分为以下 3 类。

1) 国调调度

国调调度以政府间送受电协议等计划性较强的模式确定购售关系及电量、价格等购售要素，而在执行层面，送电主要遵循国调中心的调度指令，而不是送电或受电地方调度指令。国调调度在调度体系和结算体系上具有较大的限制。若国调调度直接参与上海市场，在政策导向和实际执行层面都有较大的难度。因此，在不影响现行的调度体系和结算体系的前提下，设计一种能够使国调调度全部或部分参与上海电力市场交易的特殊机制，是上海市场省内外交易衔接机制设计中的难点和关键点之一。

2) 地方调度

地方调度同样是向上海送电，但相对国调调度而言，并不直接遵循国调指令，而是主要由地方调度机构进行调度。地方调度在调度权限上具有较大的自由度。尤其在《国家发展改革委关于进一步深化燃煤发电上网电价市场化改革的通知》(发改价格〔2021〕1439 号)，以及随后发布的《国家发展改革委办公厅关于组织开展电网企业代理购电工作有关事项的通知》(发改办价格〔2021〕809 号)文件发布后，燃煤发电在国家政策层面上明确要求参与市场化交易，使得地方调度参与电力市场交易阻力更小。地方调度具有直接参与上海市场交易的条件，是适合直接参与上海市场的电源。

3) 临时购售

临时购售电量是由市场运营机构主导，因电网安全或市场运营等需要，在传统电力调度体系内或未来在现货市场体系内，临时向其他省份的市场主体或电网购买或售出的电量。临时购售通常只涉及日前或实时(日内)阶段的交易，而没有形成中长期合约。同时，临时购售并不涉及上海电网或上海市场主体与其他省份的电网或市场主体的中长期合约签订，仅在部分情况下进行日前或实时尺度的临时交易。因此在执行层面上，在电力市场的现货市场框架下完成；而在结算层面上，因此产生的不平衡资金单独形成费用项，纳入上海市场运行费用体系进行结算，并通过适当的方式向相关市场主体进行分摊或返还。因此，临时购售电力交易可在已有框架下完成，而无须单独设计交易机制。

7.2 国内外电动汽车参与市场鼓励政策与典型模式

2023 年 1 月，《工业和信息化部等八部门关于组织开展公共领域车辆全面电动化先行区试点工作的通知》(工信部联通装函〔2023〕23 号)发布。该通知中提出，需要探索新能源汽车参与电力现货市场的实施路径，完善储放绿色电力交易机制。围绕电动汽车参与市场的实施路径，本节将介绍国内外电动汽车参与市场鼓励政策与典型模式。

7.2.1 国内外电动汽车参与市场鼓励政策

1. 国内外充电电价政策

为进一步降低电动汽车用电成本和提高用户购买电动汽车的欲望，2014 年 7

月，《国家发展改革委关于电动汽车用电价格政策有关问题的通知》(发改价格〔2014〕1668 号)指出，对向电网经营企业直接报装接电的经营性集中式充换电设施用电，执行大工业用电价格。2020 年前，暂免收取基本电费，因而服务费成为充电基础设施运营商最主要的收入来源。

2020 年以前，电动汽车充电服务费执行政府指导价，暂定为不超过 1.6 元/(kW•h)。为了更好地推进充电桩等电动汽车充电基础设施的建设，国家、地方陆续出台补贴政策。在上海，各电动汽车充电设施运营主体将根据《上海市促进电动汽车充(换)电设施互联互通有序发展暂行办法》等规定执行充电电价政策补贴，对充电设施运营企业根据考核结果进行度电基本补贴和度电星际补贴，公共充电桩补贴标准为 0.2～0.8 元/(kW•h)，专用充电桩和换电设施补贴标准为 0.1～0.3 元/(kW•h)。山东省推出居民电动汽车充电桩分时电价政策，自 2022 年 5 月 1 日起，居民个人充电桩 22:00—8:00 充电仅需 0.385 元/(kW•h)，比原来降低 0.17 元/(kW•h)。陕西省通过开展服务费降价、充电量满减等方式将电价优惠传导给充电客户，最大限度降低用户电价。

国外在补贴政策方面也有所尝试。欧洲电动汽车市场起步较早，补贴政策更为完善，欧盟各会员国政府积极推动充电桩、电网等基础设施建设，鼓励制造及推出相关优惠措施等，加速提升欧盟电动车制造产能与其销售份额。市场预测，欧洲电动汽车市场已进入加速成长的黄金十年。部分欧洲国家立法明确给予费用优惠，纯电动汽车和插电式混合动力汽车可在停车场充电免收电费，资金由州政府或公用事业纳税人提供。美国多数电力公司为电动汽车充电提供优惠费率，根据位置和其他因素有所差异，但充电费率通常为 0.28 美元/(kW•h)左右。换算为时间费率，在 60kW 充电功率情况下，充电费率为 13 美分/分钟。日本补贴分为政府补贴与地方补贴。政府补贴是针对不同车型设置额度，并与电动汽车行驶路程有关；地方补贴主要由各大充电服务公司发行收费卡以降低充电费率。

2. 电动汽车参与市场鼓励政策

尽管目前采用分时电价可以引导电动汽车用户错峰充电，缓解电网压力，但是从实际情况来看，电动汽车用户对充电价格响应程度需要进一步提高，需要制定新的政策促使用户参与不同市场交易品种。进而，电动汽车聚合商可以通过制定相应的运营策略，推进电动汽车参与不同品种的交易。表 7-4 所示为国内电动汽车参与市场鼓励政策，包括鼓励参与分时电价、辅助服务市场、现货市场及绿电交易的政策。

表 7-4　国内电动汽车参与市场鼓励政策

发布日期	鼓励方向	政　策	具体措施
2021 年 5 月	参与现货市场	《国家发展改革委等部门关于进一步提升充换电基础设施服务保障能力的实施意见(征求意见稿)》	探索新能源汽车参与电力现货市场的实施路径，研究完善新能源汽车消费和储放绿色电力的交易和调度机制，促进新能源汽车与电网能量高效互动
2021 年 7 月	分时电价引导充电行为	《国家发展改革委关于进一步完善分时电价机制的通知》	进一步完善目录分时电价机制，更好引导用户削峰填谷，改善电力供需状况
2022 年 1 月	参与辅助服务市场	《"十四五"现代能源体系规划》	优化充电基础设施布局，推进电动汽车与智能电网间的能量和信息双向互动，鼓励电动汽车、不间断电源等用户侧储能参与系统调峰调频应用
2022 年 2 月	参与绿电市场	《南方区域绿色电力交易规则(试行)》	电网企业落实国家保障性收购或代理购电政策的，可以作为购售电主体参与绿色电力交易。适时引入分布式电源、电动汽车、储能等市场主体参与绿色电力

3. 电动汽车参与市场商业模式

电动汽车参与电力市场的商业模式设计一般考虑充放电方式、参与主体、盈利模式 3 个方面。目前已有的参与市场商业模式包括两种：单向有序充电模式和车网双向互动模式。在单向有序充电模式中，电动汽车用户可利用分时电价、提供电力辅助服务及参与需求响应获取收益。单向有序充电商业模式的典型案例为国网电动汽车服务有限公司的北京试点项目。该项目通过开展电力辅助服务，参与华北省间调峰市场获取收益，充电模式如图 7-1 所示。其将每天 24 个时间段分为调控时段(0:30—7:00 和 12:00—16:00)和非调控时间段(7:00—12:00 和 16:00—次日 0:30)。在调控时间段，电动汽车以 7kW 的满功率进行充电；在非调控时间段，电动汽车以 2.8kW 的低功率进行慢充。

为了提高用户充电积极性，电动汽车运营商还开展了"度电补贴+首充奖励"的活动，以居民充电电价 0.4825 元/(kW·h)作为参考，将度电补贴由 0.1 元/(kW·h)分期递增至 0.4 元/(kW·h)。在单向有序充电商业模式中，度电补贴可以有效引导用户参与。随着激励活动的推广，参与有序充电用户占比、有序充电次数占比及有序充电电量占比整体呈递增趋势。其中，有序充电用户占比由 15.2% 提升至 61.3%，有序充电电量由 4.8 万 kW·h 提升至 23.9 万 kW·h。这表明用户对有序充电接受程度逐步提高，用户参与有序充电意愿明显提升。

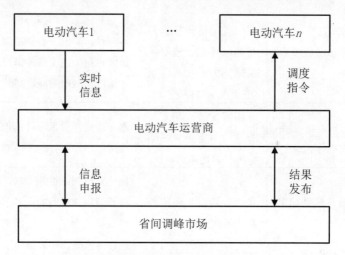

图 7-1　单向有序充电模式

截至 2021 年年底，海内外有超过百项车网双向互动试点示范项目，图 7-2 所示为典型的车网双向互动模式。

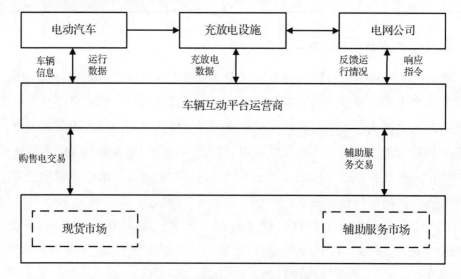

图 7-2　典型的车网双向互动模式

随着我国电力市场改革的逐步推进，电动汽车聚合商参与现货市场将有效削弱其他市场成员的市场力，使传统发电商的利润有所下降，同时系统的调频服务购买成本也将降低。用户利润在低谷时间段有所下降，而在高峰时间段有所增加，且整日用户利润和社会福利均有所增加。

7.2.2 国内外电动汽车参与市场试点分析

1. 电动汽车运营商参与主能量市场

2015 年 3 月发布的《意见》，标志着我国新一轮电力体制改革正式启动。该意见及其配套文件对推动符合国情的电力市场建设进行了纲领性的设计，明确要逐步建立以中长期交易规避风险，以现货市场发现价格，交易品种齐全、功能完善的电力市场。中长期合约在现货市场的交割方式主要分为物理交割和金融交割两种，在此方式下，中长期与现货衔接的首要问题是中长期交易曲线如何确定。目前，运行日的中长期交易曲线生成的方式主要有两种：一种是将中长期合同电量按一定规则分解至运行日各时段；另一种是开展约定电力曲线或时段的中长期交易。大部分电能交易都可以通过市场操作员进行一系列的操作完成电动汽车用户、电动汽车运营商、售电站之间的交易，如图 7-3 所示。电动汽车个体不适合独立参与电力批发市场，因此引入电动汽车运营商作为电动汽车和市场之间的商业中间商，这些运营商如果以负荷聚合商的身份参与，并进行充电行为优化，其付出的电费成本与原来实行的大工业峰谷电价相比，可以下降 5%～15%，从而利用规模效应达到市场准入门槛，降低成本和提高辅助服务供应的可用性和可靠性。自 2020 年起，为了让更多用户参与现货市场，以南方(广东起步)电力现货市场为首，提出将现货市场的准入门槛降到 400 万 kW·h/年。

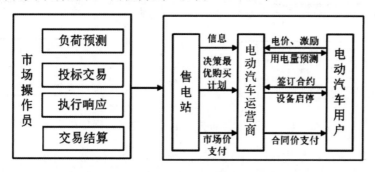

图 7-3 电动汽车参与市场交易流程

星星充电运营商所属的充电站充分利用现有的"虚拟电厂"的商业模式，星星充电运营商是当前国内充电运营企业中售电范围广泛的企业之一，其根据各类用户的综合用电需求，制定"储能节电""削峰填谷"及"光储结合"等多种解决方案，推进源网荷储一体化发展。此外，其还通过降低充电电价来引导用户充电，并提供智能用电方案。随着政策的完善与建设的深入，未来充电站的业务场景和商业模式将更加多样化。

在未来电动汽车参与市场的环境下，电动汽车运营商需要通过分析计算自身所需电量，决定选择何种市场购电，而发电厂也会根据地区的负荷情况进行报价。中长期市场与现货市场很大的一个区别是时间尺度不同，而且从交易价格来看，各地中长期市场交易成交电价平均比燃煤基准价高 0.06～0.09 元/ (kW·h)。电动汽车运营商在进行电量购买时，若与售电商签订中长期合约，尽管价格相对稳定，但若出现电价价格上涨，售电商无法承担成本，就会出现小区或者充电站限电的情况，缺乏灵活性。若电动汽车运营商只参与现货市场，波动性又会很大，可能出现今天电价特别高，明天电价又会特别低的情况。中长期与现货市场并存，有利于维持市场稳定，规避价格波动风险，如图 7-4 所示。因此，电动汽车运营商根据发电商报价，对日前市场和实时市场分别建模，并在此基础上建立日前市场与实时市场联动的交易模型。

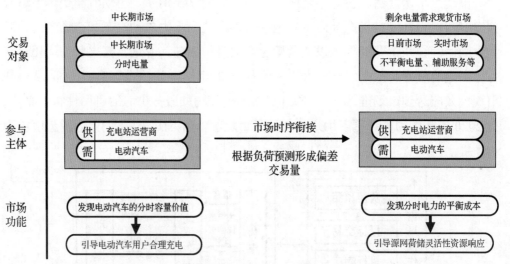

图 7-4　电动汽车运营商参与中长期市场与现货市场衔接

中长期市场本质是用来对冲风险的机制，若仅存在现货市场，由于现货的高波动性，用电企业无法稳定估计自身的用电成本，发电厂商也无法获得稳定收入。而引入中长期合约，如期货合约，则可以使发电、用电双方锁定售电收入和购电成本，降低了风险。欧美地区最初仅有现货而无中长期市场，发电、用电企业仅能通过调整报价或改变用能来转嫁成本，因此，欧美地区电力现货市场的价格波动非常剧烈。而我国大部分地区，如江苏，先进行中长期交易，再慢慢接入现货交易。这是因为我国的电力市场近几年才大规模深入改革，交易方式不完善，交易系统建设不完整，交易人员需培训磨合等。与政府直接定价相比，中长期市场能更有效地反映市场供需关系。在绿电交易落地方面，2021年全国绿电交易试点正式启动前，重庆就从2019年开始以市场化手段聚合各类电动汽车负荷，电动汽车充电负荷聚合商于丰水期低谷时间段以较低价格购买四川富余水电。与此同时，重庆引入青海光伏绿电，价格较原重庆燃煤标杆电价低0.2元/(kW·h)。绿电交易采用价差传导方式传导收益，收益主要用于补偿充电用户[0.06~0.12元/(kW·h)]，充电运营商、充电聚合商可获得一定补偿，分别为0.06~0.12元/(kW·h)和0.02元/(kW·h)。重庆还通过组织电动汽车参与绿电交易，用户高峰时间段充电电量的比重由原来的67%降至22%，低谷时间段充电电量比重由原来的13%上升至43%。

2. 电动汽车运营商参与辅助服务市场

从第6章电动汽车参与电网调节互动可知，电动汽车具有参与电网削峰填谷和调频的作用。简单来说，电动汽车作用体现在两个层面：一是辅助服务市场，有序充电、削峰填谷，缓解电网调节压力；二是进行容量交易，向电网卖电获取收益。2020年5月，国家电网有限公司华北分部将车网互动充电桩资源纳入华北电力调峰辅助服务市场并正式结算，意味着电动汽车将由"单一充电"变为"充放电"两种形态参与电网实时调控和调峰辅助服务，如图7-5所示。以广州市为例，如果开展有偿调峰，电网每年可以累计削减100万kW·h供电量，电动汽车调峰收益预计可达300万~500万元。如果开展电网填谷替代部分发电侧的深度调峰，广州市21万辆电动汽车预计每月参与2~3次深度调峰，每次调峰功率为5万kW。按照2018年的虚拟电厂给出的补偿价格结算，预计填谷年收益达150万~240万元。因此，电动汽车参与辅助服务市场，不仅可以提升运营商及电动汽车用户收益，而且能有效降低广州市的单位能耗和污染物排放。

从电动汽车参与市场政策上看，国内部分地区对其参与电力辅助服务市场设立了一些准入门槛，比如，需要保证4小时及以上的接入时长或10MW以上的充放电功率。这种长时间、高功率的充电、放电形式对私人电动汽车及充电站而言都是难以实现的。从电力辅助服务市场发展历程来看，是从无偿到有偿、从计划到市场的模式转化。一是"无偿服务"阶段。2002年以前，我国电力工业主要采取垂直一体化的管理模式，辅助服务与发电量捆绑在一起进行结算，并没有单独的辅助服务补偿机制。2002 年厂网分开后，各发电厂分属于不同的利益主体，而且各地区的调峰交易价格有所不同，如表 7-5 所示。因此，无偿提供电力辅助服务难以协调各方利益。二是"计划补偿"阶段。2006 年出台的"两个细则"提出，按照补偿成本和合理收益的原则对提供有偿辅助服务的并网发电厂进行补偿，补偿费用主要来源于辅助服务考核费用，不足(富余)部分按统一标准由并网发电厂分摊。

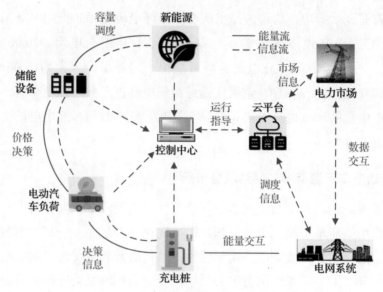

图 7-5 电动汽车参与电力辅助服务市场结构

表 7-5 各地区辅助服务市场交易价格

地区	实时调度调峰	可中断符合调峰	电储能调峰
华东	第一档：上限 0.3 元/(kW·h) 第二档：上限 0.4/0.6/0.8/1 元/(kW·h)	—	—
东北	第一档：0～0.4 元/(kW·h) 第二档：0.4～1 元/(kW·h)	报价下限：0.1 元/(kW·h) 报价上限：0.2 元/(kW·h)	报价下限：0.1 元/(kW·h) 报价上限：0.2 元/(kW·h)
华北	第一档：0～0.3 元/(kW·h) 第二档：0～0.4 元/(kW·h)	—	—
西北	第一档：0～0.4 元/(kW·h) 第二档：0.4～1 元/(kW·h)	报价下限：0.1 元/(kW·h) 报价上限：0.2 元/(kW·h)	报价下限：0.1 元/(kW·h) 报价上限：0.2 元/(kW·h)

电动汽车参与辅助服务市场主要包括信息上报、竞价交易、出清与结算等步

骤,电动汽车需要上报最大充电功率和最大放电功率。在目前各国的研究和实践中,日前能量市场提供的分时电价可以作为激励信号,引导电动汽车根据不同时段电价错峰充电,通过日前优化调度降低充电成本的同时实现削峰填谷。另外,根据电动汽车不同的充电行为进行实时调度,实现了更准确的频率调节信号响应及更高的调频收益。为应对大规模电动汽车发展对电网运行带来的挑战,需要电动汽车聚合商开发充电设施的群控策略以应对电动汽车充电对电网的不良影响并为电网运行提供支持。通过对电动汽车充电设施采取合适的集群控制策略,可以实现电动汽车充电设施在现阶段电力市场环境下的优化调度。电动汽车参与日前调频辅助服务市场的实施流程如下。

(1) 竞价日 9:00 前,电网调控中心公布次日可参与调频辅助服务市场的主体、次日调频辅助服务市场需求、负荷预测曲线(以 15 分钟为时间间隔,将 24 小时分为 96 个时段)。

(2) 竞价日 9:00—9:30 各参与方进行报价,现行市场规定报价上限和报价下限分别为 10 元/MW 和 5 元/MW,报价可选择的最小单位为 0.1 元/MW,电动汽车集群采取适当报价策略参与此阶段的报价。

(3) 竞价日 9:30—10:00 进行日前市场出清,结合市场需求、各方申报数据及历史调频性能等,以调频辅助服务购买成本最小为目标得到各机组的中标容量及调频容量收益,其中调频容量价格无须申报,统一为 10 元/(kW·h)。

日前,特来电以"充电网、微电网、储能网"为载体构建的虚拟电厂平台发布,通过聚合电动汽车有序充电、光伏微网、移动储能、梯次储能等资源,实现调频调峰、需求侧响应、聚合售电、绿电消纳和碳交易等功能。而且多个城市的运营商出现充电桩平台拼低价、抢用户的现象,这些平台推出直降、免服务费、秒杀大额优惠券等促销活动,比如山东、山西等省份前不久出现"1 分钱充电"的大额补贴。据报道,一些电动汽车用户的手机里会下载好几款充电桩平台 App,获取各个平台的优惠活动。因此,也会出现一个充电停车位,在不同平台上价格有所差异的情况。比如,上海浦东新区的一个充电场站,傍晚时段含服务费的价格,在某个平台为 1.1697 元/(kW·h),而在另一平台上则为 0.7947 元/(kW·h),相差约 0.37 元/(kW·h),充满一辆车的价格差接近 20 元。

3. 电动汽车运营商参与碳交易市场

所谓碳交易市场,是指把以二氧化碳为代表的温室气体视作"商品",通过给予特定企业合法排放权利,让二氧化碳实现自由交易的市场。具体而言,国家发改委将会同能源部门制定一个配额分配标准，对每一家参与碳交易的企业进行配额分配。如果一家企业排放量超过能源部门分配的配额标准，就需要从别的企业手中购买配额；反之，如果企业通过节能减排等技术减少了排放，就可把手中富余的配额出售，由此带来收益。

根据 2021 年生态环境部发布实施的《碳排放权交易管理办法(试行)》，在参与全国碳排放权交易市场的体系架构中，并未涉及交通运输产业。从进一步刺激新能源汽车消费角度考虑，建议推动新能源汽车充换电服务参与碳交易市场。为减少碳排放量，实现节能减排、绿色发电而引入的碳配额机制，是合法分配碳排放权并允许碳排放权交易的机制。在国内交易机制中，政府首先对电动汽车用户发放一定的配额，通过碳交易市场进行投资、购买，然后控排企业通过碳交易平台合作开发一系列的减排项目，具体如图 7-6 所示。免费配额的分配方法一般为历史法和基准线法，并且基准线法更能促进系统节能减排目标的实现。

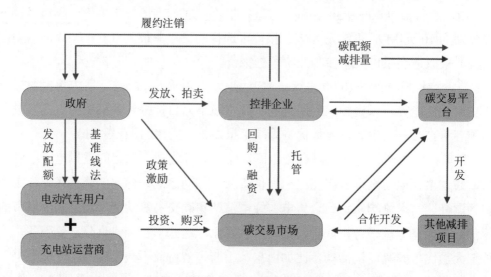

图 7-6 电动汽车参与碳市场交易流程

政府可以针对电动汽车参与碳交易市场制定一系列的解决措施。措施可通过设定碳配额下降率和碳配额指导价格影响下游汽车使用者对于新能源汽车的购买与使用，进而解决新能源汽车消费需求下滑的问题；可通过设定能耗强度下降率和能耗强度碳积分底价影响中游汽车生产企业对于新能源汽车的生产与定价，进而解决新能源汽车消费需求下降、产品竞争力不足的问题；可通过设定排放因子下降率和排放因子碳积分底价通过碳交易市场影响燃料供应企业对于传统燃油汽车燃料的生产与定价，进而解决新能源汽车消费需求下滑和产品竞争力不足的问骤，电动汽车需要上报最大充电功率和最大放电功率。在目前各国的研究和实践中，日前能量市场提供的分时电价可以作为激励信号，引导电动汽车根据不同时段电价错峰充电，通过日前优化调度降低充电成本的同时实现削峰填谷。另外，根据电动汽车不同的充电行为进行实时调度，实现了更准确的频率调节信号响应及更高的调频收益。为应对大规模电动汽车发展对电网运行带来的挑战，需要电动汽车聚合商开发充电设施的群控策略以应对电动汽车充电对电网的不良影响并为电网运行提供支持。通过对电动汽车充电设施采取合适的集群控制策略，可以实现电动汽车充电设施在现阶段电力市场环境下的优化调度。电动汽车参与日前调频辅助服务市场的实施流程如下。

(1) 竞价日 9:00 前，电网调控中心公布次日可参与调频辅助服务市场的主体、次日调频辅助服务市场需求、负荷预测曲线(以 15 分钟为时间间隔，将 24 小时分为 96 个时段)。

(2) 竞价日 9:00—9:30 各参与方进行报价，现行市场规定报价上限和报价下限分别为 10 元/MW 和 5 元/MW，报价可选择的最小单位为 0.1 元/MW，电动汽车集群采取适当报价策略参与此阶段的报价。

(3) 竞价日 9:30—10:00 进行日前市场出清，结合市场需求、各方申报数据及历史调频性能等，以调频辅助服务购买成本最小为目标得到各机组的中标容量及调频容量收益，其中调频容量价格无须申报，统一为 10 元/(kW·h)。

日前，特来电以"充电网、微电网、储能网"为载体构建的虚拟电厂平台发布，通过聚合电动汽车有序充电、光伏微网、移动储能、梯次储能等资源，实现调频调峰、需求侧响应、聚合售电、绿电消纳和碳交易等功能。而且多个城市的运营商出现充电桩平台拼低价、抢用户的现象，这些平台推出直降、免服务费、秒杀大额优惠券等促销活动，比如山东、山西等省份前不久出现"1 分钱充电"的大额补贴。据报道，一些电动汽车用户的手机里会下载好几款充电桩平台 App，获取各个平台的优惠活动。因此，也会出现一个充电停车位，在不同平台上价格有所差异的情况。比如，上海浦东新区的一个充电场站，傍晚时段含服务费的价格，在某个平台为 1.1697 元/(kW·h)，而在另一平台上则为 0.7947 元/(kW·h)，相差约 0.37 元/(kW·h)，充满一辆车的价格差接近 20 元。

3. 电动汽车运营商参与碳交易市场

所谓碳交易市场，是指把以二氧化碳为代表的温室气体视作"商品"，通过给予特定企业合法排放权利，让二氧化碳实现自由交易的市场。具体而言，国家发改委将会同能源部门制定一个配额分配标准，对每一家参与碳交易的企业进行配额分配。如果一家企业排放量超过能源部门分配的配额标准，就需要从别的企业手中购买配额；反之，如果企业通过节能减排等技术减少了排放，就可把手中富余的配额出售，由此带来收益。

根据 2021 年生态环境部发布实施的《碳排放权交易管理办法(试行)》，在参与全国碳排放权交易市场的体系架构中，并未涉及交通运输产业。从进一步刺激新能源汽车消费角度考虑，建议推动新能源汽车充换电服务参与碳交易市场。为减少碳排放量，实现节能减排、绿色发电而引入的碳配额机制，是合法分配碳排放权并允许碳排放权交易的机制。在国内交易机制中，政府首先对电动汽车用户发放一定的配额，通过碳交易市场进行投资、购买，然后控排企业通过碳交易平台合作开发一系列的减排项目，具体如图 7-6 所示。免费配额的分配方法一般为历史法和基准线法，并且基准线法更能促进系统节能减排目标的实现。

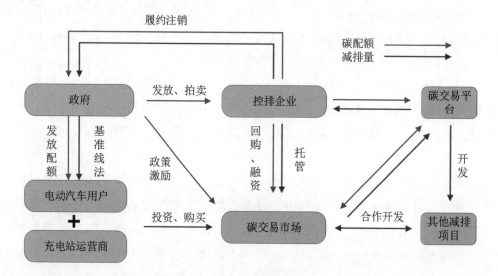

图 7-6　电动汽车参与碳市场交易流程

政府可以针对电动汽车参与碳交易市场制定一系列的解决措施。措施可通过设定碳配额下降率和碳配额指导价格影响下游汽车使用者对于新能源汽车的购买与使用，进而解决新能源汽车消费需求下滑的问题；可通过设定能耗强度下降率和能耗强度碳积分底价影响中游汽车生产企业对于新能源汽车的生产与定价，进而解决新能源汽车消费需求下降、产品竞争力不足的问题；可通过设定排放因子下降率和排放因子碳积分底价通过碳交易市场影响燃料供应企业对于传统燃油汽车燃料的生产与定价，进而解决新能源汽车消费需求下滑和产品竞争力不足的问题；可通过设定充电基础设施发展水平影响充电设施建设企业对新能源汽车充电基础设施网络的建设规模与布局，进而解决新能源汽车充电设施使用不方便的问题，如图 7-7 所示。上述突出问题的解决将最终影响新能源汽车的市场份额，促进新能源汽车的发展目标的实现。

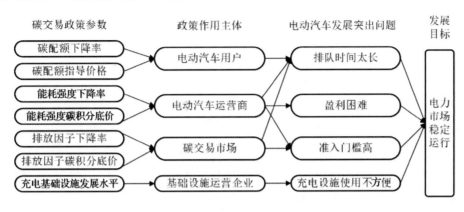

图 7-7　碳交易政策对电动汽车发展的影响

因此，可以从两个方面进行机制优化。一是建立新消费激励机制，即在碳交易市场中引入新能源汽车充换电运营商交易主体，其作为卖方与强制减碳履约企业进行碳排放权交易。二是建立减碳价值认定体系，利用区块链技术，使得清洁能源在发—输—配—用各环节生成对发电厂、交易中心、充换电运营商、终端用户的各主体单元互认的绿电消纳通证。

另外，特斯拉发布的财报显示，2020 年特斯拉首次实现全年盈利，但其实现盈利的手段不是因为汽车销售，而是向其他汽车制造商出售了大量的碳排放额度。仅 2020 年，特斯拉通过出售碳排放额度就获利 16 亿美元，远超其 7.21 亿美元的净利润。

目前，电动汽车运营商通过参与电力市场，获得不错的收益。例如，北京中再大厦建成了全国第一座商业化运营的 V2G 充电站，电动汽车用户通过低谷充电、高峰放电和参与电力市场，每年可获得超过 4000 元的收入，几乎可以抵销充电费用。又如，京津唐电力调峰市场累计交易清洁绿电 32.41 亿 kW·h，组织电动汽车用户参与绿电消纳 1.11 亿人次，消纳绿电 23.25 亿 kW·h，通过绿电交易、辅助服务、需求响应向负荷聚合商、充电设施运营商、电动汽车用户等市场参与者传导红利 1.16 亿元。有效引导激励电动汽车用户参与清洁绿电消纳和电网优化运行，初步实践了"新能源车充新能源电"，取得了良好的社会效应。

7.3　电动汽车充电站充电市场化实时定价机制

在充电基础设施建设与商业运营的过程中，相当一部分充电服务商在激烈的竞争中被淘汰，导致充电设施集中于少数充电服务商的趋势。充电设施的集中化趋势造成了充电市场上数家充电服务商之间的竞争格局。因此，在典型的城市区域中，一定数量的充电站分别属于几个充电服务商，充电服务商之间为了争取电动汽车用户相互竞争以提高其利润。不同充电服务商提供的商品(供给电动汽车的电力)具有高度同质性，因此充电价格和地理位置成为充电服务商竞争中最为关键的因素。在这样的充电服务市场竞争格局下，充电站之间按照利益关系形成互相竞争的充电站联盟是一种可能性较大的模式。

7.3.1　信息交互架构

在多类别实时信息最为丰富的移动互联网上，我们可以看到，数字地图提供了多项难以替代的优势。由于多年来的设备布局和应用迭代，对于民用层面的交通状况，数字地图服务提供商拥有丰富和准确的实时信息。此外，数字地图服务庞大的用户群体带来了海量的实时出行数据，保证了路况趋势分析的准确性。因此，将数字地图服务应用于电动汽车充电研究中，与传统的简化路网和路径规划算法相比，可以提高模型对现实的近似性能，使研究中所采用和提出的数学模型具有更强的潜在可行性。考虑到现实生活中，城市路网的参与者对数字地图的接受度和使用率非常高，因此，在充电服务的实时定价中采用数字地图服务进行电动汽车行驶情况的建模是一项有意义的创新和具有可行性的技术方案。

为了实现电动汽车与电动汽车充电站之间的实时信息交互，可以合理地假设电动汽车和充电站均使用一个移动互联网应用(App)。通过该 App，区域内的电动汽车和充电站分别向其他主体发布自身的公有信息。同时，为了更好地服务充电站寻址和导航过程，假设在本 App 中还嵌入了电子地图服务。

综上所述，充电服务实时信息交互架构主要由充电站、移动互联网平台和电动汽车组成。充电服务实时信息交互架构如图 7-8 所示。

题；可通过设定充电基础设施发展水平影响充电设施建设企业对新能源汽车充电基础设施网络的建设规模与布局，进而解决新能源汽车充电设施使用不方便的问题，如图 7-7 所示。上述突出问题的解决将最终影响新能源汽车的市场份额，促进新能源汽车的发展目标的实现。

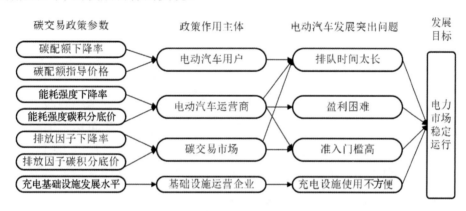

图 7-7　碳交易政策对电动汽车发展的影响

因此，可以从两个方面进行机制优化。一是建立新消费激励机制，即在碳交易市场中引入新能源汽车充换电运营商交易主体，其作为卖方与强制减碳履约企业进行碳排放权交易。二是建立减碳价值认定体系，利用区块链技术，使得清洁能源在发—输—配—用各环节生成对发电厂、交易中心、充换电运营商、终端用户的各主体单元互认的绿电消纳通证。

另外，特斯拉发布的财报显示，2020 年特斯拉首次实现全年盈利，但其实现盈利的手段不是因为汽车销售，而是向其他汽车制造商出售了大量的碳排放额度。仅 2020 年，特斯拉通过出售碳排放额度就获利 16 亿美元，远超其 7.21 亿美元的净利润。

目前，电动汽车运营商通过参与电力市场，获得不错的收益。例如，北京中再大厦建成了全国第一座商业化运营的 V2G 充电站，电动汽车用户通过低谷充电、高峰放电和参与电力市场，每年可获得超过 4000 元的收入，几乎可以抵销充电费用。又如，京津唐电力调峰市场累计交易清洁绿电 32.41 亿 kW·h，组织电动汽车用户参与绿电消纳 1.11 亿人次，消纳绿电 23.25 亿 kW·h，通过绿电交易、辅助服务、需求响应向负荷聚合商、充电设施运营商、电动汽车用户等市场参与者传导红利 1.16 亿元。有效引导激励电动汽车用户参与清洁绿电消纳和电网优化运行，初步实践了"新能源车充新能源电"，取得了良好的社会效应。

7.3 电动汽车充电站充电市场化实时定价机制

在充电基础设施建设与商业运营的过程中，相当一部分充电服务商在激烈的竞争中被淘汰，导致充电设施集中于少数充电服务商的趋势。充电设施的集中化趋势造成了充电市场上数家充电服务商之间的竞争格局。因此，在典型的城市区域中，一定数量的充电站分别属于几个充电服务商，充电服务商之间为了争取电动汽车用户相互竞争以提高其利润。不同充电服务商提供的商品(供给电动汽车的电力)具有高度同质性，因此充电价格和地理位置成为充电服务商竞争中最为关键的因素。在这样的充电服务市场竞争格局下，充电站之间按照利益关系形成互相竞争的充电站联盟是一种可能性较大的模式。

7.3.1 信息交互架构

在多类别实时信息最为丰富的移动互联网上，我们可以看到，数字地图提供了多项难以替代的优势。由于多年来的设备布局和应用迭代，对于民用层面的交通状况，数字地图服务提供商拥有丰富和准确的实时信息。此外，数字地图服务庞大的用户群体带来了海量的实时出行数据，保证了路况趋势分析的准确性。因此，将数字地图服务应用于电动汽车充电研究中，与传统的简化路网和路径规划算法相比，可以提高模型对现实的近似性能，使研究中所采用和提出的数学模型具有更强的潜在可行性。考虑到现实生活中，城市路网的参与者对数字地图的接受度和使用率非常高，因此，在充电服务的实时定价中采用数字地图服务进行电动汽车行驶情况的建模是一项有意义的创新和具有可行性的技术方案。

为了实现电动汽车与电动汽车充电站之间的实时信息交互，可以合理地假设电动汽车和充电站均使用一个移动互联网应用(App)。通过该 App，区域内的电动汽车和充电站分别向其他主体发布自身的公有信息。同时，为了更好地服务充电站寻址和导航过程，假设在本 App 中还嵌入了电子地图服务。

综上所述，充电服务实时信息交互架构主要由充电站、移动互联网平台和电动汽车组成。充电服务实时信息交互架构如图 7-8 所示。

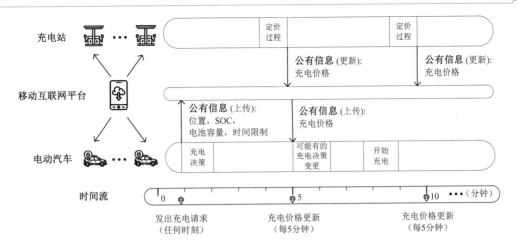

图 7-8 充电服务实时信息交互架构

在图 7-8 中，移动互联网平台与电动汽车或充电站之间仅交互公有信息，这种信息交互的方式，使电动汽车用户的隐私能够得到较好的保护。

7.3.2 充电市场主体建模

在前文所描述的信息交互架构下，电动汽车和充电站视角中的信息交互、发布与决策过程分别可以从电动汽车和充电站两个视角进行描述。

1. 电动汽车视角

电动汽车用户的决策过程较为清晰，即以最小的综合成本实现电量的补充，其中，综合成本由费用成本和时间成本组成。

费用成本是充电价格和充电能量的乘积，与电动汽车的充电时间密切相关。一方面，当 SOC 达到 80% 后，充电功率明显下降，同时，80% 的荷电状态足以满足大多数场景下的行驶需要，因此，假设 80% 的荷电状态为最大充电量是合理的。另一方面，电动汽车在充电后通常会有后续的行程，这意味着后续行程所需要的出发时间限制了最大充电时间，从而限制了充电量。因此，电动汽车 i 的充电量的表达式为

$$E_i = \min\left\{(0.8 - Soc_i)E_{\max,i}, Pt_{\mathrm{limit},i}\right\} \tag{7-1}$$

其中，Soc_i 表示电动汽车 i 的 SOC；$E_{\max,i}$ 表示电动汽车 i 的电池容量，可以根据电动汽车的商品规格获得；$t_{\mathrm{limit},i}$ 表示电动汽车 i 直至离开充电站为止的最大停留时间；P 表示充电桩的充电功率。

将电动汽车 i 行驶至充电站 j 所需的时间记为 $T_{i,j}$，则 $T_{i,j}$ 可以通过调用数字地图服务的路线规划服务的程序接口直接得到，其表达式为

$$T_{i,j} = \mathrm{dms}(x_{\mathrm{ev},i}, y_{\mathrm{ev},i}, x_{\mathrm{CS},j}, y_{\mathrm{CS},j}) \tag{7-2}$$

其中，$\mathrm{dms}(\cdot)$ 是描述数字地图接口调用这一过程的函数表达式，其输入为当前电动汽车的经纬度位置 $(x_{\mathrm{ev},i}, y_{\mathrm{ev},i})$ 及充电站的经纬度位置 $(x_{\mathrm{CS},j}, y_{\mathrm{CS},j})$，输出为行驶过程所预计耗费的时间。

时间成本的计算中，考虑到电动汽车用户的充电焦虑心理，认为电动汽车用户主观中的时间成本与下次行程开始前剩余的时间限制成反比，即剩下的时间越少，充电的焦虑程度越高，尽快充电的趋向在决策中的占比越高。结合前文描述的费用成本，电动汽车视角中的综合成本最小化的优化目标的表达式为

$$\min_{j \in J} U_i = \alpha_i E_i p_j + \frac{\beta_i}{t_{\mathrm{limit},i}} T_{i,j} \tag{7-3}$$

其中，U_i 表示电动汽车 i 的综合成本；α_i 和 β_i 分别表示费用成本权重和时间成本权重；p_j 表示充电站 j 的充电价格；J 表示所有充电站的集合。

为了进一步分析费用成本权重 α_i 和时间成本权重 β_i 对电动汽车用户决策的影响机理，进一步考虑充电站 j_1 优于充电站 j_2 的条件，即电动汽车 i 前往充电站 j_1 进行充电的综合成本低于前往充电站 j_2 进行充电的综合成本，得到表达式为

$$\alpha_i E_i p_{j_1} + \frac{\beta_i}{t_{\mathrm{limit},i}} T_{i,j_1} < \alpha_i E_i p_{j_2} + \frac{\beta_i}{t_{\mathrm{limit},i}} T_{i,j_2} \tag{7-4}$$

对式(7-4)进行变形，得到以下表达式

$$p_{j_1} + \frac{\beta_i}{\alpha_i} \frac{T_{i,j_1}}{E_i t_{\mathrm{limit},i}} < p_{j_2} + \frac{\beta_i}{\alpha_i} \frac{T_{i,j_2}}{E_i t_{\mathrm{limit},i}} \tag{7-5}$$

从式(7-5)中可以很清晰地看出，α_i 和 β_i 对电动汽车决策的影响仅通过其比值 $\lambda_i = \beta_i / \alpha_i$ 来实现。本节将这个比值定义为时间敏感系数。因此，电动汽车 i 的决策问题的表达式为

$$\min_{j \in J} U_i = p_j + \lambda_i \frac{T_{i,j}}{E_i t_{\mathrm{limit},i}} \tag{7-6}$$

为便于后续分析，将式(7-3)的最优解记为 j_i^*，即电动汽车 i 的最佳选择是充电站 j_i^*。

$$j_i^* = \arg\min_{j \in J} U_i \tag{7-7}$$

当电动汽车 i 通过平台应用提出充电申请时，更新并上传其公有信息，包括实时位置 $(x_{\mathrm{ev},i}, y_{\mathrm{ev},i})$、当前荷电状态 Soc_i、电池容量 $E_{\max,i}$ 及时间限制 $t_{\mathrm{limit},i}$。

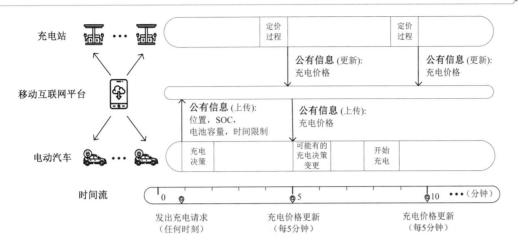

图7-8 充电服务实时信息交互架构

在图7-8中，移动互联网平台与电动汽车或充电站之间仅交互公有信息，这种信息交互的方式，使电动汽车用户的隐私能够得到较好的保护。

7.3.2 充电市场主体建模

在前文所描述的信息交互架构下，电动汽车和充电站视角中的信息交互、发布与决策过程分别可以从电动汽车和充电站两个视角进行描述。

1. 电动汽车视角

电动汽车用户的决策过程较为清晰，即以最小的综合成本实现电量的补充，其中，综合成本由费用成本和时间成本组成。

费用成本是充电价格和充电能量的乘积，与电动汽车的充电时间密切相关。一方面，当SOC达到80%后，充电功率明显下降，同时，80%的荷电状态足以满足大多数场景下的行驶需要，因此，假设80%的荷电状态为最大充电量是合理的。另一方面，电动汽车在充电后通常会有后续的行程，这意味着后续行程所需要的出发时间限制了最大充电时间，从而限制了充电量。因此，电动汽车 i 的充电量的表达式为

$$E_i = \min\left\{(0.8 - \text{Soc}_i)E_{\max,i}, Pt_{\text{limit},i}\right\} \tag{7-1}$$

其中，Soc_i 表示电动汽车 i 的SOC；$E_{\max,i}$ 表示电动汽车 i 的电池容量，可以根据电动汽车的商品规格获得；$t_{\text{limit},i}$ 表示电动汽车 i 直至离开充电站为止的最大停留时间；P 表示充电桩的充电功率。

将电动汽车 i 行驶至充电站 j 所需的时间记为 $T_{i,j}$，则 $T_{i,j}$ 可以通过调用数字地图服务的路线规划服务的程序接口直接得到，其表达式为

$$T_{i,j} = \text{dms}(x_{\text{ev},i}, y_{\text{ev},i}, x_{\text{CS},j}, y_{\text{CS},j}) \tag{7-2}$$

其中，$\text{dms}(\cdot)$ 是描述数字地图接口调用这一过程的函数表达式，其输入为当前电动汽车的经纬度位置 $(x_{\text{ev},i}, y_{\text{ev},i})$ 及充电站的经纬度位置 $(x_{\text{CS},j}, y_{\text{CS},j})$，输出为行驶过程所预计耗费的时间。

时间成本的计算中，考虑到电动汽车用户的充电焦虑心理，认为电动汽车用户主观中的时间成本与下次行程开始前剩余的时间限制成反比，即剩下的时间越少，充电的焦虑程度越高，尽快充电的趋向在决策中的占比越高。结合前文描述的费用成本，电动汽车视角中的综合成本最小化的优化目标的表达式为

$$\min_{j \in J} U_i = \alpha_i E_i p_j + \frac{\beta_i}{t_{\text{limit},i}} T_{i,j} \tag{7-3}$$

其中，U_i 表示电动汽车 i 的综合成本；α_i 和 β_i 分别表示费用成本权重和时间成本权重；p_j 表示充电站 j 的充电价格；J 表示所有充电站的集合。

为了进一步分析费用成本权重 α_i 和时间成本权重 β_i 对电动汽车用户决策的影响机理，进一步考虑充电站 j_1 优于充电站 j_2 的条件，即电动汽车 i 前往充电站 j_1 进行充电的综合成本低于前往充电站 j_2 进行充电的综合成本，得到表达式为

$$\alpha_i E_i p_{j_1} + \frac{\beta_i}{t_{\text{limit},i}} T_{i,j_1} < \alpha_i E_i p_{j_2} + \frac{\beta_i}{t_{\text{limit},i}} T_{i,j_2} \tag{7-4}$$

对式(7-4)进行变形，得到以下表达式

$$p_{j_1} + \frac{\beta_i}{\alpha_i} \frac{T_{i,j_1}}{E_i t_{\text{limit},i}} < p_{j_2} + \frac{\beta_i}{\alpha_i} \frac{T_{i,j_2}}{E_i t_{\text{limit},i}} \tag{7-5}$$

从式(7-5)中可以很清晰地看出，α_i 和 β_i 对电动汽车决策的影响仅通过其比值 $\lambda_i = \beta_i / \alpha_i$ 来实现。本节将这个比值定义为时间敏感系数。因此，电动汽车 i 的决策问题的表达式为

$$\min_{j \in J} U_i = p_j + \lambda_i \frac{T_{i,j}}{E_i t_{\text{limit},i}} \tag{7-6}$$

为便于后续分析，将式(7-3)的最优解记为 j_i^*，即电动汽车 i 的最佳选择是充电站 j_i^*。

$$j_i^* = \arg \min_{j \in J} U_i \tag{7-7}$$

当电动汽车 i 通过平台应用提出充电申请时，更新并上传其公有信息，包括实时位置 $(x_{\text{ev},i}, y_{\text{ev},i})$、当前荷电状态 Soc_i、电池容量 $E_{\max,i}$ 及时间限制 $t_{\text{limit},i}$。

2. 充电站视角

如前文所述，电动汽车充电站通常以充电站联盟的形式参与市场竞争。而充电服务商是构成充电站联盟最常规的方式，因为这些充电站的商业主体是一致的（如一个区域内所有从属于特来电公司的充电站组成一个充电站联盟）。因此，在本节提出的框架中，充电站联盟中的充电站采用协同策略，以充电站联盟的总利润最大化为目标。同理，对于充电站联盟来说，决策的唯一动力来自经济利益，这也是为什么所提出的框架内没有包含削峰填谷等其他类型的目标。

在实践层面，电动汽车充电站的业务活动主要集中在发布实时充电价格和为到站电动汽车提供充电服务。如前文所述，充电站的公开信息包括实时充电价格信息和位置信息，这些信息会动态更新并发布在平台上，供电动汽车用户进行充电决策使用。

实时充电价格每 5 分钟调整一次。此外，为了避免充电过程中的价格变化，整个充电过程中的充电价格与开始充电的时刻一致。价格调整周期设置为 5 分钟，主要出于以下两个原因。

一是充电请求的产生通常伴随着较低的 SOC，出于电量不足的焦虑，用户通常不会考虑前往距离很远的充电站。这意味着，从充电请求到开始充电的时间通常不超过 30 分钟。因此，5 分钟的充电价格调整间隔足以让充电站通过实时调整价格来吸引潜在客户。

二是电力市场实时电价的变化周期也是 5 分钟（美国 PJM 电力市场）或 5 分钟的倍数（国内众多电力市场试点省份），因此该充电电价的调整周期便于充电站在考虑实时电价的情况下进一步优化决策。

此外，更为复杂的定价机制（预约充电以享有折扣）可能带来过于复杂的操作，对于实时行驶的电动汽车而言难以保证安全性，因此暂不考虑更复杂的定价机制。

假设所研究区域内，共有 N_{CS} 座电动汽车充电站从属于 N_{CSA} 个充电站联盟，并将充电站联盟 k 旗下的充电站数量设为 $N_{CSA,k}$，将提出充电申请的电动汽车数量记为 N_{ev}。由此，在充电站联盟 k 的决策问题中，其旗下各座充电站的实时充电服务价格 $p_{CSA,k} = (p_1, p_2, \cdots, p_{N_{CSA,k}})$ 为决策变量，而决策的目标函数的表达式为

$$\max_{p_{CSA,k}} \quad R_{CSA,k} = \sum_{i=1}^{N_{ev}} \sum_{j=1}^{N_{CSA,k}} E_i (p_j - p_0) \sigma_{i,j} \tag{7-8}$$

$$\text{s.t.} \quad 0 \leqslant p_j \leqslant p_{\max} \quad j = 1, 2, \cdots, N_{CSA,k} \tag{7-9}$$

$$\sigma_{i,j} = \begin{cases} 1 & j = j_i^* \\ 0 & \text{otherwise} \end{cases} \tag{7-10}$$

其中，$p_{\max}$ 表示相关规定所限制的价格上限；p_0 表示充电站的购电价格；$\sigma_{i,j}$ 表示电动汽车与充电站匹配情况的 0—1 变量，当充电站 j 是电动汽车 i 的最佳选择时，其取值为 1，否则为 0。

然而，电动汽车 i 的时间敏感系数 λ_i 是私有信息，充电站侧无法获取，因此在充电站视角中，每一辆电动汽车的时间敏感系数都是一个随机变量 λ，服从某个特定的概率分布。这为充电站的定价策略带来了不确定性。为处理这一不确定性，将 λ 的概率密度函数记为 $f_\lambda(\bullet)$。进一步地，对于每一座充电站 j，定义一个集合 S_{λ_j}，使得 λ 的数值等于该集合内的任一数值是充电站 j 是电动汽车 i 的最佳选择的充分必要条件，即 $\lambda_i \in S_{\lambda_j} \Leftrightarrow j = j_i^*$。在此定义的基础上，充电站 j 是电动汽车 i 的最佳选择的概率 $\rho_{i,j}$ 的表达式为

$$\rho_{i,j} = \text{prob}(j = j_i^*) = \text{prob}(\lambda_i \in S_{\lambda_j}) = \int_{S_{\lambda_j}} f_\lambda(t)dt \tag{7-11}$$

考虑到 λ 的不确定性，充电站联盟 k 的目标函数就从最大化收入变成了最大化收入的数学期望，其表达式为

$$\max_{p_{\text{CSA},k}} R_{\text{CSA},k} = \sum_{i=1}^{N_{\text{ev}}} \sum_{j=1}^{N_{\text{CSA},k}} E_i(p_j - p_0)\rho_{i,j} \tag{7-12}$$

$$\text{s.t.} \quad 0 \leqslant p_j \leqslant p_{\max} \quad j = 1, 2, \cdots, N_{\text{CSA},k} \tag{7-13}$$

$$\rho_{i,j} = \int_{S_{\lambda_j}} f_\lambda(t)dt \tag{7-14}$$

7.3.3 充电站联盟之间的博弈

在本节的框架下，首先由充电站联盟调整充电价格，电动汽车对充电价格进行响应；其次由充电站对充电价格进行评估，作为进一步提高定价效果的参考。这一过程看似是 Stackelberg 博弈，但在电动汽车最终充电之前，电动汽车的反应实际上是未知的，因此，定价过程实际上是充电站联盟之间的单层非合作博弈。

(1) 博弈方：所有充电站联盟。

(2) 策略：每个充电站联盟为下属的充电站选择一组收费价格。

(3) 支付函数：充电站联盟的支付函数如式(7-12)所示。

传统的博弈论假设玩家是完全理性的，并且会针对其他玩家的行动采取最优

的行动。然而，由于玩家知识的有限性和信息的不完全性，玩家的实际博弈行为是一个尝试、学习和纠错的动态过程。演化博弈(Evolutionary Game，EG)是一个解决不完全信息博弈问题的有效模型，通过模拟生物的演化来寻找参与者的最优策略。因此，在此框架下，充电站联盟之间的博弈被构建为一个演化博弈，为充电站联盟寻找最优策略。以下为进一步讨论演化博弈中的三个博弈元素。

1. 博弈方的抽象

在演化博弈中，每个充电站联盟被抽象为一个生物种群，由不同比例的、采用不同策略的个体组成。个体在博弈环境中评估自己的适应度，并根据策略的适应度随机转移到其他策略。这一过程一直持续，直到种群找到一个或多个演化稳定的策略。

2. 策略集的构建

在此框架下，充电站联盟的策略空间非常大：一个具有 $N_{\mathrm{CSA},k}$ 维的连续价格向量。由于策略空间大，粒子群优化等数值算法对于均衡解的求解性能并不理想，因为计算资源成本很高，且难以找到一个可解释的合理解。

然而，在一个演化博弈中，博弈方被假设成一个有限的策略集。考虑到决策变量是连续的，提出一种策略集构建方法，具体步骤如下。

步骤 1：对充电站联盟中的每一个充电站，构建一个包含 M_{PA} 个子策略的子策略集，其中表示 5 分钟内价格调整的可行档位。例如，以 0.1 元为间隔的 ± 0.5 元的调价区间就意味着 $M_{\mathrm{PA}} = 2 \times 0.5 / 0.1 + 1 = 11$，而子策略集就是原价格叠加上调价档位 $\{-0.5, \cdots, -0.1, 0, +0.1, \cdots, +0.5\}$。

步骤 2：对于每一个充电站 $j \in \{1, 2, \cdots, N_{\mathrm{CSA},k}\}$，在 M_{PA} 个子策略构成的子策略集中，找到收入提升最大的子策略，并删除除了此子策略和不调价策略这两项子策略之外的其他子策略。如果所有的子策略均不能带来期望收入的提升，就删除整个子策略集。此步骤之后，充电站 j 的子策略集将包含 2 个或 0 个子策略。假设此步骤后仍剩余 2 个策略的充电站个数为 $N_{\mathrm{CSA},k}^{\mathrm{remain}}$。

步骤 3：对于充电站联盟 k，其策略集将是每一个下属站的子策略集的组合，共 $2^{N_{\mathrm{CSA},k}^{\mathrm{remain}}}$ 个策略。设 S_k 为充电站联盟 k 的策略集。

每个充电站联盟的种群中的个体随机选择策略集中的一个策略，并进行演化，直至找到稳定演化策略，即充电站联盟的最佳定价策略。

3. 支付函数

在演化博弈中，支付函数转化为演化中的适应度。虽然单一博弈方的支付函数如式(7-12)所示，但在本演化博弈中，充电站联盟 k 的收入期望也受到其他充电站联盟所采取的定价的影响，而这些充电站联盟采用不同策略的概率也不同(采用某个策略的概率体现为演化博弈中采用该策略的个体的比例)。因此，为了评估在其他充电站联盟采用各种不同策略的情况下的适应度，充电站联盟 k 的适应度应设置为其期望收益的数学期望，即其他充电站联盟采取各种策略组合的概率乘以该策略组合下充电站联盟 k 的期望收益，再进行累加。

设 H_k 为充电站联盟 k 可选的策略数量($H_k = 2^{N_{\mathrm{CSA},k}^{\mathrm{remain}}}$)，设其他充电站联盟的策略组合为 $u_{h_{k-}}^{k-} = \{u_{h_1}^1, \cdots, u_{h_{k-1}}^{k-1}, u_{h_{k+1}}^{k+1}, \cdots, u_{h_K}^K\}$ ，则其他充电站联盟的策略组合共有 $H_{k-} = \prod\limits_{l=1,\cdots,K} H_l$ 种。其中，每一种策略组合发生的概率的表达式为

$$v_{h_{k-}}^{k-} = \prod_{l=1,\cdots,K}^{l \neq k} x_{h_l}^l \tag{7-15}$$

其中， $x_{h_l}^l$ 表示种群 l 中，采用策略 h_l 的个体比例，也即充电站联盟 l 采用策略 h_l 的概率，且 $\sum\limits_{h_l=1}^{H_l} x_{h_l}^l = 1$ 。

设 $f_{u_{h_k}^k}^{u_{h_{k-}}^{k-}}$ 为充电站联盟 k 采用策略 $u_{h_k}^k$ (其中， $h_k = 1, 2, \cdots, H_k$)，且其他充电站联盟采用策略组合 $u_{h_{k-}}^{k-}$ 时，充电站联盟 k 的期望收益。则充电站联盟 k 的种群中，采用策略 $u_{h_k}^k$ 的个体的适应度的表达式为

$$F_{h_k}^k = \sum_{h_{k-}=1}^{H_{k-}} f_{u_{h_k}^k}^{u_{h_{k-}}^{k-}} \cdot v_{h_{k-}}^{k-} \tag{7-16}$$

进一步地，可以计算出充电站联盟 k 的种群的平均适应度，即采用各类策略的个体适应度按个体占种群的比例进行加权平均，其表达式为

$$\bar{F}^k = \sum_{h_k=1}^{H_k} F_{h_k}^k x_{h_k}^k \tag{7-17}$$

除以上三个博弈元素外，演化博弈中的另一个重要概念是复制者动态方程，它描述了个体向其他个体学习，并以一定的速率转移到更好的策略的机制。在为充电站联盟设计的演化博弈中，复制者动态方程的表达式为

$$\frac{\mathrm{d}x_{h_k}^k}{\mathrm{d}t} = x_{h_k}^k \cdot \left(F_{h_k}^k - \bar{F}^k \right) \big/ \bar{F}^k \tag{7-18}$$

正如复制者动态方程所描述的，当某一策略的适应度高于整个种群的平均适

应度时，该策略的比例将会提高；反之，则会降低。当达到最大演化代数后，达到演化均衡，此时各策略的比例不再变化，其表达式为

$$\frac{\mathrm{d}x_{h_k}^k}{\mathrm{d}t} = 0 \qquad \forall u_{h_k}^k \in S^k \tag{7-19}$$

演化稳定策略是在达到演化平衡时，占种群比例非零的策略。如果多个策略同时具有最佳适应度，则演化稳定策略不一定是单一的。在这种情况下，充电站联盟 k 可以任意选择一种演化稳定策略来达到最高的收益预期。

7.3.4　算例分析

1. 算例设置

下面以上海浦东新区的一个测试区域为研究对象，验证本节所提出的框架和定价策略。测试区域内共有 83 座充电站，其中 28 座属于充电站联盟 A，46 座属于充电站联盟 B，9 座属于充电站联盟 C。这 83 座充电站自然地根据所属的充电服务商不同分为 3 个充电站联盟。在上海目前的实践中，这些充电站的收费价格为 24 小时固定，或基于使用峰谷分时的价格。充电请求是随机生成的。假设这些电动汽车的时间敏感系数服从正态分布，有 $\lambda \sim N(50,15^2)$。该算例区域概况如图 7-9 所示。

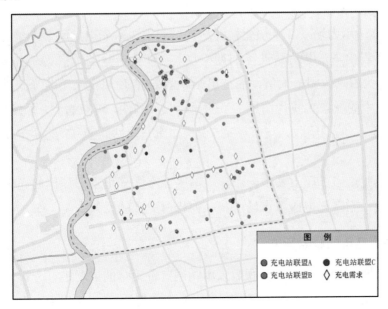

图 7-9　算例区域概况

属于 3 个充电站联盟的充电站和一天内在 13:21—13:40 提出的充电需求标注在图 7-9 中。为避免初始设置的影响，在算例分析中对当天 13:21—13:40 的时间段进行整体模拟，但仅执行 13:35 的实时定价。

充电价格上限定为 3.5 元/(kW·h)，这是综合考虑当地电价和相关政策而确定的。目前该地区的电价是固定的，但为了验证电力市场环境下的可用性，我们使用 2021 年 7 月 24 日 PJM 中某节点的实时节点电价作为充电站的购电价格。

本算例中使用的数字地图服务由百度地图提供，百度地图是近年来中国使用比较广泛的数字地图服务。需要指出的是，在算例分析中，电动汽车每分钟的实时位置是根据数字地图 API 给出的导航路线进行计算的，但当本节提出的架构应用到现实中，实时位置作为公有信息是由电动汽车在平台上实时更新的。除此之外，仿真中的所有信息来源和通信方式都与现实中一致，这也验证了所提出的充电服务实时信息交互架构的可行性。

2. 先发者优势

首先，针对 3 个充电站联盟中，仅有 1 个率先开始采用充电服务实时定价策略的场景进行分析，以说明该策略的先发者优势。为便于描述，将这种场景设为场景 2，并相应地将原始场景(所有充电站都采用现实中的固定价格)设为场景 1。

在场景 2 的分析中，假设仅有充电站联盟 A 采用充电服务实时定价策略，而另外 2 个充电站联盟采用固定价格。

图 7-10 所示为场景 2 下演化博弈迭代过程中 3 家充电站联盟期望收入变化。从图中可以看出，充电站联盟 A 的期望收入在演化博弈过程中逐渐增加，并在进行到约 50 代后收敛到最大值，而充电站联盟 C 的预期收入逐渐降低至一个最低值。右边栏中的 3 条短线是场景 1 下的原始收入预期，可以看到，与场景 1 相比，充电站联盟 A 的期望收入增长了 35.04%，而充电站联盟 C 的期望收入下降了 8.97%。

结果表明，当市场上其中一个充电站联盟率先采用本节提出的充电服务实时定价策略时，它在充电服务市场中将获得相对更强的竞争力。

3. 多个充电站联盟竞争

进一步地，对 3 个充电站联盟采用相同定价策略的情况进行分析。为便于描述，将这种情况设为场景 3。在没有先发优势的情况下，这 3 个充电站联盟形成了平等竞争的格局。

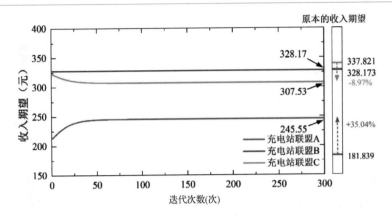

图 7-10　场景 2 下演化博弈迭代过程中 3 家充电站联盟期望收入变化

图 7-11 所示为场景 3 下演化博弈迭代过程中 3 家充电站联盟策略集概率变化。从图中可以看出，各个策略设定的初始比例是相同的，但是大多数策略在演化过程中最终被淘汰，只产生了一两个演化稳定策略。具体来说，充电站联盟 A 策略集中的第 16 个策略、充电站联盟 B 策略集中的第 32 个策略、充电站联盟 C 策略集中的第 29 个策略和第 30 个策略成为演化稳定策略。如前文所述，对于充电站联盟 C 来说，第 29 个策略和第 30 个策略都是带来相同期望收入的最优策略。这一结果说明了应用演化博弈解决这一问题的可行性，也证明了本节所提出的定价方法的实用性。

当演化博弈趋于均衡时，3 个充电站联盟的期望收入先出现波动，最后趋于稳定，如图 7-12 所示。与其他 2 个充电站联盟相比，充电站联盟 B 的盈利能力提高幅度更加明显，主要是因为充电站数量上的优势使其有更多机会吸引不同位置的电动汽车。

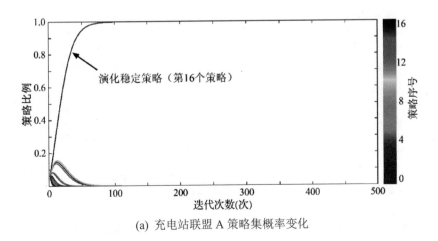

(a) 充电站联盟 A 策略集概率变化

图 7-11　场景 3 下演化博弈迭代过程中 3 家充电站联盟策略集概率变化

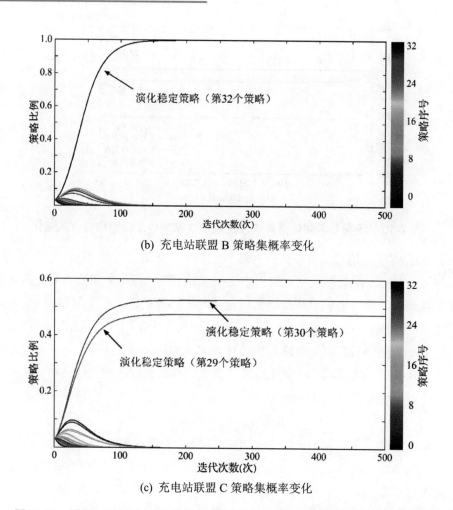

(b) 充电站联盟 B 策略集概率变化

(c) 充电站联盟 C 策略集概率变化

图 7-11　场景 3 下演化博弈迭代过程中 3 家充电站联盟策略集概率变化(续)

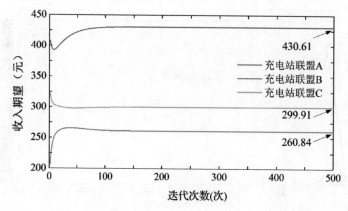

图 7-12　场景 3 下演化博弈迭代过程中 3 家充电站联盟期望收入变化

7.4 小 结

本章对国内外电力市场的改革发展状况进行分析，重点阐述了电动汽车参与电力市场的促进政策、试点项目和前沿研究等方面的情况，并详细介绍了充电服务的市场化实时定价机制。

电动汽车充电设施作为电动汽车与电网连接的关键节点，其市场化运营与参与电力市场的相关研究成为电动汽车产业、新型电力系统建设和电力现货市场改革三股发展浪潮彼此促进、共同前进的关键之一。

新型电力系统发展带来的电网出力与负荷的不确定性及波动性与电动汽车的储能特性如何形成有机互补，助力电力系统的稳定运行与转型升级，较大程度上依赖于合理的优化运行方法及配套商业模式。

建立了考虑车辆行为偏好不确定性与充电市场主体定价机制的演化博弈模型。充电站调整定价策略，电动汽车对其进行响应，依据均衡状态分析了数据资产对多家充电站联盟的收益的影响。

电动汽车作为新型用电主体与移动储能，在电力市场中的活跃将进一步促进市场建设与产业发展形成合力，推动电力市场化改革更好地与电力行业新形势同向而行。本章在电力交易和充电服务市场化方面的介绍将有助于更好地分析和理解未来充电服务业态的发展趋势。

参 考 文 献

[1] 唐葆君，刘江鹏. 中国新能源汽车产业发展展望[J]. 北京理工大学学报(社会科学版)，2015，17(2)：1-6.

[2] 李茜，王昊，葛鹏. 中国新能源汽车发展历程回顾及未来展望[J]. 汽车实用技术，2020(9)：285-288.

[3] 胡泽春，宋永华，徐智威，等. 电动汽车接入电网的影响与利用[J]. 中国电机工程学报，2012，32(4)：1-10.

[4] 戴咏夏，刘敏. 电动汽车充电设施接入对配套电网建设的影响[J]. 电力建设，2015，36(7)：89-93.

[5] 高赐威，吴茜. 电动汽车换电模式研究综述[J]. 电网技术，2013，37(4)：891-898.

[6] 李立理. 我国电动汽车充电基础设施政策解读与展望[J]. 供用电，2017，34(1)：2-7.

[7] 王娜. 德国新能源汽车充电基础设施政策及相关启示[J]. 汽车与配件，2021(23)：38-42.

[8] 汪晓茜，孙智，黄越. 当前美国电动汽车充电设施的规划方法和实践[J]. 现代城市研究，2017(1)：82-89.

[9] 张谦，韩维健，俞集辉，等. 电动汽车充电站仿真模型及其对电网谐波影响[J]. 电工技术学报，2012，27(2)：159-164.

[10] 自然资源保护协会. 电动汽车与电网互动的商业前景——上海市需求响应试点案例[EB/OL]. [2021-01-25]. http://www.nrdc.cn/information/informationinfo?id=250& cook=2.

[11] 崔岩，胡泽春，段小宇. 考虑充电需求空间灵活性的电动汽车运行优化研究综述[J]. 电网技术，2022，46(3)：981-994.

[12] 张良，严正，冯冬涵，等. 采用两阶段优化模型的电动汽车充电站内有序充电策略[J]. 电网技术，2014，38(4)：967-973.

[13] 张铁峰，张旭，赵云，等. OpenADR2.0 标准架构及应用[J]. 电力科学与工程，2017，33(3)：55-60.

[14] 刘坚，熊英，金亨美，等. 电动汽车参与电力需求响应的成本效益分析——以上海市为例[J]. 全球能源互联网，2021，4(1)：86-94.

[15] 陈丽丹，聂涌泉，钟庆. 基于出行链的电动汽车充电负荷预测模型[J]. 电工技术学报，2015，30(4)：216-225.

[16] 陈鹏，孟庆海，赵彦锦. 基于蒙特卡罗法的电动汽车充电负荷计算[J]. 电气工程学报，2016，11(11)：40-46.

[17] 陈丽丹，张尧，Figueiredo A. 电动汽车充放电负荷预测研究综述[J]. 电力系统自动化，2019，43(10)：177-191.

[18] 陈文彬，徐大勇，郭瑞鹏. 负荷预测对新能源电网多目标优化调度的影响规律研究[J]. 电力系统保护与控制，2020，48(10)：46-51.

[19] 孙超,吕奇,朱思瞳,等. 基于双层 XGBoost 算法考虑多特征影响的超短期电力负荷预测[J]. 高电压技术, 2021, 47(8): 2885-2898.

[20] 李玉志,刘晓亮,邢方方,等. 基于 Bi-LSTM 和特征关联性分析的日尖峰负荷预测[J]. 电网技术, 2021, 45(7): 2719-2730.

[21] 罗凤章,张旭,杨欣,等. 基于深度学习的综合能源配电系统负荷分析预测[J]. 高电压技术, 2021, 47(1): 23-32.

[22] 谭嘉,李知艺,杨欢,等. 基于分布式优化思想的配电网用电负荷多层协同预测方法[J]. 上海交通大学学报, 2021, 55(12): 1544-1553.

[23] 范士雄,刘幸蔚,於益军,等. 基于多源数据和模型融合的超短期母线负荷预测方法[J]. 电网技术, 2021, 45(1): 243-250.

[24] 罗平,程晟,王严,等. 考虑用户出行特性的电动汽车充电负荷预测[J]. 华中科技大学学报(自然科学版), 2020, 48(11): 126-132.

[25] 李恒杰,朱江皓,傅晓飞,等. 基于集成学习的电动汽车充电站超短期负荷预测[J]. 上海交通大学学报, 2022, 56(8): 1004-1013.

[26] 池娇,焦利民,董婷,等. 基于 POI 数据的城市功能区定量识别及其可视化[J]. 测绘地理信息, 2016, 41(2): 68-73.

[27] 邢强,陈中,黄学良,等. 基于数据驱动方式的电动汽车充电需求预测模型[J]. 中国电机工程学报, 2020, 40(12): 3796-3813.

[28] 刘念,成敏杨,邹福强,等. 商业楼宇光伏充电站的运营模式及其综合效用评估[J]. 电力建设, 2015, 36(7): 202-208.

[29] 余苏敏. 城市电动汽车充电设施分层分区规划方法研究[D]. 上海: 上海交通大学, 2023.

[30] 臧海祥,舒宇心,傅雨婷,等. 考虑多需求场景的城市电动汽车充电站多目标规划[J]. 电力系统保护与控制, 2021, 49(5): 67-80.

[31] 李恒杰,夏宇轩,余苏敏,等. 基于用户侧主动充电引导的城市电动汽车充电站扩容规划研究[J]. 中国电机工程学报, 2023, 43(14): 5342-5357.

[32] 刘志鹏,文福拴,薛禹胜,等. 电动汽车充电站的最优选址和定容[J]. 电力系统自动化, 2012, 36(3): 54-59.

[33] 吴雨,王育飞,张宇,等. 基于改进免疫克隆选择算法的电动汽车充电站选址定容方法[J]. 电力系统自动化, 2021, 45(7): 95-103.

[34] 付凤杰,方雅秀,董红召,等. 基于历史行驶路线的电动汽车充电站布局优化[J]. 电力系统自动化, 2018, 42(12): 72-80.

[35] 徐方维,谭洋洋,杨洪耕,等. 兼顾不同角色利益的集中型充电站优化布局[J]. 高电压技术, 2017, 43(4): 1256-1262.

[36] 何晨可,韦钢,朱兰,等. 电动汽车充换放储一体化电站选址定容[J]. 中国电机工程学报, 2019, 39(2): 479-489.

[37] 严干贵,刘华南,韩凝晖,等. 计及电动汽车时空分布状态的充电站选址定容优化方法[J]. 中国电机工程学报, 2021, 41(18): 6271-6284.

[38] 田梦瑶,汤波,杨秀,等. 综合考虑充电需求和配电网接纳能力的电动汽车充电站规划[J]. 电网技术, 2021, 45(2): 498-509.

[39] 张艺涵,徐菁,李秋燕,等. 基于密度峰值聚类的电动汽车充电站选址定容方法[J]. 电力系统保护与控制, 2021, 49(5): 132-139.

[40] 徐青山,蔡婷婷,刘瑜俊,等. 考虑驾驶人行为习惯及出行链的电动汽车充电站站址规划[J]. 电力系统自动化, 2016, 40(4): 59-65.

[41] 周思宇,顾博,张晓勇,等. 计及山地城市时空特性的充电设施最优规划[J]. 电网技术, 2020, 44(6): 2229-2237.

[42] 李恒杰,夏强强,史一炜,等. 考虑目标充电站选择冲突的电动汽车充电引导策略[J]. 电力自动化设备, 2022, 42(5): 68-74.

[43] 葛少云,申凯月,刘洪,等. 考虑网络转移性能的城市快速充电网络规划[J]. 电网技术, 2021, 45(9): 3553-3564.

[44] 杨健维,李爱,廖凯. 城际高速路网中光储充电站的定容规划[J]. 电网技术, 2020, 44(3): 934-943.

[45] 百度地图开放平台[EB/OL]. [2021-03-01]. https://lbsyun.baidu.com/.

[46] 蒋浩,林舜江,卢艺,等. 考虑时间相关性的电动汽车充电站负荷概率建模及场景生成[J]. 电力建设, 2020, 41(2): 47-57.

[47] 张金国,焦东升,王小君,等. 基于梯级利用电池的储能系统经济运行分析[J]. 电网技术, 2014, 38(9): 2551-2555.

[48] 孙波,李思敏,樊亚南,等. 电力市场环境下风—储混合发电商的偏差电量考核模型[J]. 电力建设, 2019, 40(7): 107-114.

[49] 修晓青,李建林,李文启,等. 储能系统商业模式及其优化规划方法[J]. 电力建设, 2019, 40(6): 41-48.

[50] 宾洋,于静美,朱英凯,等. 实时雨流计数法及其在钴酸锂电池健康状态建模中的应用[J]. 中国电机工程学报, 2017, 37(12): 3627-3635.

[51] 仝猛,邵静玥,卢兰光,等. 基于二阶段放电试验的磷酸铁锂电池的 Peukert 模型[J]. 清华大学学报(自然科学版), 2010, 50(2): 295-298.

[52] 桂强,史一炜,周云,等. 考虑储能动态运行特性的充电站光储容量优化配置模型[J]. 电力建设, 2021, 42(5): 90-99.

[53] 房俊. 基于中国电力行业分区域模型的碳减排机制研究[D]. 北京:清华大学, 2017.

[54] 杨铮,彭思成,廖清芬,等. 面向综合能源楼宇的电动汽车辅助服务方案[J]. 电网技术, 2017, 43(9): 2831-2839.

[55] 杨济如,石坤,崔秀清,等. 需求响应下的变频空调群组削峰方法[J]. 电力系统自动化, 2018, 42(24): 44-52.

[56] 余苏敏，杜洋，史一炜，等. 考虑 V2B 智慧充电桩群的低碳楼宇优化调度[J]. 电力自动化设备，2021，41(9)：95-101.

[57] 曹凌捷. 光储充一体化电站建设关键技术研究[J]. 电力与能源，2017，38(6)：746-749.

[58] 吴凡，周云，冯冬涵，等. 光储充一体化快充站日前运行策略[J]. 电测与仪表，2021，58(12)：104-109.

[59] 陈大宇，张粒子，王立国. 储能调频系统控制策略与投资收益评估研究[J]. 现代电力，2016，33(1)：80-86.

[60] 曾凡坤. 基于数字地图的移动端高精度定位技术研究[J]. 工程技术研究，2019，4(4)：114-116.

[61] 王家耀. 地图科学技术：由数字化到智能化[J]. 武汉大学学报(信息科学版)，2022，47(12)：1963-1977.

[62] 朱慧玲. 基于 GIS 的电网稳定性监测及连锁故障拓扑分析[D]. 武汉：武汉理工大学，2015.

[63] 姚华文. 电动车无线充电系统三角定位技术的研究[D]. 哈尔滨：哈尔滨工业大学，2021.

[64] 戴志刚. 基于网络的智能充电桩的监控和管理[D]. 淮南：安徽理工大学，2017.

[65] 庄瀚洋，王晓亮，王春香，等. 顾及数字地图中车道走向的车辆跟踪增强算法[J]. 测绘学报，2021，50(11)：1522-1533.

[66] 郑远硕，李峰，董九玲，等. "车—路—网"模式下电动汽车充放电时空灵活性优化调度策略[J]. 电力系统自动化，2022，46(12)：88-97.

[67] 陈中，刘艺，周涛，等. 考虑移动特性的电动汽车最优分时充电定价策略[J]. 电力自动化设备，2020，40(4)：96-102.

[68] 袁红霞，张俊，许沛东，等. 基于图强化学习的电力交通耦合网络快速充电需求引导研究[J]. 电网技术，2021，45(3)：979-986.

[69] 陈立兴，黄学良. 高速公路充电站电动汽车有序充电策略[J]. 电力自动化设备，2019，39(1)：112-117.

[70] 张潇，栗然，马涛，等. 基于主从博弈和贪心策略的含电动汽车主动配电网优化调度[J]. 电力自动化设备，2020，40(4)：103-110.

[71] 黄晶，杨健维，王湘，等. 下一目的地导向下的电动汽车充电引导策略[J]. 电网技术，2017，41(7)：2173-2181.

[72] 刘洪，阎峻，葛少云，等. 考虑多车交互影响的电动汽车与快充站动态响应[J]. 中国电机工程学报，2020，40(20)：6455-6468.

[73] 王毅，陈进，麻秀，等. 采用分群优化的电动汽车与电网互动调度策略[J]. 电力自动化设备，2020，40(5)：77-85.

[74] 蔡子龙，束洪春，杨博，等. 计及行车计划编制的电动公交车有序充电策略[J]. 电力自动化设备，2021，41(6)：45-56.

[75] 张勇. 电动汽车充电服务供给与匹配研究[D]. 重庆：重庆大学，2015.

[76] 陈希. 双边匹配决策方法研究[D]. 沈阳：东北大学，2010.

[77] 李恒杰，夏宇轩，周云，等. 基于改进延迟接受算法的电动汽车—快充桩匹配策略[J]. 电力自动化设备，2023，43(6)：46-52

[78] 史一炜，冯冬涵，Zhou E，等. 基于主从博弈的充电服务商充电引导方法及其定价策略[J]. 电工技术学报，2019，34(S2)：742-751.

[79] 史文龙，秦文萍，王丽彬，等. 计及电动汽车需求和分时电价差异的区域电网 LSTM 调度策略[J]. 中国电机工程学报，2022，42(10)：3573-3587.

[80] 傅质馨，朱韦翰，朱俊澎，等. 动态路—电耦合网络下电动出租车快速充电引导及其定价策略[J]. 电力自动化设备，2022，42(4)：9-17.

[81] 李东东，段维伊，林顺富，等. 实时电价条件下基于用户引导的电动汽车—充电桩匹配策略[J]. 电力系统自动化，2020，44(8)：74-82.

[82] 苏粟，杨恬恬，李玉璟，等. 考虑实时动态能耗的电动汽车充电路径规划[J]. 电力系统自动化，2019，43(7)：136-143.

[83] 邵尹池，穆云飞，林佳颖，等. "车—站—网"多元需求下的电动汽车快速充电引导策略[J]. 电力系统自动化，2019，43(18)：60-66.

[84] 苏舒，孙近文，林湘宁，等. 电动汽车智能充电导航[J]. 中国电机工程学报，2013，33(S1)：59-67.

[85] 高婷婷，王武宏. 基于时间价值的城市交通出行成本研究[J]. 铁道运输与经济，2014，36(2)：1-3.

[86] 赵俊华，文福拴，杨爱民，等. 电动汽车对电力系统的影响及其调度与控制问题[J]. 电力系统自动化，2011，35(14)：2-10.

[87] 王若谷，陈果，王秀丽，等. 计及风电与电动汽车随机性的两阶段机组组合研究[J]. 电力建设，2021，42(8)：63-70.

[88] 赵小瑾. 电动汽车参与多场景需求响应运行优化策略研究[D]. 上海：上海交通大学，2022.

[89] 刘可真，徐玥，刘鸫翔，等. 面向用户侧的电能替代综合效益分析模型[J]. 昆明理工大学学报(自然科学版)，2020，45(2)：81-91.

[90] 李航，李国杰，汪可友. 基于深度强化学习的电动汽车实时调度策略[J]. 电力系统自动化，2020，44(22)：161-167.

[91] 潘振宁，张孝顺，余涛，等. 大规模电动汽车集群分层实时优化调度[J]. 电力系统自动化，2017，41(16)：96-104.

[92] 王俊杰，贾雨龙，米增强，等. 基于双重激励机制的电动汽车备用服务策略[J]. 电力系统自动化，2020，44(10)：68-76.

[93] 罗纯坚，李姚旺，许汉平，等. 需求响应不确定性对日前优化调度的影响分析[J]. 电力系统自动化，2017，41(5)：22-29.

[94] 阮文骏，王蓓蓓，李扬，等. 峰谷分时电价下的用户响应行为研究[J]. 电网技术，2012，36(7)：86-93.

[95] 张谦，蔡家佳，刘超，等. 基于优先权的电动汽车集群充放电优化控制策略[J]. 电工技术学报，2015，30(17)：117-125.

[96] 杨晓东，任帅杰，张有兵，等. 电动汽车可调度能力模型与日内优先调度策略[J]. 电力系统自动化，2017，41(2)：84-93.

[97] 宋兴荣，吴晋波，杨志学，等. 基于多目标粒子群算法的风光水火多源 AGC 协调优化方法[J]. 重庆大学学报，2022，45(7)：13-23.

[98] 程宏波，李志成，王勋，等. 基于演化博弈的车网双向互动策略研究[J]. 中国电力，2019，52(7)：40-46.

[99] 高爽，戴如鑫. 电动汽车集群参与调频辅助服务市场的充电调控策略[J/OL]. 电力系统自动化，1-11 [2023-03-07]. http://kns.cnki.net/kcms/detail/32.1180.TP.20220829.1653.008.html.

[100]Zhou Z. Ensemble methods: foundations and algorithms[M]. Chapman and Hall/CRC, 2012.

[101]Zou Y, Zhao J, Gao X, et al. Experimental results of electric vehicles effects on low voltage grids[J]. Journal of Cleaner Production, 2020, 255(120270): 1-17.

[102]Staats P T, Grady W M, Arapostathis A, et al. A statistical analysis of the effect of electric vehicle battery charging on distribution system harmonic voltages[J]. IEEE Transactions on Power Delivery, 1998, 13(2): 640-646.

[103]Clement-Nyns K, Haesen E, Driesen J. The impact of charging plug-in hybrid electric vehicles on a residential distribution grid[J]. IEEE Transactions on Power Systems, 2010, 25(1): 371-380.

[104]Wu D, Aliprantis D C, Gkritza K. Electric energy and power consumption by light-duty plug-in electric vehicles[J]. IEEE Transactions on Power Systems, 2011, 26(2): 738-746.

[105]Zhou N, Wang J, Wang Q, et al. Measurement-based harmonic modeling of an electric vehicle charging station using a three-phase uncontrolled rectifier[J]. IEEE Transactions on Smart Grid, 2015, 6(3): 1332-1340.

[106]Pitte M A, Ghatikar G, Kiliccote S, et al. Open automated demand response communications specification[R]. Lawrence Berkeley National Laboratory, 2018.

[107]Maneebang K, Methapatara K, Kudtongngam J. A demand side management solution: fully automated demand response using OpenADR2.0b coordinating with BEMS pilot project[C]//2020 International Conference on Smart Grids and Energy Systems. Perth, Australia: IEEE, 2020: 30-35.

[108]Li W, Long R, Chen H, et al. A review of factors influencing consumer intentions to adopt battery electric vehicles [J]. Renewable and Sustainable Energy Reviews, 2017(78): 318-328.

[109]Bass F M, Krishnan T V, Jain D C. Why the bass model fits without decision variables [J]. Marketing Science, 1994, 13(3): 203-223.

[110]Yu L, Chen M, Yang B. Recycling policy and statistical model of end-of-life vehicles in China [J]. Waste Management and Research, 2019, 37(4): 347-356.

[111]He X, Jiang S. Effects of vehicle purchase restrictions on urban air quality: Empirical study on cities in China [J]. Energy Policy, 2021, 148(112001): 1-10.

[112]Plötz P, Axsen J, Funke S A, et al. Designing car bans for sustainable transportation [J]. Nature Sustainability, 2019(2): 534-536.

[113]Shi Y, Feng D, Yu S, et al. The projection of electric vehicle population growth considering scrappage and technology competition: A case study in Shanghai [J]. Journal of Cleaner Production, 2022, 365(132673): 1-10.

[114]Epanecnikov V A. Non-parametric estimation of a multivariate probability density[J]. Theory of Probability and Its Applications, 1969, 14(1): 153-158.

[115]Li M, Lenzen M, Keck F, et al. GIS-based probabilistic modeling of BEV charging load for Australia[J]. IEEE Transactions on Smart Grid, 2018, 10(4): 3525-3534.

[116]Cook R D. Detection of influential observation in linear regression[J]. Technometrics, 2000, 42(1): 65-68.

[117]Chicco D, Warrens M J, Jurman G. The coefficient of determination R-squared is more informative than SMAPE, MAE, MAPE, MSE and RMSE in regression analysis evaluation[J]. PeerJ Computer Science, 2021(7): 1-24.

[118]Shepero M, Munkhammar J. Spatial Markov chain model for electric vehicle charging in cities using geographical information system (GIS) data[J]. Applied Energy, 2018, 231: 1089-1099.

[119]Cui S, Zhao H, Zhang C. Locating charging stations of various sizes with different numbers of chargers for battery electric vehicles[J]. Energies, 2018, 11(11): 1-22.

[120]Zhang H, Moura S J, Hu Z, et al. PEV fast-charging station siting and sizing on coupled transportation and power networks[J]. IEEE Transactions on Smart Grid, 2018, 9(4): 2595-2605.

[121]Zeng B, Dong H, Xu F, et al. Bilevel programming approach for optimal planning design of EV charging station[J]. IEEE Transactions on Industry Applications, 2020, 56(3): 2314-2323.

[122]Lin Y, Zhang K, Shen Z M, et al. Multistage large-scale charging station planning for electric buses considering transportation network and power grid[J]. Transportation Research Part C, 2019, 107: 423-443.

[123]Load forecasting tool for Shanghai[EB/OL]. [2021-11-12]. https://github.com/ Ga1353/-picture.

[124]Lee Y, Hsu W. The study of EV data collection and analysis based on Taiwan i-EV pilot project[C]//2013 World Electric Vehicle Symposium and Exhibition. Barcelona, Spain: IEEE, 2013: 1-7.

[125]Zhang J, Zhang Y, Li T, et al. A hierarchical distributed energy management for multiple PV-based EV charging stations[C]//IECON 2018 - 44th Annual Conference of the IEEE Industrial Electronics Society. Omni Shoreham, United States: IEEE, 2018: 1603-1608.

[126]Su W, Wang J, Roh J. Stochastic energy scheduling in microgrids with intermittent renewable energy resources[J]. IEEE Transactions on Smart grid, 2014, 5(4): 1876-1883.

[127]Lin H, Liang T, Chen S. Estimation of battery state of health using probabilistic neural network[J]. IEEE transactions on industrial informatics, 2013, 9(2): 679-685.

[128]Attia P M, Grover A, Jin N, et al. Closed-loop optimization of fast-charging protocols for batteries with machine learning[J]. Nature, 2020, 578(7795): 397-402.

[129]Department for Transport. Statistics on observed usage and charging patterns for OLEV-funded electric vehicle chargepoints located on domestic properties, for the UK in 2017 [EB/OL]. [2022-04-05]. https:// www.gov.uk/government/ statistics/electric- chargepoint-analysis-2017-domestics.

[130]Fang C, Zhao X, Xu Q, et al. Aggregator-based demand response mechanism for electric vehicles participating in peak regulation in valley time of receiving-end power grid[J]. Global Energy Interconnection, 2020, 3(5): 453-463.

[131]Wang Y, Rousis A O, Strbac G. A resilience enhancement strategy for networked microgrids incorporating electricity and transport and utilizing a stochastic hierarchical control approach[J]. Sustainable Energy, Grids and Networks, 2021, 26(100464): 1-12.

[132]Hosseinnia H, Nazarpour D, Talavat V. Benefit maximization of demand side management operator (DSMO) and private investor in a distribution network[J]. Sustainable Cities and Society, 2018, 40: 625-637.

[133]Zhou Y, Su H, Gui Q, et al. Dynamic battery loss evaluation and its application for optimal online wind-storage integrated scheduling[J]. IET Renewable Power Generation, 2020, 14(16): 3079-3087.

[134]Tepe B, Figgener J, Englberger S, et al. Optimal pool composition of commercial electric vehicles in V2G fleet operation of various electricity markets[J]. Applied Energy, 2022, 308(118351): 1-18.

[135]U. S. Department of transportation. 2017 National Household Travel Survey [EB/OL]. http://nhts.ornl.gov/.

[136]Li Y, Su H, Zhou Y, et al. Two-stage real-time optimal electricity dispatch strategy for urban residential quarter with electric vehicles' charging load[J]. Energy, 2023, 268(126702): 1-16.

[137]Pang C, Dutta P, Kezunovic M. BEVs/PHEVs as dispersed energy storage for V2B uses in the smart grid[J]. IEEE Transactions on Smart Grid, 2012, 3(1): 473-482.

[138]Peppanen J, Reno M J, Grijalva S. Thermal energy storage for air conditioning as an enabler of residential demand response[C]//2014 North American Power Symposium. Pullman, United States: IEEE. 2014: 1-6.

[139]Badawy M O, Sozer Y. Power flow management of a grid tied PV-battery system for electric vehicles charging[J]. IEEE Transactions on Industry Applications, 2016, 53(2): 1347-1357.

[140]Hafez O, Bhattacharya K. Queuing analysis based PEV load modeling considering battery charging behavior and their impact on distribution system operation[J]. IEEE Transactions on Smart Grid, 2016, 9(1): 261-273.

[141]Tan J, Wang L. Real-time charging navigation of electric vehicles to fast charging stations: a hierarchical game approach[J]. IEEE Transactions on Smart Grid, 2017, 8(2): 846-856.

[142]Mo W, Yang C, Chen X, et al. Optimal charging navigation strategy design for rapid charging electric vehicles[J]. Energies, 2019, 12(6): 962-979.

[143]Tang D, Wang P. Nodal impact assessment and alleviation of moving electric vehicle loads: from traffic flow to power flow[J]. IEEE Transactions on Power Systems, 2016, 31(6): 4231-4242.

[144]Khodayar M E, Wu L, Shahidehpour M. Hourly coordination of electric vehicle operation and volatile wind power generation in SCUC[J]. IEEE Transactions on Smart Grid, 2012, 3(3): 1271-1279.

[145]Bessa R J, Matos M A. Global against divided optimization for the participation of an EV aggregator in the day-ahead electricity market. Part I: theory[J]. Electric Power Systems Research, 2013, 95: 309-318.

[146]Shi Y, Li Y, Zhou Y, et al. Optimal scheduling for power system peak load regulation considering short-time startup and shutdown operations of thermal power unit[J]. International Journal of Electrical Power and Energy Systems, 2021, 131(107012): 1-12.

[147]Mao M, Zhang S, Chang L, et al. Schedulable capacity forecasting for electric vehicles based on big data analysis[J]. Journal of Modern Power Systems and Clean Energy, 2029, 7(6): 1651-1662.

[148]Feng D, Zhao Y, Su H, et al. Bi-level decomposition algorithm of real-time AGC command for large-scale electric vehicles in frequency regulation[J]. Journal of Energy Storage, 2023, 62(106852): 1-15.

[149]Macedo L H, Montes C V, Franco J F, et al. MILP branch flow model for concurrent AC multistage transmission expansion and reactive power planning with security constraints[J]. IET Generation Transmission and Distribution, 2016, 10(12): 3023-3032.

[150]Cavalcante P L, López J C, Franco J F, et al. Centralized self-healing scheme for electrical distribution systems[J]. IEEE Transactions on Smart Grid, 2015, 7(1): 145-155.